’t Is een vreemdeling zeker

Anton Wessels

’t IS EEN VREEMDELING ZEKER

Gastvriendschap tussen joden, christenen en moslims

uitgeverij KOK

Voor Miep de Bel.
In dankbare herinnering aan een vriendschap.

MIX
Papier van verantwoorde herkomst
FSC® C004472
FSC
www.fsc.org

www.kok.nl

Omslagontwerp Garage BNO
Abraham onthaalt de engelen. Rembrandt Harmensz. van Rijn, 1656.
Rijksmuseum, Amsterdam.
Vormgeving binnenwerk: Spaansenmedia

ISBN 978 90 435 2593 0
ISBN e-book 978 90 435 2594 7
NUR 700

INHOUD

INLEIDING

I GOD ALS VREEMDELING

II ABRAHAM BEZOCHT DOOR DRIE VREEMDE GASTEN

III DE TALE KANAÄNS TEGENOVER DE VREEMDE TAAL

IV VREEMDE MACHTEN EN DE GODSDIENST

VII WOESTIJNREIS VAN DE MENSHEID

INLEIDING

Hebron: Ik ga er graag heen. Daar is de tombe van Abraham, de patriarch van de gelovigen, joden, christenen en moslims, en het is ook de eerste held van de gastvrijheid, van het asielrecht. Ik denk dat de problemen van het begin van de mensheid ook die van het einde zijn, speciaal van dat van het heilige asielrecht en dat van respect voor de vreemdeling.
(Louis Massignon)[1]

Spandoek in Dresden: Goethe: 'Das Land, das die Fremden nicht beschützst, geht bald under.'
(*NRC*, 14, 15 februari 2015)

Niet meedoen aan de 'jodenmode'?

Pleiten voor het samen lezen en verstaan van de Bijbel en de Koran door joden, christenen én moslims lijkt nogal discutabel. Zeker in het huidige politieke, seculiere en godsdienstige klimaat dat steeds ongunstiger wordt voor zo'n gedachte.

Hoe moeilijk is het al niet geweest en veelal nog om de beide delen van de Bijbel echt in samenhang te lezen en te verstaan? Het eerste deel van de Bijbel, dat de joden Tenach noemen (een afkorting van Thora, de profeten en de geschriften), noemen christenen 'het Oude Testament', waar vaak een soort beoordeling in doorklinkt van 'verouderd', 'vervuld', of zelfs 'vervangen door het Nieuwe'. Het ernstigste daarvan is dat dit in de praktijk leidde tot antisemitische of anti-joodse lezing. Er is een tegenstelling geconstrueerd tussen het Oude Testament als 'wet' en het Nieuwe Testament als 'evangelie'. 'Wet' wordt dan verstaan als 'wettisch', alsof het alleen maar zou gaan om wet op wet en eis op eis (Jes. 28:10).[2] De joden (én de moslims na hen) zouden dan slechts de wet hebben, maar de christenen daarentegen het evangelie, de blijde boodschap!

1 Massignon, 7.

2 Bruegemann, Isaiah 40-66, 223 noemt de vertaling van de NRSV (die ook de Statenvertaling gebod op gebod, regel op regel) té 'precept upon precept', té cognitief. De regels hebben meer te maken met geluid dan met inhoud. Hij spreekt van een spottende 'overstatement'.

Wel is waar dat er sinds de Tweede Wereldoorlog in brede kerkelijke kring in Nederland het besef en inzicht gegroeid zijn dat het Nieuwe Testament niet gelezen en verstaan kan en mag worden zonder het Oude. Terecht is er veel meer aandacht voor de joodse wortels van het christendom gekomen en het feit dat Jezus een jood was, wat Maarten Luther overigens al benadrukte.
Hoezeer vele christenen zich ook door deze benadering laten inspireren, toch is deze laatste visie in kerkelijke kring allerminst gemeengoed geworden of onweersproken gebleven. Ik vrees dat er nogal wat 'orthodoxe' christenen uit de biblebelt in Nederland zullen zijn die zich in een figuur uit de roman van Désanne van Brederode (*Mensen met een hobby*, 2001) zullen herkennen. In dat boek wordt een bijna dertigjarige hoofdpersoon ten tonele gevoerd die zich ten diepste met Jezus heeft verbonden, en Hem heel orthodox 'Christus' (met een g uitgesproken) blijft noemen. Je bent nu eenmaal christelijk of niet, en dan doe je niet mee aan de 'jodenmode' die je ertoe aanzet het Nieuwe Testament te lezen als de echoput van de Thora en de profeten. 'Voor het Oude Testament wordt tegenwoordig al veel te veel reclame gemaakt, ik vind dat je daartegen toch moet protesteren, wij zijn geen woestijnvolk, wij zijn christenen, wij kunnen de God van Abraham (Ibrâhîîm) en Izaäk helemaal niet begrijpen, God is niet voor niets mens geworden, dat is een grootse daad'.[3]
Als het zelfs al zo moeilijk blijkt te zijn om de hele Bijbel werkelijk in samenhang te lezen, waarom zou je dan de moeite willen doen de Koran er ook nog bij te halen? Wordt dat niet een weinig betrouwbaar boek geacht? Wordt de laatste jaren niet beweerd dat de bronnen van de Koran zelf omstreden zijn of, erger nog, dat vanwege het geweld waartoe de Koran oproept het boek ronduit verboden zou moeten worden?

De bronnen van de Koran omstreden?

In de laatste decennia wordt gesproken over het werk van een aantal geleerden die 'revisionisten' genoemd worden en die de bronnen van de Koran op historische gronden omstreden achten.[4] Eerst in een serie artikelen en later in boekvorm werd verslag gedaan van de 'wetenschappelijke' discussie over de vermeende ontstaansgeschiedenis van de Koran, de 'traditie' (*hadith*), de biografie van de profeet Mohammed en de vroege geschiedenis van de islam. Op grond van de archeologie, taalkunde, opschriften op munten en gebouwen – met onder andere teksten over Jezus in de Rotskoepel in Jeruzalem staan

3 Aangehaald door Goedegebuure, 91.

4 Vgl. Ohlig & Puin; Grosz & Ohlig (2008, 2009); Burger; Mulder & Milo.

– wordt aangetoond hoe een versmaad 'lelijk eendje' van het christendom zich tot de onafhankelijke wereldgodsdienst (de islam) heeft ontwikkeld. Het korte hoofdstuk 97 van de Koran zou niet gaan over de openbaring van de Koran aan de profeet Mohammed, maar over de kerstnacht!
Dit alles gaat in tegen het 'orthodoxe' verhaal dat door de moslims in het algemeen, maar ook door de westerse islamwetenschap, wordt aangehangen. Sjoerd van Koningsveld heeft daar, in zijn afscheidsrede als hoogleraar *Revisionisme en Moderne islamitische Theologie,* zinnige dingen tegen ingebracht. Zijn conclusie luidt: 'Mohammed was, is en blijft op zuiver wetenschappelijke gronden te beschouwen als een historische persoon, die in het geloof van zijn profeetschap boodschappen heeft verkondigd die na zijn dood in codices[5] zijn geredigeerd en omstreeks het jaar 650 – dus niet pas twee eeuwen later zoals de revisionisten beweren – van de christelijke jaartelling in de officiële tekst van kalief 'Uthmân (de tweede opvolger van de profeet Mohammed) zijn vastgelegd, die de andere redacties heeft verdrongen. De Koran evenals de zeer talrijke in opdracht van Mohammed opgestelde documenten, vormen de basis voor de studie van zijn tijdgenoten, zowel voor als tegen hem gecomponeerd, naast de historisch-kritisch gerecipieerde gegevens in de uitvoerige traditie literatuur.'[6]

De Koran verbieden?

Veel gerucht maakte de Nederlandse parlementariër Geert Wilders toen hij een vergelijking trok tussen Hitlers *Mein Kampf* en de Koran. Hij bepleitte dat de Koran ('dit ellendige boek') verboden zou moeten worden, net zoals dat met *Mein Kampf* gebeurd was.[7] 'Als je alle haatdragende teksten uit de Koran zou verwijderen, dan heb je een boekje over zo dik als een Donald Duck', was een van de andere geruchtmakende uitspraken die Wilders deed, zonder enige fundering te geven voor deze gratuite bewering. De vergelijking met Donald Duck is trouwens een onderschatting van de betekenis van deze stripverhalen. In het oorspronkelijke Engels heet de oom van deze stripfiguur namelijk Dagobert *Scrooge McDuck,* met duidelijke verwijzing naar Charles Dickens' vrek Ebenezer *Scrooge* uit de klassieker *A Christmas Carol in Prose. McDuck* ('Mc' = zoon van) is een verwijzing naar Dagoberts *Schotse* afkomst. Immers, de Schotten staan, net zoals de

5 *mushafs.*
6 Van Koningsveld, 12.
7 Op 8 augustus 2007 plaatste *de Volkskrant* dit bericht.

Zeeuwen trouwens, bekend om hun spreekwoordelijke zuinigheid.[8] Is die oom Dagobert, die letterlijk afgebeeld wordt als zwemmend in het geld, geen aardige manier om de cultuur van de bonusjagers van onze tijd aan de kaak te stellen en belachelijk te maken?

Joden, christenen én moslims: 'Mensen van de weg'

Joden, christenen en moslims staan in dezelfde traditie van de profeten. Zij spreken een gemeenschappelijk taal, delen veel van dezelfde verhalen. Er is hoe dan ook een heel nauwe band tussen de aanhangers van deze drie godsdiensten, die veelal monotheïstische godsdiensten genoemd worden: zij geloven alle drie in één God, willen zijn weg volgen, die wordt aangeduid met het woord Thora, de Tien woorden die aan Mozes, Mûsâ werden gegeven. De joden zou je de mensen van de Thora kunnen noemen. De 'Tien Woorden' zijn evenzovele wegwijzers in de woestijn om de weg ten leven te vinden. De beeldspraak van de woestijn moet in gedachten worden gehouden. Wie de weg kwijtraakt, of die niet kent of vindt, wordt onherroepelijk door de dood bedreigd. Als je naar de kern vraagt van die Thora, dan luidt de samenvatting: recht doen en liefhebben. 'Het is niet een kwestie van "wet" of "liefde", maar "wet" ontvangen in liefde, liefde uitgedrukt in "wet".'[9] 'Wat de HEER voorschrijft is goed, een vreugde voor het hart, een licht voor de ogen' (Ps. 19:9). 'Uw woord is een lamp voor mijn voeten, Uw woord is een licht op mijn pad' (Ps. 119:105). Zoals dagelijks de zon de scheiding aangeeft tussen dag en nacht, licht en duisternis, zo leidt en verlicht de Thora.[10] Thora is het antwoord op de vraag: 'Leer mij hoe ik wand'len moet' (Ps. 25:13, berijmd). Paulus gebruikt ook het beeld van het wandelen (Rom. 6:4; 8:1, 4 e.a.).[11] Deze Thora wordt door Jezus niet afgeschaft maar juist vervuld. Hij is zelf de vleesgeworden Thora (vgl. Joh. 1:14), de Thora in hoogst eigen persoon. Aan Hem kun je zien waar het in die Thora om gaat.

Daarom is het begrijpelijk dat de volgelingen van Jezus 'mensen van de weg' genoemd worden.

Jaren geleden sprak ik een joodse mevrouw die uit dezelfde plaats afkomstig was als waar ik ben geboren. Inmiddels woonde zij al heel lang in de Verenigde Staten. Zij was in de tijd van de Tweede Wereldoorlog 'christen'

8 nl.wikipedia.org/wiki/Dagobert_Duck.

9 Levinson, 77.

10 *KBS* op Ps. 19:2-15. Brueggemann & Bellinger, 102; Hossfeld & Zenger (1993), 129.

11 Zuumond (1990), 66, 82.

geworden. Toen ik haar ontmoette bij een bezoek aan Nederland vroeg ik haar waarom zij dat had gedaan. Haar antwoord was: 'Jesus gave me a better deal.' Toen ik haar vroeg wat zij daarmee bedoelde, zei ze: 'Hij heeft het maar over twee geboden in plaats van die 613.' De 613 mitswot zijn een lijst met geboden die God in de Thora aan de joden heeft gegeven. Dit terwijl Jezus op de vraag: 'Wat is het grootste gebod?' antwoordde: 'U zult de Heer uw God liefhebben met heel uw hart en met heel uw ziel en met heel uw verstand. Dat is het grootste en eerste gebod. Het tweede is daaraan gelijk: U zult uw naaste liefhebben als uzelf. Aan deze twee geboden hangen heel de Wet en de Profeten' (Mat. 22:37-40). Treffend aan haar antwoord vond ik hoe goed 'joods' het was. Want de samenvatting van de Thora die de jood Jezus gaf is, geheel joods, aan de Thora zelf ontleend (Deut. 6:5; Lev. 19:18). In de discussie met de farizeeën staat niet een 'christen' (Jezus) tegenover 'joden', want Jezus was zelf ook een jood. Ook gaat het niet over of je voor of tegen de Thora bent, maar om de inhoud en betekenis ervan.

Het is treffend in dit verband op te merken dat het woord 'christen' slechts driemaal in het Nieuwe Testament voorkomt, en dan nog voornamelijk alleen in de mond van anderen. De eerste maal dat volgelingen van Jezus 'christenen' worden genoemd is in de stad Antiochië aan de rivier de Orontes. Het was toen de derde stad van 'de wereld', na Rome en Alexandrië. Dus de naam 'christen' was oorspronkelijk geen zelfaanduiding, maar werd door anderen gebruikt (Hand. 11:26 Vgl. 26:28). Petrus schrijft in zijn brief: 'Wie echter als "christen" lijdt, moet zich niet schamen, maar God eren met die naam (namelijk: christen)' (1 Petr. 4:16). Die naam ontstond waarschijnlijk uit een oorspronkelijk scheldwoord, en werd een trotse eigen benaming,[12] misschien te vergelijken met de naam 'geuzen'. De oorsprong van de benaming 'geus' is een uitspraak: 'Ce sont que des gueux' ('Het zijn slechts bedelaars') van de landvoogdes Margaretha van Parma, die daarmee duidelijk wilde maken dat zij zich niet hoefde in te laten met het eedverbond der Edelen dat haar op 5 april 1566 een smeekschrift aanbood. De tegenstanders van de Spanjaarden namen dat scheldwoord in de positieve zin op en zo werd het een 'geuzennaam'.

Een andere aanduiding voor 'de volgelingen van Jezus' in het Nieuwe Testament is de naam Nazoreeër. Na hun verblijf in Egypte, waarheen zij gevlucht waren voor koning Herodes, de kindermoordenaar, gingen Maria en Jozef met Jezus terug naar Nazaret en blijven ze daar wonen. In het Nieuwe Testament wordt hieraan toegevoegd: '... opdat vervuld zou worden wat

12 *B.W.*, s.v. 'christenen'.

bij monde van de profeten gezegd is: "Hij zal Nazoreeër genoemd worden"' (Mat. 2:22-23. Vgl. Joh. 18:5). In het boek Handelingen der Apostelen wordt Jezus vaak zo aangeduid (Hand. 2:22; 3:6; 4:10; 6:14; 22:8; 26:9). Nazaret had een slechte naam, zeker voor de wetsgetrouwe Judeeërs, de leidende kringen in Jeruzalem. Er werd neergekeken op het 'Galilea der heidenen' (Mat. 4:15), dat als een maatschappelijk en godsdienstig onderontwikkelde uithoek werd beschouwd. Aan het einde van de eerste eeuw was het woord 'ingeburgerd' als een scheldwoord voor deze leden van een 'sekte'.[13]

Dé gebruikelijke nieuwtestamentische benaming voor de volgelingen van Jezus is echter: 'de mensen van de weg', wat de levenswandel van Jezus' volgelingen aanduidt.[14] Paulus zegt dat duidelijk tegen Felix, de procurator van Palestina, die hem heeft gearresteerd: 'Wel wil ik u dit bekennen: ik dien de God van mijn voorouders volgens de weg, de partij die zij bedoelen; ik geloof in alles wat in de Wet en in de Profeten staat geschreven' (Hand. 24:14). Dat wil dus zeggen dat hij geheel handelde zoals hem als jood, volgeling van de weg, betaamde (Hand. 24:22). Dat hij een leerling van Jezus is, betekent voor hem het volgen van die weg. En Jezus vraagt om navolging (Mat. 8:19-22). Hoe ernstig die navolging bedoeld is, blijkt wel als Jezus zegt: 'Wie zijn kruis niet opneemt en mij niet volgt, is mij niet waardig' (Mat. 10:38). Er wordt over 'de weg' gesproken als de weg van Jezus, de weg van het kruis, de weg van het lijden, de via crucis. Het betekent: geen vrede hebben met een weg die het in de praktijk brengen van recht doen en liefhebben inhoudt, een weg die haaks staat op de valse wegen van zelfverzekerdheid.[15] Andere namen zijn: 'de weg des Heren' (Hand. 18:25. Vgl. 13:10); 'de weg van God' (Hand. 18:26); 'de weg des heils' (Hand. 16:17. Vgl. 1 Kor. 4:17; 2 Petr. 2:2, 21). De 'weg', zonder enige toevoeging, werd het kenmerk van de volgelingen van Jezus (Hand. 9:9, 23; 24:14, 22).

Het is trouwens opvallend dat in de Koran de volgelingen van Jezus aangeduid worden met nasârâ, in het meervoud: nasrâni.[16] De naam komt alleen voor in de passages uit de tijd van Mohammeds optreden in Medina, en, op één uitzondering na (*Q* 3:67), alleen in het meervoud. De uitdrukking wordt of is afgeleid van de naam van de geboorteplaats van Jezus, al-Nâsira, of van de ansâr, helpers, de naam voor de discipelen (vgl. *Q* 3:45). De medestanders van Mohammed in Medina, waar hij zich na de hidjra, de emigratie, vestigde, worden trouwens ook

13 Nieuwenhuis, 348-349.

14 hodos. *KBS* op Hand. 9:2; 19:9, 23; 22:4; 24:14, 22.

15 Brueggemann (1983), 122.

16 *Q* 2:111, 113, 120, 135, 140. Vgl. 3:67; 5:14, 51, 69, 82; 9:30; 22:17.

‘helpers’ genoemd.[17] Joodse christenen die Jezus als Messias, Masîh erkenden maar tegelijkertijd jood bleven, werden Nazareners genoemd.[18]

In feite wordt dezelfde beeldspraak voor ‘moslims’ gebruikt. Ook zij volgen de weg. De gedachte of voorstelling van de weg[19] van God doortrekt de hele Koran en is verbonden met de grondnoties als rechte leiding.[20] Het openingsgebed van de Koran, dat voor moslims dezelfde functie heeft als het Onzevader voor de christenen, bidt om geleid te mogen worden op de rechte weg (*Q* 1:6. Vgl. 28:56; 42:52-53). ‘Dat is het pad van jouw (Mohammeds) Heer’ (*Q* 6:126. Vgl. 14:12; 16:15). Degenen die zich om Gods wil inspannen, zal Hij op zijn weg leiden (*Q* 29:69). Het is de weg van gerechtigheid (*Q* 7:149; 40:38),[21] de recht gebaande weg van de Heer (*Q* 6:126,153). De weg van God wordt gelijkgesteld met de sunna en de wet (*Q* 5:48).[22]
De weg van God wordt gecontrasteerd met de weg van de afgoden (*Q* 4:76),[23] de weg van de onwetenden (*Q* 10:89) en de kwaden (*Q* 6:55). De weg van de dwaling staat tegenover de weg van gerechtigheid (*Q* 7:146).[24] En wie het geloof inruilt voor het ongeloof, die is afgedwaald van de gebaande weg (*Q* 2:108; 5:12).
De gelovigen hebben de opdracht om op te roepen tot de weg van hun Heer, met wijsheid en goede vermaning, en op de beste manier met elkaar van gedachten te wisselen. Want God weet het beste wie van zijn weg afdwaalt en wie recht wordt geleid (*Q* 16:125).
Het woord dat in het Arabisch wordt gebruikt voor ‘weg’ is het woord *sharî‘a*. Daarmee doet zich overigens een vergelijkbaar probleem voor als met de vertaling van Thora het geval is. Zoals christenen ‘Thora’ vaak wettisch opvatten, zo wordt ook de *sharî‘a* gelijkelijk misduid. Vandaar dat op een vergelijkbare wijze een negatief oordeel gegeven wordt over de *sharî‘a* van christelijke, maar ook wel van moslimse zijde als ‘wet’ in de wettische zin als dat met de Thora gedaan werd. Maar *sharî‘a* kun je als equivalent zien van het woord Thora, waarin de ‘weg’ wordt gewezen die je moet gaan (vgl. *Q* 5:48).

17 Jeffery, 280-281. ‘Syrisch’ is de meest waarschijnlijke afleiding van het woord.
18 *E.I.*, s.v. ‘*nasârâ*’.
19 *sirât, tarîq, minhâdj.*
20 *hûda, hidâya.*
21 *sabîl al rushd of rashâd.*
22 *shir‘a.*
23 *taghût.*
24 *E.Q.*, s.v. ‘Path or way’.

Toen ik indertijd in Cairo werkte, woonde ik vlak bij het Tahrirplein. Het adres was een straat die Sharî'a Abû Allam heette, wat natuurlijk niet de Abû Allam-wet betekende, maar de Abû Allamweg of -straat. Die weg leidde naar het Tahrirplein, dat het 'bevrijdingsplein' betekent: de *sharî'a* wil immers net zoals de Thora de weg naar de bevrijding, wijzen? *Sharî'a* betekent oorspronkelijk 'de weg naar de bron', het noodzakelijke water om te (over)leven in de woestijn.
Samenvattend kun je dus stellen dat 'joden', 'christenen' én 'moslims' alle drie op grond van hun boeken mensen van de weg zijn: en zoals Jezus de Thora vervulde, zo bevestigt de Koran zowel de Thora die aan Mozes werd gegeven, als het evangelie, de Indjîl (*Q* 3:50; 5:46; 61: 6).

Het uiteengaan van de drie gemeenten van de weg

Het is natuurlijk heel duidelijk dat er drie afzonderlijke gemeenschappen zijn ontstaan: de joodse, de christelijke en de islamitische, de onderlinge verschillen binnen die drie nu daar gelaten. Maar het is goed te beseffen dat die scheiding, of zoals dat meestal genoemd wordt 'het schisma tussen de joden en de christenen', zich niet plotseling op één bepaald moment heeft voltrokken. Jezus en ook de apostel Paulus waren geen stichters van een christelijke kerk zoals wij die vandaag kennen. Het was niet een vooropgezet plan dat de volgelingen van Jezus zich zouden gaan organiseren als een afzonderlijke kerk of *ecclesia*, los en tegenover de joodse 'gemeente' (*qahal*), de latere synagoge. Er ontstonden groepen van joodse volgelingen van Jezus die deel bleven uitmaken van de gemeente. De 'gemeente' waar het in het Nieuwe Testament over gaat, is nog voornamelijk een joods-christelijke, terwijl onder invloed van met name de apostel Paulus uit de volgelingen van Jezus het 'heidens-christelijke deel' van die ene gemeente begint te ontstaan.
Die latere smartelijke scheiding is er zeker wel gekomen, maar die had zich aan het einde van de eerste eeuw nog niet volledig en *definitief* voltrokken, zoals veelal gedacht wordt. Op plaatsen in wat wij nu het Midden-Oosten noemen, duurde het soms nog eeuwen voordat dat geschiedde. Dit gold tot op zekere hoogte zelfs tot in de tijd van het optreden van de profeet Mohammed in Arabië! Van een belangrijk aantal van de eerste toehoorders van de profeet die 'joden' en 'christenen' toesprak, en van de 'christenen' zullen sommige jood zijn geweest, joden die Jezus volgden.

Mohammed en de christenen van Nadjrân

Er bestonden zeker ook christelijke gemeenten op het Arabisch Schiereiland. Die stonden vooral in het noorden bekend als Syrisch-orthodoxen en in het zuiden als nestorianen. Met hen had Mohammed te maken. Net zomin als Jezus 'de stichter' van de kerk genoemd kan worden, kan ook de profeet Mohammed in de sociologische zin van het woord niet als de grondlegger van de islamitische gemeenschap of *umma* worden betiteld. Hoezeer de situatie nog open was, bleek toen in de tiende maand van het jaar 630 een christelijke delegatie uit Nadjrân, uit het zuiden van het Arabisch Schiereiland, bij de profeet Mohammed op bezoek kwam in Medina. Mohammed liet zijn gasten toen vrij om te bidden in zijn moskee (letterlijk: 'de plaats waar je je neerbuigt voor God'). Mohammed sloot daarbij een verbond met hen waarbij vrijheid van uitoefening van de godsdienst werd verzekerd. Zij moesten daarvoor wel jaarlijks belasting betalen. Dit was het eerste verdrag in zijn soort, een prototype voor later.

Nadjrân was een karavaanstad in het zuiden van Arabië. Daar splitste de beroemde zijderoute zich in tweeën naar Mesopotamië en via Jemen naar Syrië. De bloeiende stad raakte betrokken bij zowel jodendom, als christendom en islam, wat de loop van hun leven en geschiedenis veranderde. In de vijfde eeuw had het christendom Nadjrân bereikt en werd het belangrijkste christelijke (waarschijnlijk nestoriaanse) centrum in het Arabisch Schiereiland gevestigd, met een eigen bisschopzetel. Rond het jaar 520 probeerde Dhû Nuwâs, koning in Zuid-Arabië, zelf overgegaan tot het jodendom, de christenen van Nadjrân hun geloof te doen opgeven voor het jodendom. Toen zij weigerden, doodde hij circa vierhonderd christenen en wierp hen in een brandende groeve. Met 'de mensen van de groeve' waarover de Koran (Q 85:4-7) spreekt, zouden die christelijke martelaren zijn bedoeld.[25]
De Ethiopische christenen kwamen Nadjrân te hulp, wat leidde tot de ongeveer honderd jaar durende gouden periode voor 'de stad van martelaren', de heilige stad voor de Arabieren. De kerk werd de Ka' ba Nadjrân genoemd, zoals verschillende andere schrijnen in Arabië met Ka'ba worden aangeduid, zoals natuurlijk de Ka'ba in Mekka, het kubusvormige 'huis van God' dat door Abraham samen met zijn zoon Ismaël (Ismâ'îl)werd gebouwd (Q 2:125, 127). Ka'bat Nadjrân werd een centrum voor pelgrimage van christelijke Arabieren.
De bisschoppen van Nadjrân kwamen naar de grote markten in en 'Ukâz. Die van 'Ukâz was strategisch op de 'spijsroute' van West-Arabië gelokaliseerd en bloeide in het bijzonder in de zesde eeuw. Dit was de vooravond van de opkomst van de islam. In die tijd woedden de Byzantijns-Perzische oorlogen, waardoor de Mesopotamische handelsroute werd verlegd. De

25 Maar het wordt ook wel weersproken. Zie Paret (1971) op Q 85:4-7.

omlegging van die route had een gunstig effect op de handel van Mekka en bracht profijt aan de stam van Quraysh, waar Mohammed uit was voortgekomen. In 'Ukâz werden ook literaire wedstrijden gehouden.[26]
Het wordt als niet ongeloofwaardig beschouwd dat Mohammed nog vóór zijn roeping tot profeet Quss, de bisschop van Nadjrân, heeft horen preken op de markt, terwijl hij gezeten was op een kameel als zijn preekstoel. Op Nadjrân wordt gezinspeeld in de Koran als één van de gezegende of de duidelijk zichtbare steden (*Q* 34:28),[27] terwijl de traditie haar beschouwt als een van de 'beschermde' steden. Nadjrân was een centrum van kleermakerij en oorspronkelijk werd de kiswa of de bedekking van de Ka'ba in Mekka daar jaarlijks gemaakt.[28]

De Koran en de éne 'gemeente'

Het is wel waar dat je in de Koran toch ook duidelijk het besef aantreft dat joden en christenen hun afzonderlijke wegen gingen en dat er vooral onder de christenen verschillen van mening bestonden. De Koran spreekt van één gemeenschap[29] van de mensheid, waarvan God Heer is (*Q* 23:52). Dus niet alleen de umma van de moslims, maar de 'gemeente' of umma van álle andere profeten. Die gemeente van profetische boodschappers wordt als één gemeente gezien: 'Deze gemeente (umma) van U (Jezus) is één gemeente' (*Q* 21:92). Maar het waren de verschillende richtingen onder de joden en de veelal joodse volgelingen van Jezus die verdeeldheid onder elkaar veroorzaakten (*Q* 21:93).[30]
'Abraham' zelf wordt in de Koran een 'gemeenschap' genoemd. Hij, Ismaël, Isaak en Jakob (*Yaq'qub*) worden één gemeente genoemd, waardoor Abraham het prototype is geworden van de ware gemeente van 'mensen die zich aan God hebben overgegeven'[31] (*Q* 16:120). Voor die 'overgave' wordt het woord 'moslim' gebruikt, maar men moet er steeds op letten dat dit woord in de Koran nog niet 'moslim' in de huidige sociologische zin van het woord aanduidt. Abraham was geen jood en geen christen maar een

26 *E.I.*, s.v. 'Ukâz'.
27 Vgl. Paret (1971) voor andere interpretaties.
28 *E.Q.*, s.v. 'Najrân' en Glassé, s.v. 'Najrân'.
29 umma.
30 Het zou kunnen zijn dat de volgelingen van Jezus onderling in sekten verdeeld waren. Vgl. Paret (1971) op *Q* 21:93.
31 Paret (1971) op *Q* 16:120; zie ook het hoofdstuk 'De vreemde machten en de godsdienst'.

'moslim', aldus de Koran (*Q* 2:140; 3:67). Dat wil niet zeggen dat Abraham door de 'moslims' geclaimd kan worden, maar juist dat Abraham de vader van álle gelovigen is en voor 'joden', 'christenen' én 'moslims' geldt als de ware 'persoon die zich aan God heeft overgegeven', een 'moslim' in de oorspronkelijke betekenis van het woord. De mensen waren oorspronkelijke een enkele gemeenschap, umma. Nadat zij het oneens waren geworden, liet God de profeten als verkondigers van de blijde boodschap en als waarschuwers optreden. En Hij zond de Schrift met de waarheid met hen mee, om met behulp daarvan over datgene waarover zij het oneens waren te beslissen (*Q* 2:213. Vgl. 10:19). Maar eens zál uit diegenen die zich vol vertrouwen aan God toewijden, overgeven, één gemeente voortkomen, die zal oproepen tot wat goed is, gebieden wat recht is, en verbieden wat verwerpelijk is (*Q* 3:104). Als de boodschap van de Koran zich dan in een bepaald verband richt tot de verschillende gemeenschappen – de mensen van de Thora (de joden), de mensen van het evangelie (de christenen) en degenen die zich geroepen weten door de boodschap die Mohammed ontvangen heeft (de moslims) – staat er: 'Zo God gewild had, zou Hij u tot één gemeente hebben kunnen maken' (*Q* 5:48). Soms ben je geneigd te denken: dat zou toch wel handiger geweest zijn, gezien alle verschrikkelijke dingen die er geweest zijn en zich nog steeds tussen die drie afzonderlijke gemeenschappen voordoen. Maar het antwoord dat de Koran geeft, is dat de bedoeling van God daarmee was om alle drie de gemeenschappen 'op de proef te stellen' (*Q* 5:48). Kennelijk wil God geen dwang gebruiken, maar laat Hij de mens vrij zijn of haar eigen keuze te maken. Maar als het dan gaat om de onderlinge verhoudingen die er zouden moeten zijn tussen die drie gemeenschappen, luidt het advies: 'Ga een wedijver aan in goede daden. En zo zullen jullie allen tezamen tot God worden teruggevoerd' (*Q* 5:48).

Ervan uitgaande dat joden, christenen en moslims hun eigen boeken wél serieus nemen, blijft de vraag: hoe gaan ze met die beide andere om? Er zijn joden die het Nieuwe Testament als voor hen niet relevant of overbodig zien, of negatief beoordelen. Er is, zoals gezegd, een lange christelijke traditie van antisemitisme waarbij het Oude Testament als achterhaald wordt gezien, en vervangen. Zo is er een islamitische lezing van de Koran waarbij die als de laatste, definitieve openbaring wordt beschouwd en in de plaats is gekomen van zowel de Thora als het evangelie (het Oude en Nieuwe Testament).

Een dergelijke vorm van lezen en verstaan heeft vorm gekregen onder invloed van respectievelijk het rabbijnse jodendom, kerkelijke concilies en de algemeen aanvaarde islamitische interpretaties. Alle drie, jodendom, christendom en islam, hebben zich in afzonderlijke en aparte gemeenschappen georganiseerd. 'Te lang heeft de christologische zekerheid in de kerk toegestaan om het Oude Testament het zwijgen op te leggen, te overtroeven, er een einde aan te maken'.[32] 'De christenen hebben Jezus vaak "opgehemeld" om van Jezus als profeet af te komen,' zei Edward Schillebeecks ooit. Op allerlei manieren heeft ieder gemeend zich te kunnen legitimeren. Men bouwde eigen muren en burchten en formuleerde dogma's met, soms vooral onder de christenen en moslims, hun eigen 'vervangingstheologie of -ideologie'. Al zijn er voorbeelden van perioden en plaatsen te noemen waar sprake was van een vreedzame en vruchtbare symbiose (een samenleven van joden, christenen en moslims), er zijn helaas, vooral wat de christenen en moslims betreft, uit de geschiedenis veel voorbeelden te geven van polemieken of nog erger: kruistochten en heilige oorlogen.

Waarom de drie boeken samen lezen?

Liever dan verder in te gaan op de talloze discussies en polemieken die over de Bijbel en de Koran gevoerd zijn[33] en nog steeds gevoerd worden, wil ik laten zien hoe spannend en belangrijk het is dat joden, christenen en moslims deze drie boeken samen leren lezen en verstaan vanuit de grote onderlinge verbondenheid van die drie.

Een eerder boek gaf ik de titel *Thora, Evangelie en Koran.*[34] In de ondertitel wordt de bedoeling en strekking als een programma kernachtig verwoord: *3 boeken, 2 steden, 1 verhaal.* Daarmee wordt natuurlijk niet gesuggereerd dat er maar één verhaal zou zijn, maar dat de profetische verhalen van Abraham, Mozes, Jezus en Mohammed draaien om één samenhangende boodschap, gericht aan alle drie, ja, aan alle mensen.

De drie boeken staan, stuk voor stuk, in een uitgebreide traditie met drie verschillende leeswijzers. Het is de hoogste tijd samen te zoeken naar gemeenschappelijke leesroosters en leeswijzers voor het bewandelen van de éne weg naar gerechtigheid en liefde voor deze wereld.

32 Brueggemann (2010), 73.

33 Vgl. mijn: *De moslimse naaste* (1978).

34 November 2010, april 2011 tweede druk; november 2011 derde druk.

I GOD ALS VREEMDELING

God sterft niet uit, als wij ophouden in God te geloven, maar wij houden op te leven, als we niet meer verlicht worden door die dagelijkse, wonderlijke ervaring van de levensbron, die alle begrip te boven gaat. (Dag Hammarskjöld)[35]

't Is een vreemd'ling zeker...

Hoor, wie klopt daar kind'ren,
hoor, wie tikt daar zachtjes tegen 't raam?
't Is een vreemd'ling zeker,
die verdwaald is zeker,
'k zal hem gauw eens vragen naar zijn naam.

Sint Nicolaas! Sint Nicolaas!
Breng ons vanavond een bezoek
en strooi ons wat lekkers
in d'één of and're hoek.
(Fragment uit bekend sinterklaaslied)

De titel van dit boek is ontleend aan het bekende sinterklaasliedje 'Hoor, wie klopt daar kind'ren', met de regels: ''t Is een vreemdeling zeker, die verdwaald is zeker, 'k zal hem gauw eens vragen naar zijn naam.' Wie het woord 'vreemdeling' laat vallen, roept natuurlijk in de eerste plaats bij vele mensen associaties op van angst of ronduit haat. Daardoor zal niet zo snel het verlangen groeien om naar zijn of haar naam te vragen. Ik herinner me uit eind jaren zeventig van de vorige eeuw dat in de plaatselijke krant een artikeltje stond over vuilnismannen die niet de moeite wilden nemen de naam van hun Marokkaanse collega te onthouden. Zij vonden namen als Ahmad of Mahmoud te ingewikkeld om te onthouden, laat staan uit te spreken: 'We noemen je maar Sjors.'
In het sinterklaaslied wordt nadrukkelijk wél naar de naam gevraagd. En het antwoord wordt meteen daarop gegeven: 'Sint Nicolaas! Sint Nicolaas!', gevolgd door het nadrukkelijke verzoek: 'Breng ons vanavond een bezoek.'

35 Hammarskjöld, 32-33.

Het is hier niet de plaats en de bedoeling om de geschiedenis van dit lied of de herkomst ervan te achterhalen, al zou dat zeker interessant zijn. Ik heb ergens het vermoeden dat achter de vraag naar die onbekende vreemde weleens de Eeuwige zelf – de Vreemde met een hoofdletter – schuil zou kunnen gaan, degene over wie in zo vele culturen en tradities gesproken wordt.
Het gaat in dit hoofdstuk om de vraag wie die Eeuwige, wie die 'God' is. Geloven joden, christenen en moslims in dezelfde God? Is het niet beter over God te zwijgen en zweeg Hij zelf ook niet? Is Hij niet eerder een zich verbergende dan een zich openbarende God? Wat zijn de aard en het wezen van die 'Vreemdeling' die mens en wereld steeds weer bezoekt?

Geloven joden, christenen en moslims in dezelfde God?

Of joden, christenen en moslims in dezelfde God geloven, is een vraag die ik nog nooit uit de mond van een moslim heb gehoord. Het zijn, althans in mijn ervaring, vooral christenen die nogal eens beweren dat moslims in een andere God geloven: moslims zouden in 'Allah' geloven en christenen in God, de 'Vader van onze Heer Jezus Christus'. Vroeger waren er trouwens ook veel christenen die een groot verschil zagen tussen de God van het Oude Testament en die van het Nieuwe. Of dat alleen vroeger zo was? Het eerste deel van de geloofsbelijdenis van de moslims luidt: 'Er is geen God dan God (*lâ illâha illa 'Allâh*).' De Koran laat er geen enkele twijfel over bestaan dat de boodschap die Mohammed brengt, ingegeven is door en nedergedaald is van dezelfde God die zich geopenbaard heeft aan Mozes én Jezus.
In een televisieprogramma indertijd[36] stelde Tiny Muskens, bisschop van Breda, voor om voortaan 'Allah' als gemeenschappelijke Godsnaam te gaan gebruiken. De naam 'Allah' is, zo verklaarde hij, een Aramees woord dat 'Heer' betekent. In het Arabische taalgebied is het de meest gangbare Godsnaam voor moslims, joden en ook christenen. De Aramese oorsprong van het woord betekent dat het bestond voordat de Koran op schrift gesteld werd. Oosterse christenen kenden deze Godsnaam al voordat de islam ontstond. Bisschop Muskens sprak hierover vanuit zijn eigen persoonlijke ervaringen uit de acht jaar dat hij woonde en werkte in Indonesië, het grootste islamitische land ter wereld, waar ook katholieke gelovigen 'Allah' gebruikten om God in de liturgie aan te spreken. 'Als moslims en christenen God met dezelfde naam aanspreken, draagt dit bij tot het harmonisch samenleven van beide religies.'[37]

36 Netwerk, maandag 13 augustus 2007.

37 Bisdomvanbreda.nl/nieuwsbericht.php?entry=archive&id=263. Zie interview

Taalkundig wordt de naam Allah verklaard als een samentrekking van *al-ilâh* ('de God'). Het is geen eigennaam, maar de naam van de nameloze God naast wie geen ander is. Allah is de ene en enige God. Mohammed proclameerde de Koran in de naam van 'Allah'. Al lang vóór de tijd van Mohammed aanbaden de Arabieren en Mohammeds stadsgenoten, de Mekkanen, een grote godheid en hoogste verzorger, die zij 'Allah' noemden: 'Zeg. Wie is de Heer van hemelen en aarde? Zeg God (Allâh)' (*Q* 13:16. Vgl. 13:16; 29:61; 31:25; 39:38). Zij riepen hem aan in tijd van nood. 'Wanneer een golf zo groot als een wolkenscherm hen (die op een boot zitten) bedekt, bidden zij tot Allâh' (*Q* 31:32).[38]

Het treffendste bewijst en dé illustratie dat deze Godsnaam vóór-islamitisch is, is de naam van de vader van de profeet Mohammed, die al vóór Mohammeds geboorte stierf. Deze luidde: 'Abdallâh, dat 'dienaar (*'abd*) van Allâh' betekent. In het Hebreeuws, een zustertaal van het Arabisch, wordt ook van de dienaar of knecht (*'ebed*) van de HEER (JHWH) gesproken. Beide aanduidingen zijn afgeleid van het werkwoord 'dienen'.

Monseigneur Muskens meldde overigens later dat hij nog steeds dezelfde mening had over het gezamenlijk gebruik van één en dezelfde Godsnaam, Allah, maar dat hij zich ervan bewust was geworden dat het daar nu niet het juiste moment voor was. 'Als de mensen voortdurend extremisten met grote geweren *'Allâh u akbar'* ('God is groter' of 'God is de grootste') horen roepen, dan is de tijd voor een wereldwijd geaccepteerde Allah nog even niet rijp.'[39]

In recente tijden is er overigens zelfs sprake van het omgekeerde, namelijk dat mosliminstanties, in casu de Maleisische regering, christenen verbieden om de Godsnaam 'Allah' te gebruiken. Dit zorgde daar voor veel onrust onder christenen, omdat God in hun Maleisische Bijbel wordt aangeduid met 'Allah'. De minister van Islamitische Zaken liet weten dat het kabinet van mening was dat het woord 'Allah' refereert aan de god van de islam en alleen gebezigd mag worden door moslims. 'Het gebruik van het woord Allah door niet-moslims kan gevoelig liggen en tot verwarring leiden bij moslims in het land.'[40]

in het *Friesch Dagblad* van 14 augustus 2007. Daarin wordt verwezen naar dagblad *BN/De Stem*, november 2004.

38 *E.Q.*, s.v. 'God and His Attributes', 316-317.

39 *Friesch Dagblad*, 14 augustus 2007. Hierin wordt verwezen naar dagblad *BN/De Stem* van november 2004..

40 Het artikel is te vinden op de site van het *Reformatorisch Dagblad*, zaterdag 5

Zwijgen van God?

Blaise Pascal,[41] de beroemde Franse wis- en natuurkundige én tegelijkertijd christelijke filosoof en theoloog, was diep onder de indruk van het zwijgende heelal: 'De eeuwige stilte van die onmetelijke ruimte jaagt mij schrik aan.'[42] Maar daarnaast raakte hij ook diep onder de indruk van de stem van God die de stilte van het heelal heeft doorbroken.

Hans Alex Keilson (1909-2011), een Duits-Nederlandse schrijver, arts en psychiater, wiens ouders in Auschwitz vermoord werden, maakt zeer treffende opmerkingen over 'literatuur en zwijgen'. Zijn woorden zijn bijzonder relevant voor het nadenken over het zwijgen van God. Hij haalt de Nederlandse dichter Jan Hendrik Leopold (1865-1925) aan, die vond dat hij P.C. Boutens niet beter kon prijzen dan door te zeggen dat zijn gedichten een 'bijna zwijgen' zijn. In dit 'bijna zwijgen' ligt iets van de unio mystica, het voelbare contact met een godheid, zo nabij dat het als versmelting of vereenzelviging wordt ervaren. 'Contemplatie, meditatie en ascese zijn enkel praktijken op die weg. De verlossende ervaring van een echte eenheid van het "zelf" met het nagestreefde doel, zij zijn allemaal ingebed in de stilte, in het diepste zwijgen, die inherent aan de essentie van het bestaan lijkt te zijn.'[43]

Aan Gods spreken gaat echter het zwijgen vooraf.

Profeten spreken van het bevel om te zwijgen: 'Zwijg voor de Heer, al wat leeft! Want Hij staat op en komt uit zijn heilige woning' (Zach. 2:17). 'Stilte voor de Heer GOD, want de dag van de HEER is nabij' (Sef. 1:7). 'Stilzwijgen gaat vooraf aan het verschijnen van de HEER.'[44] 'De HEER echter woont in zijn heilige tempel: laat heel de aarde zwijgen voor zijn aangezicht' (Hab. 2:20). Het bevel om te zwijgen is in deze teksten onlosmakelijk verbonden met de verschijning van God, een theofanie.[45]

Toen de ziener Johannes op Patmos zag dat het laatste, het zevende zegel van de boekrol werd verbroken, hield de ganse schepping de adem in en

januari 2008/09.57.

41 Geboren in Clermont-Ferrand op 19 juni 1632 en gestorven in Parijs op 19 augustus 1662.

42 Le silence éternel de ces espaces infinis m'effraie, Pensée 201. 'De eeuwige stilte van die oneindige ruimtes jaagt me angst aan', Gedachte 201.

43 Keilson, 178.

44 *KBS*.

45 Sweeney, 591-592.

werd het stil in de hemel, ongeveer een half uur lang (Op. 8:1).[46] Johannes zag die boekrol in de rechterhand van Hem die op de troon was gezeten. De rol was vanbinnen en vanbuiten beschreven, en verzegeld met zeven zegels (Op. 5:1). De inhoud van de verzegelde rol was geheim.[47]

Dat er zeven zegels te zien waren op de draden waarmee het geschrift gebonden was, vertoont een parallel met een bekend Romeins gebruik, waarbij geschriften ook met zeven zegels gesloten werden. In dit geval is het de oorkonde van Hem die op de troon is gezeten, het verzegelde testament van God, zijn laatste wilsbeschikking over 'de erfenis van de heiligen in het licht' (Kol. 1:1; Hebr. 9:15; 1 Petr. 1:4), die de vervulling van alle heilsbeloften in zich bergt.[48]

Door de joden werd geloofd dat de wereld aan het einde zou terugkeren tot de chaos van het begin en tot de stilte die er bestond vóór de eerste dag van de schepping (4 Ezr. 7:30). Aan het einde der tijden zal er, net als vóór het eerste scheppingswoord van God, zwijgen heersen in de hemel. De aarde was vóór de schepping immers woest en leeg (tohu wa bohu); duisternis lag over de diepte, en de geest van God zweefde over de wateren (Gen. 1:2): een ongeordende, vormloze en zinloze chaos.[49]

Gods verschijnen werd altijd voorafgegaan door een stilte en een ademloosheid: 'Laat heel de aarde zwijgen voor zijn aangezicht' (Hab. 2:20). 'Stilte voor de Heer God, want de dag van de Heer is nabij' (Sef. 1:7).[50] 'Stilte kun je het beste weergeven met: "Stilte" of "Ssst!" "Stilte" is een uitroep tijdens de liturgie in de tempel. (…) Rondom de Eeuwige en vóór Hem uit is er 'altoos' sprakeloosheid, omdat Hij roepende stilte is en eeuwig zwijgen. (…) Die op de troon is gezeten, is stilzwijgendheid. En als het er echt op aankomt, staat de gehele schepping, de hemel der hemelen, met verstijfde tong, blijft ieder woord in de keel steken en is er alleen maar zwijgen.'[51] Ignatius laat de Logos, het woord, het spreken van God, voortkomen uit zijn zwijgen.[52]

46 Zach. 2:17: 'Zwijg voor de Heer al wat leeft.'

47 Daniël moest dingen geheimhouden en het boek verzegelen tot de eindtijd (Dan. 12:4). 'Elk visioen is voor u als de woorden in een verzegeld boek. Als men het aan iemand die kan lezen geeft met het verzoek: "Lees dit eens", dan zal hij zeggen: "Dat kan ik niet, het is verzegeld."' (Jes. 29:11).

48 Dehm, 34,

49 *KBS.*

50 *KBS.*

51 Aldus Nieuwenhuis in zijn uitleg van het boek Openbaring, 761-762.

52 IngMg VIII,2, aangehaald in: *B.W.* s.v. 'zwijgen'.

Mozes kon niet spreken?!

Het is veelzeggend dat de grote woordvoerder van God, Mozes, van zichzelf zegt dat hij moeilijk kon spreken.[53] Toen Mozes door God naar de farao in Egypte werd gestuurd, sprak hij tot de HEER: 'Neem mij niet kwalijk, Heer, maar ik ben geen redenaar. Ik ben dat nooit geweest, en ik ben het nu nog niet, ook al hebt U tot Uw dienaar gesproken. Ik spreek moeilijk en traag' (Ex. 4:10). Mogelijk kon Mozes niet uit zijn woorden komen en stotterde hij? Hieruit blijkt niet alleen dat hij aarzelde bij de grote opdracht die hij van God ontving: het volk uit Egypte bevrijden. Er blijkt ook uit dat hij eerbied en ontzag had voor Wie tot hem sprak. 'De HEER antwoordde hem: "Wie geeft de mens een mond? Wie maakt stom of doof, ziende of blind? Doe Ik, de HEER, dat niet? Ga nu maar, Ik zal u bijstaan als u spreekt en u ingeven wat u moet zeggen." Mozes bracht hier opnieuw tegenin: "Neem mij niet kwalijk, Heer, zend liever iemand anders." Toen ontbrandde de toorn van de HEER tegen Mozes en Hij sprak: "Is Aäron de Leviet niet uw broer? Ik weet dat hij een goed spreker is! Hij is op weg (uit Egypte) naar u en hij zal blij zijn als hij u ziet. Spreek met hem, leg hem uw woorden in de mond. Ik zal u beiden bijstaan als u moet spreken en u ingeven wat u moet doen. Laat hem in uw plaats spreken tot het volk; hij zal uw mond zijn, u zijn god"' (Ex. 4:10-16). Ook de Koran zinspeelt op de spraakbelemmering die Mozes had. De farao kijkt daarom ook op Mozes neer en veracht hem omdat hij nauwelijks kan spreken (*Q* 43:52).

Maar het spannende punt is dat Mozes, die zich eigenlijk niet tot spreken bekwaam acht, de woorden van God ontvangt, terwijl zijn woordvoerder Aäron met de zonde van het 'gouden kalf' in verband wordt gebracht (Ex. 32; *Q* 7:150-151; 20:92-94).

Aangrijpend komt dat in Arnold Schönbergs Moses and Aron tot uitdrukking, culminerend in de laatste kreet: 'O woord, o gij woord, dat ik ontbeer' (of 'dat mij ontbreekt'). George Steiner geeft daar de volgende indringende observatie bij: 'Juist omdat de welbespraakte Aron zo vloeiend over God en het noodlot van de mens kan spreken, laat hij de representatieve en symbolische leugen van het 'gouden kalf' toe, en de opzichtige opschik van Israëls leugen. Mozes de stotteraar beschikt niet over woorden waarmee hij het essentiële kan uitspreken, de uitverkiezing tot het lijden die geschiedenis is,

53 Na Mozes zal de profeet Jeremia bij zijn roeping tot profeet zeggen dat hij veel te jong is. God raakt dan zijn mond aan en spreekt tot hem: 'Ik leg hiermee Mijn woorden in uw mond' (Jer. 1:6-7, 9. Vgl. Jes. 6:6-7; Ezech. 3:1-3; 2 Sam. 23:2; Jes. 59:21).

en de werkelijke aanwezigheid van het brandende braambos. Het daar aanwezige vuur is de enige ware spraak. Het menselijke spreken is een leugen.'[54]

God is een verborgen God

'Een religie die niet beweert dat God verborgen is, is niet waar,' zei Blaise Pascal.[55] Maarten Luther heeft over de *deus absconditus*, de verborgen God, gesproken.[56] Tegenover deze *deus absconditus* staat de God die zich openbaart. Wat is het verband daartussen? Dat is een vraag die bij zowel de joodse als de christelijke als de islamitische tradities gesteld wordt. Het antwoord op de vraag wat verstaan moet worden onder het verbergen en openbaren van God, moet gezocht worden in de Schrift zelf, met name in een passage uit de profeet Jesaja: 'Waarlijk, U bent een verborgen God, U God en redder van Israël' (Jes. 45:15). Zoals elke tekst moet deze in zijn context worden verstaan. Het gaat in dit verband over Kores of Cyrus, de Grote koning van Perzië, de stichter van het wereldrijk van de Achemeniden (559-529 v.Chr.). Hij veroverde grote delen van de toen bekende wereld. Hij gaf de joodse ballingen in het jaar 538 v.Chr. verlof om naar Jeruzalem terug te keren en de tempel weer op te bouwen. Hij wordt door Jesaja geroemd als Gods herder, die zijn wil volbrengt (Jes. 44:28), zijn gezalfde, Messias (Jes. 45:1) en rechtvaardige (Jes. 41:2), die Hij uit het oosten heeft geroepen en die Hij liefheeft (Jes. 48:14-15).[57] Deze belijdenis van Gods verborgenheid is geheel verbonden met de afloop van Kores' veroveringen. De wijze waarop God Israël uit de ballingschap redt, kunnen Israël noch de volken zomaar verstaan. Waarom schenkt God Kores de overwinning, maakt Hij zijn wegen vlak en laat Hij door hem de stad Jeruzalem herbouwen en de joodse ballingen terugkeren (Jes. 45:13)? Terwijl de volken hem zullen toebehoren, in boeien aan hem voorbijtrekken en zich in zijn richting zullen neerbuigen, gaan zij belijden: 'Bij u alleen is God, een ander is er niet, geen andere god' (Jes. 45:14-15). 'De verwondering der volken over dit soort machtsontplooiing wordt door de profeet enkel ontvouwd in de woorden: "Gij zijt een God, die zich verborgen houdt."'[58] Evenals in de tijd van Mohammed in Mekka gaat het om 'God' en de 'afgoden'. Daarom is het belangrijk stil te staan bij een passage waarin de profeet al de spot drijft met de verering van beelden.

54 Steiner (1997), 113, 112.

55 Vgl. Brueggemann, Isaiah 40-66, 82.

56 Hij ontwikkelde zijn inzichten in zijn *De servo arbitrio* (1525).

57 *B.W.*, s.v. 'Cyrus'.

58 Beuken, 248.

Hoe dwaas is het afgodsbeelden van hout te vereren. Iemand velt een paar ceders, of hij kiest een pijnboom of een eik, die hij in het bos met andere bomen heeft laten opgroeien; of een laurierboom die hij heeft geplant en die groeide door de regen. Ze dienen hem tot brandhout, of hij gebruikt die om zich te warmen, of om er brood op te bakken.
Óf hij bewerkt het hout van de boom tot een godenbeeld, waarvoor hij zich neerbuigt. Met de ene helft stookt hij een vuur, waarop hij vlees bereidt; hij roostert het en doet er zich te goed aan. Hij warmt zich en zegt: 'Ha, lekker warm! Ik zie de gloed van het vuur!' Van de rest maakt hij echter een god waarvoor hij in gebed neerknielt: 'Red mij, want u bent mijn god.' Het dringt niet tot die afgodendienaars door en ze missen de kennis en het inzicht om te bedenken: met de ene helft heb ik vuur gestookt op de gloeiende houtskool en brood gebakken en vlees geroosterd om te eten. En met wat overbleef, van het restje heb ik een gruwelijk beeld gemaakt. Ik buig me dus neer voor een stuk hout! Wat zij koesteren is as! Een verwarde geest heeft hen op een dwaalspoor gebracht. Ze zijn niet meer te redden, want ze vragen zich niet af: 'Is wat ik in mijn hand houd eigenlijk geen bedrog?' (naar Jes. 44:6-20).
Jesaja stelt de dwaasheid van beeldenverering in een scherpe satire aan de kaak. Die beeldenmakers blijken dwazen te zijn. Zij gebruiken hun zintuigen noch hun verstand. Zij zijn dom en onwetend. De waanzin van hun handelen dringt niet tot hen door. Deze dwaze onderneming komt voort uit een misleid hart. Zoals de Héér Israël 'maakt', zo maken de afgoden Babylon. Deze goden hebben geen inherente macht, zijn maakwerk, geproduceerd. De 'dichter' steekt de draak met de wijze waarop die beelden gemaakt worden. Een timmerman, de werkelijke maker van de goden, slaat een dwaas figuur, is clownesk als hij enerzijds geniet van het vuur, maar in één adem tegen zijn eigen maaksel zegt: 'Red me.' Hoe kan een timmerman zo dom zijn dat hij van hout warmte en vervolgens ook redding verwacht?[59]

Gods verberging en openbaring in de Koran

Eigenlijk begint de Koran bij het tweede en langste hoofdstuk, ook wel 'de kleine Koran' genoemd. Het eerste hoofdstuk, het openingshoofdstuk, *sûrat al-fâtiha*, is een gebed. De Koran begint dus met de woorden: 'Dit is de Schrift waaraan niet te twijfelen valt, geopenbaard als rechte leiding voor de Godvrezenden en die in het verborgene geloven' (*Q* 2:1-3).[60] Het

59 Brueggemann, Isaiah 40-66, 82. Beuken, 208-217.

60 'Das Übersinnliche; das Verborgene', vertaling van Paret (1962), 'The Unseen' (Tarif Khalidi).

verborgene[61] is niettemin het object van het geloof, evenals het *woord* dat aan de profeet wordt geopenbaard (*Q* 2:4). Daarom moet de mens zich vastklampen aan het onkenbare mysterie.[62]

Het woord 'verborgene', dat ook met het 'ongeziene'[63] of het 'onkenbare' vertaald wordt,[64] verwijst zowel naar het absolute mysterie als naar het ontoegankelijke, de verborgen dingen.[65] Het woord 'verborgen' is ook een vehikel van de idee dat er een onzichtbare wereld bestaat, totaal onttrokken aan de kennis van de mens, waar de toekomst deel van uitmaakt, waarin geen schepsel vermag door te dringen en waarvan alleen God de sleutels bewaart.

Er worden vijf situaties genoemd die alleen bij God bekend zijn: 'Niemand weet wat er morgen zal plaatsvinden, niemand weet van tevoren wat er in de baarmoeder is, niemand weet wat hij morgen gaat doen, niemand weet in welke omgeving hij zal sterven, en ten slotte: niemand weet wanneer de regen zal komen' (vgl. *Q* 31:34).[66]

Wat betekent het dat de mens 'voor altoos' uitgesloten is van de geheimen van het onzichtbare? God heeft de macht om door zijn mildheid aan wie Hij wil enkele fragmenten van dit verborgene te verlenen. God is het die het verborgene kent of weet. Hij geeft niemand opheldering daarover, behalve aan een boodschapper aan wie Hij een welgevallen heeft en die Hij waardig acht in het verborgene ingewijd te worden (*Q* 72:26-27).[67] God kan de gewone gelovigen onmogelijk inzicht geven in het verborgene. Maar Hij

61 ghayb.

62 Dus ghayb kan in de Koran soms de openbaring zijn, soms het onkenbare, maar ook allebei. 'Dit is het verhaal van de verborgene welke Wij aan u openbaren' (*Q* 3:44, woorden gesproken tot Maria). 'Dit behoort tot de geschiedenissen waarvan de kennis (voor gewone stervelingen) verborgen is. Wij geven het u als openbaring in. Gij wist tevoren niets daarvan, ook uw volk niet' (*Q* 11:49, de geschiedenis van Noach. Vgl. ook 11:49; 12:102).

63 Ambros, 205. Wehr, s.v. '*ghayb*': 'hidden, concealed. invisible. That which is hidden, the invisible; that which is transcendent; the supernatural; divine secret.'

64 Blachère, 731.

65 *Dictionnaire*, s.v. 'invisble', 425.

66 Aldus Bukhari op *Q* 31:34, aangehaald door *Dictionnaire*, s.v. 'invisible', 426.

67 *Dictionnaire*, s.v. 'invisible', 426. Vertaling van Paret (1962): 'Heeft hij (de ongelovige) kennis genomen van de verborgenheid of heeft hij met de Barmhartige een verbond gemaakt?' (*Q* 19:78).

verkiest de boodschapper die Hij wil. Daarom klinkt de oproep in God en zijn gezanten te geloven (*Q* 3:179).
God is de enige die beide werelden omvat: de zichtbare en de onzichtbare, in tegenstelling tot de mens die alleen kennis draagt van de zichtbare. God is bij uitstek de kenner van het verborgene (*Q* 5:109, 116; 9:78; 34:48). Het verborgene te weten behoort alleen aan Hem toe (*Q* 10:20).[68] Hij is de kenner van de verborgen dingen, de hoeder van de absolute kennis (*Q* 34:48. Vgl. 10:20).[69] God (alleen) bezit de sleutels[70] voor de toegang tot het Verborgene (*Q* 6:59. Vgl. 39:63; 42:12). De mens moet zich daarom vastklampen aan het onbekende mysterie. De Koran communiceert niet *al* het verborgene aan de mens, maar de hele Koran is er een (gedeeltelijke) communicatie van. Vandaar de prachtige, veelzeggende titel van het grote korancommentaar van Fahr al-Dîn al-Râzî († 1209 in Herat): *De sleutels van het verborgene*.[71] Hij schreef in zijn 'Testament': 'Ik heb ervaring opgedaan met al de methoden van de islamitische theologie (*'ilm al-kalâm*) en al de wegen van de filosofe (*falsafa*) bewandeld, maar ik heb geen voldoening ondervonden noch troost die gelijk staan met wat ik ondervonden heb in het lezen van de Koran.'[72] De heilige Schrift is haar eigen uitlegster.[73]
Ignaz Goldziher, de vermaarde Hongaars-Joodse islamgeleerde uit het begin van de twintigste eeuw, wijdde in zijn *Vorlesungen über den Islam* een college aan de islamitische theologie, de *ilm al-kalâm*. De eerste zin daarvan luidde: 'Mohammed was geen theoloog, maar een profeet.' In de christelijke theologie – en in mindere mate in de islamitische theologie en in nog mindere mate in de joodse, die beide meestal niet van theologie spreken – claimt men als het ware meer over God te weten dan de profeten.

Wanneer God volgens de Koran aan Jezus vraagt: 'Jezus, zoon van Maria! Hebt gij tot de mensen gezegd: "Nemen jullie naast God mij en mijn moeder als goden"', antwoordt Jezus: "Geprezen zijt Gij. Ik mag niets zeggen waarop ik geen recht heb. Als Ik het echt gezegd zou hebben, zoudt Gij het weten. Gij alleen hebt weet van de verborgen dingen"' (*Q* 5:116).
Als het om uitleg van de Koranteksten gaat, met name met betrekking tot

68 *Dictionnaire*, s.v. 'invisible', 426. Vgl. de vertaling van Paret (1962).
69 *Dictionnaire*, s.v. 'invisible'.
70 *mafâtih*.
71 *E.I.* s.v. *'al-Ghayb'*.
72 *E.I.* s.v. *'Fakhr al-Dîn al-Râzî'*.
73 *Scriptura sacra sui ipsius interpres*.

teksten omtrent Jezus, die naar mijn mening anders uitgelegd kunnen worden dan op de meest gebruikelijk manier, krijg ik van moslimzijde vaak geen ontkenning of een bevestiging, maar het antwoord: 'Allah weet het en Hij weet het beter.' Dat lijkt mij ook een juist en eerbiedig respons.
Over God kun je eigenlijk alleen echt spreken door de Ene aan te spreken in gebed. Hoe kan het woord van die Verborgen God anders vernomen worden dan met een bede op de lippen: 'Grote God, Gij hebt het zwijgen, met Uw eigen, met Uw lieve stem verstoord. Maak de weg tot U begaanbaar, wees verstaanbaar. Spreek, Heer, Uw gemeente hoort' (Jan Wit).[74]

Gods naam

De belangrijkste tekst in de Bijbel over de openbaring van Gods naam is te vinden in het verhaal van de Godsopenbaring aan Mozes bij het brandende braambos. Daar maakt God zijn naam aan Mozes bekend. Na zijn roeping ontvangen te hebben om op te treden als bevrijder van Gods volk uit Egypte, 'sprak Mozes opnieuw tot God: "Als ik nu bij de Israëlieten kom en hun zeg: 'De God van uw vaderen zendt mij naar u', en zij vragen: 'Hoe is zijn naam?' Wat moet ik dan antwoorden?" Toen sprak God tot Mozes: "Ik ben die er is." En Hij zei: "Dit moet u de Israëlieten zeggen: 'Hij die er is zendt mij naar u.'"' De gecursiveerde omschrijving van Gods naam is een vertaling van de letters JHWH (het tetragrammaton), waarmee de naam van God in het Hebreeuws wordt aangeduid. 'Bovendien zei God tegen Mozes: "Dit moet u tegen de Israëlieten zeggen: 'De HEER, de God van uw vaderen, de God van Abraham, de God van Isaak en de God van Jakob, heeft mij naar u gezonden. Dit is mijn naam voor eeuwig. Zo moet men mij aanspreken, door alle generaties heen'"' (Ex. 3:13-15).
Willem Barnard schrijft in zijn uiteenzetting over het jubeljaar – dat eens in de vijftig jaar gevierd werd en waarin, beginnend op de Grote Verzoendag, de inwoners van het land hun vrijheid terugkregen – dat de gedachte van de Thora is dat alleen JHWH het werkwoord 'hebben' vervoegen mag. En in de naam JHWH wordt God nu juist met het werkwoord 'zijn' aangeduid. Van Hem is de aarde en tot Hem keert de aarde dan ook elk jubeljaar terug. Tot JHWH, niet tot de 'oorspronkelijke bezitters'. Alle mensen zijn dan weer 'vreemdelingen', zoals ook Abraham die een rondzwervende emigrant was.[75]

74 Gezang 317:1 uit het Liedboek *Zingen en bidden in huis en kerk*.

75 'Mijn vader was een zwervende Arameeër' (Deut. 26:5). Volgens uitleggers kan de uitdrukking een collectieve verwijzing zijn naar alle drie aartsvaders (Num. 30:15; Ps. 105:12-13). Lundbom, 726.

'Mijn vader was een vreemdeling', zijn dan ook woorden uit de Hebreeuwse liturgie (vgl. Deut. 26:5).[76]
De uitvoerigheid en precisie waarmee God hier zijn naam bekendmaakt, is zonder parallel. Gods naam dient ertoe aan zijn gezant de missie waarmee Hij hem belast heeft te bevestigen. Mozes spreekt uit naam van en in opdracht van de HEER (vgl. Deut. 18:19-20), of met de inleidende formule die vaak bij de profeten voorkomt: 'Zo spreekt de HEER.' Direct daarmee verbonden is dat God het volk zal wegvoeren uit de ellende van Egypte. Tegen het verzet van de farao die het volk niet wil laten vertrekken als geen sterke hand hem dwingt (Ex. 3:19), zal God het onderdrukte volk vrijheid schenken. God is het die uit de afhankelijkheid in den vreemde bevrijdt en een gemeenschap wil vormen (vgl. Deut. 4:34).[77]
De joden zullen uit eerbied en ontzag deze naam van God nooit uitspreken. Dit gebruik ontwikkelde zich vóór het begin van de christelijke jaartelling, blijkbaar in toenemende mate in de Hellenistische periode. Het aanknopingspunt bood daarvoor de verkorte schrijfwijze van 'eeuwig' (Ex. 3:15) dat als 'verbergen' wordt uitgelegd. In de tijd dat Jezus op aarde was, werd de naam nog maar eenmaal per jaar genoemd, en wel op Grote Verzoendag.[78]

'Water en vuur': 'God woont in de doornstruik'

Water en vuur zijn in de Koran met elkaar verbonden. Er zijn twee woorden voor 'zee' (*bahr* en *yamm*). De zee is machtig. God zweert bij de berg Sinai, bij de Thora, bij de Ka'ba, bij het hemelgewelf en bij de zee met zijn watermassa's dat de straf zal komen (*Q* 52:1-7). De zee is een plaats van schrik en duisternis. 'God heeft de sterren gegeven om jullie in de duisternissen van land en zeer te gidsen' (*Q* 6:63, 97; 27:63). Water kan een instrument zijn om te straffen. Een voorbeeld daarvan is de stormvloed, de breuk van de Mârib-dam die de stad van Seba of Saba trof (*Q* 34:16). Het meest dramatische voorbeeld is de zondvloed waarmee het volk van Noach, Nûh gestraft wordt (*Q* 54:11-12. Vgl. 69:11). Denk ook aan de zee waarin farao en zijn leger verdronken (*Q* 7:136; 20:78; 28:40; 51:40; 10:90; 44:24).
'God heeft macht over de wateren, en Hij redde Noach die in de ark veilig voer op de golfslag als bergen' (*Q* 11:42) en 'Hij redde Mozes van de farao door de zee te splitsen' (*Q* 2:50; 7:138; 20:77; 26:63).[79]

76 Barnard, 139. Voor jubeljaar zie idem, 4.
77 Fischer & Markl, 55-56.
78 Fischer & Markl, 56.
79 *E.Q.*, s.v. 'Water'.

In de verhalen over Mozes die de kinderen Israëls uit Egypte leidde (*Q* 2:50; 7:136, 138; 8:54; 10:90; 17:103; 20:77-78; 26:63-66; 28:40; 44:24-25; 51:40) worden de beide woorden voor 'zee' gebruikt. Het ene (*bahr*) voor de succesvolle oversteek van de kinderen Israëls, het tweede (*yamm*) voor de fatale oversteek van farao's troepen. Dat wijst op de dubbele aard van het water: het is leven schenkend (*bahr*), maar het is ook als een dodelijk vuur, een betekenis die ligt opgesloten in het andere woord voor zee (*yamm*). De zondvloed waar de Koran over spreekt, kan beschouwd worden als een vloed van heet water, van vloeibaar vuur. Dat is een gedachte die ook gevonden wordt in de Talmoed en de *midrash*.
Deze belangrijke informatie is nodig om te begrijpen wat het betekent dat Mozes vuur ziet op het moment dat God zich aan hem openbaart. Als Mozes en zijn familie in de woestijn zijn (*Q* 20:9-14; 27:7-9; 28:29-30), ziet hij op een nacht een vuur. Eerst denkt hij dat het om een kampvuur gaat. Maar als het bos gaat spreken, realiseert hij zich dat het God is die in de vorm van dat vuur verschijnt. 'Het brandende braambos is een complexe figuur waarbij het leven gevende water en het dodelijke vuur in evenwicht zijn.' Met ander woorden: het verschijnt als een volmaakte metafoor voor degene die leven en dood geeft, voor God.[80]

Toen Mozes dichter bij het vuur kwam, werd hij van de rechterzijde van de vallei toegeroepen vanuit de boom: 'O Mozes; Ik ben het. God de Heer van de werelden' (*Q* 28:30). 'Je bent in de heilige vallei Tuwâ: en ik heb je uitverkoren. Luister dus naar wat geopenbaard wordt.' Mozes verneemt dan: 'Ik ben God; geen andere god is er dan Ik' (*Q* 20:10-14; 79:17). Hij wordt dan door God opgeroepen om naar de farao van Egypte te gaan om het volk te redden (*Q* 37:114-122).
Uitleggers menen dat het niet toevallig is dat de Hebreeuwse woorden voor braambos (shenê) en Sinaï (Sînay) in klank overeenkomen. Het embleem van de God van de Sinai was op een of andere manier een boom. In de zegen die wordt uitgesproken over de stam van Jozef wordt JHWH 'die woont in de doornstruik' genoemd (Deut. 33:16). De boom is een uiterlijke manifestatie van Gods aanwezigheid. JHWH is dan de 'numen' van de boom. In de ontmoeting van Mozes en het brandende braambos botsen twee emblemen, de boom en het vuur, met elkaar, maar geen van die twee overweldigt de ander. Beide emblemata verschijnen opnieuw in de menora, de kandelaar. In feite is die kandelaar een gestileerde boom, met 'takken, met

80 *E.Q.*, s.v. Fire.

amandelvormige kelken, en bladen'. Mozes kreeg de opdracht die luchter te maken. Hij werd tot een van de belangrijke heilige voorwerpen in de tabernakel (Ex. 25:31-39). De zeven lichten waren 'de ogen des Heren' (Zach. 3:9), zij verlichtten de gouden luchter die tussen twee olijfbomen stond, uit wier vruchten de olie van de lampen afkomstig was. Deze verscheen niet alleen in het tabernakel gedurende de woestijnreis, maar stond ook in de tempel die door Salomo werd gebouwd (1 Kon. 7:49). 'De tempel in Jeruzalem werd verlicht door de vuren van het brandende braambos.' De luchter uit de tempel van Herodes staat nog afgebeeld op de Titusboog in Rome.[81]

De gelijkenis van de olijfboom

God is het licht van de hemel en de aarde. Zijn licht is te vergelijken met een nis[82] (of venster), met daarin een lamp. Die lamp bevindt zich in een glas en lijkt daardoor op een vonkelende ster. Zij brandt op de olie van een gezegende olijfboom die oost noch west is, en waarvan de olie glans geeft zonder dat er vuur aan te pas is gekomen. Licht boven licht. God leidt tot zijn licht wie Hij wil. En Hij onderwijst de mensen in gelijkenissen. Daarbij is Hij alwetend (*Q* 24:35).

Het wordt aangenomen dat Mohammed tijdens zijn karavaantochten door de woestijn in de verte vaak de lichtjes heeft gezien die christelijke asceten bij hun nachtelijke geestelijke oefeningen in hun grotten gebruikten.[83] Petrus heeft samen met twee andere discipelen meegemaakt hoe de gedaante van Jezus op de berg veranderde, en brengt dat als volgt onder woorden in een van zijn brieven: 'Hierdoor kreeg voor ons het woord van de profeten nog meer gezag. Ook u doet er goed aan dat in acht te nemen: het is de lamp die licht verspreidt in een donkere ruimte, tot het ogenblik dat de dag aanbreekt en de morgenster opgaat in uw hart' (2 Petr. 1:19).

Op te stijgen in de heilige olijfboom betekent oorspronkelijk terugkeren in de 'schoot van Abraham', zoals blijkt uit een droom van Mohammed die in een traditie staat opgetekend: 'Ik zag in deze nacht twee mannen, die kwamen en mij bij de hand namen om mij tot de heilige aarde te brengen. (...) Toen leidden zij mij naar een groene tuin. Daar stond een reusachtig grote boom en in de stam van de boom waren een grijsaard en kinderen. Een man ontstak in de nabijheid van de boom een vuur. Zij lieten mij de boom bestijgen en leid-

81 Levenson, 20-21; *KBS* op Ex. 25:31; Brosse, 60.

82 Het gebruikte woord mishkât is een Ethiopisch leenwoord. Jeffery, 266; Paret (1971), 360. Vgl. Speyer, 62-66.

83 Speyer, 431.

den mij naar een zo wonderbare plaats als ik nog nooit gezien had.' Er waren daar dus een grijsaard en kinderen. De profeet vroeg zijn beide begeleiders naar de betekenis van wat hij had gezien. Zij antwoordden hem: 'De grijsaard die jij in de stam van de boom gezien hebt, is Abraham en de kinderen zijn mannen. Degene die het vuur ontstoken heeft, is de hoeder van het vuur. De eerste ruimte waarin je binnengetreden bent is die van de gewone gelovigen. Nog hoger in de boom bevindt zich een nog mooiere verblijfplaats. Daar wonen de martelaren. In de kruin van de kosmische boom (alhier een olijfboom die de hemel beroert) bevindt zich het paradijs van de uitverkorenen, en de hoogste regio daarvan is aan de martelaren, de (bloed)getuigen, voorbehouden, die God alles gegeven hebben, zelfs hun leven.'[84]

De gebedstapijten die moslims gebruiken, zijn vaak voorzien van afbeeldingen van een nis, een lamp en een gestileerde boom die met olie gevoed wordt. De bekende Perzische uitlegger van de Koran Zamaksharî (1075-1144) legt in zijn De ontsluieraar van de waarheden van de openbaring uit dat de zuiverste olijfboom in Syrië groeit en dat de op- en ondergaande zon die boom moet beschijnen. Vandaar de grote nadruk op het oosten en het westen.[85]
Abû Hâmid al-Ghazâlî († 1111) vergelijkt in zijn Nis van de Lichten de vijf elementen van de beelden die in het 'lichtvers' gebruikt worden: de nis, het glas, de lamp, de boom en de olie. Daarbij gebruikt hij de begrippen verbeelding, intellect, taal en profetie.[86] Voor al-Ghazâlî was de symbolische taal van de Koran een voorwerp van grondige reflectie, een weg voor de gelovigen om de brug te slaan tussen de fysieke wereld van de menselijke activiteit en het geestelijk gebied van de goddelijke waarheid. Het 'lichtvers' is voor hem een voorbeeld van zo'n brug. Bij de metafoor 'God is het licht van de hemelen en de aarde' onderscheidt hij drie niveaus als het gaat om de betekenis van 'licht'. Het eerste is het fysieke fenomeen waarbij de menselijke ogen de aarde zien door het licht van de zon. Het tweede is het mentale niveau, waarbij het intellectuele vermogen is verlicht door het licht van de waarheid die in de Koran zelf wordt gevonden. Ten slotte is er de spirituele dimensie, waarin de gnostieke intuïtie wordt verlicht door de stralen van de goddelijke presentie. Een volwassen gelovige is iemand die elk van deze drie niveaus van perceptie/kennis heeft bereikt.[87]

84 Brosse, 234.
85 *E.Q.*, s.v. 'Tree', 361.
86 *E.Q.*, s.v. 'Simile'.
87 Gairdner, 79-121. Vgl. *E.Q.*, s.v. 'Metaphor'.

Het derde niveau wordt door Paulus in één van zijn brieven de 'kennis die alle kennis te boven gaat' (Ef. 3:19) genoemd. Daar wordt het Griekse woord gnosis gebruikt, dat in de Nederlandse mystieke taal van de 'oude schrijvers' wordt weergegeven door de 'kennisse'.

Twee namen voor God in het Psalter

Om in alle eerbied iets van de subtiliteit van het zwijgen en het spreken van God te kunnen verstaan, is het goed erop te letten hoe de verschillende namen voor God in de Psalmen gebruikt worden. Het boek der Psalmen als gebedsboek, als Psalter, heeft een cruciale betekenis voor het dieper verstaan van en uitleg geven aan zowel het Nieuwe Testament als de Koran. In het Nieuwe Testament zijn de meeste aanhalingen en verwijzingen naar het Oude Testament uit de Psalmen. Iets dergelijk kan ook gezegd worden van de Koran. In de Koran worden de Psalmen (zabûr, pl. zubur) nadrukkelijk naast de Tawra (vgl. Tenach) en de Indjîl (het Nieuwe Testament) genoemd.[88] Soms wordt dan verwezen naar de psalmen die met David (Dâwûd) worden verbonden. Maar die naam wordt ook in het meervoud gebruikt en wordt dan meestal vertaald met '(het geheel van de) Schriften'. Naast de naam JHWH, dat veelal met 'HEER' wordt vertaald, kom je in de psalmen de naam El of Elohim tegen, die in de Nederlandse vertalingen met 'God' wordt weergegeven. 'De naam JHWH is in het Psalter[89] door en door bekend, maar toch ook verborgen. Er is een geheimenis rondom deze Godsnaam.'[90]
Dat geheimenis rondom de naam van God, wordt ook duidelijk aan de hand van de geschiedenis van Jakob. Jakob kreeg na een nachtelijke worsteling met een 'vreemdeling' een nieuwe naam: 'Israël', 'strijder met God' (Israel). Aan de vooravond van zijn ontmoeting met zijn broer Esau werd Jakob (Ya'qûb) heel bang. Vroeger had hij Esau namelijk zo ver gekregen dat hij hem het eerstgeboorterecht had verkocht voor een bord linzensoep (Gen. 25:29-34). Vervolgens had hij, door zich als Esau voor te doen, door een listige leugen de zegen van vader Isaak aan Esau ontstolen (Gen. 27:35). Omdat Esau van plan was om Jakob om die reden te vermoorden, was Jakob weggevlucht (Gen. 27:41-46). In de moslimliteratuur krijgt Jakob de naam Israël omdat hij edel was in de ogen van God of omdat hij 's nachts reisde om aan de toorn van Esau te ontkomen.[91]

88 Vgl. Speyer, 497-498.

89 Het Elohistische Psalter.

90 Hossfeld & Zenger (1993), 50.

91 *E.I.*, s.v. *'Ya'kûb'*.

In de nacht voorafgaande aan het treffen met zijn broer, stak Jakob met zijn twee vrouwen, zijn twee slavinnen en zijn elf kinderen de doorwaadbare plaats van de Jabbok over. Toen Jakob hen met zijn bezittingen over de rivier gebracht had, bleef hij zelf alleen achter. Op die plaats worstelde een man met hem, tot het aanbreken van de dageraad. Toen de man merkte dat hij Jakob niet aankon, stootte hij hem tijdens de worsteling boven tegen de heup, zodat die ontwricht werd. Daarop zei de man: 'Laat mij gaan, want de dageraad is aangebroken.' Maar Jakob antwoordde: 'Ik laat u niet gaan wanneer u mij niet zegent.' De man vroeg: 'Hoe is uw naam?' Hij antwoordde: 'Jakob.' Toen zei de man: 'Voortaan zult u geen Jakob meer heten, maar Israël, want u hebt met God gestreden en met mensen, en u hebt hen overwonnen.'
Jakob vroeg op zijn beurt naar de naam van de 'vreemdeling': 'Maak mij uw naam bekend.' Maar de vreemdeling zei: 'Waarom vraagt u naar mijn naam?' Toen gaf de vreemdeling, God, Jakob op die plaats zijn zegen. Jakob noemde die plaats Pniël. 'Want,' zo zei hij, 'ik heb God gezien van aangezicht tot aangezicht, en ik ben toch in leven gebleven' (Gen. 32:23-31).[92] Het zien van Gods aangezicht is immers levensgevaarlijk (Ex. 33:20).
Het gaat in dit verhaal om de naam die Jakob krijgt: 'Israël', 'strijder met God', én om de vraag naar de naam van God. 'Het gaat in die strijd met God om het bewijs van het God-zijn van God in en voor Israël, voor het forum van de volkerenwereld.'[93] Israël is advocaat van Gods zaak. 'Wanneer Israël wordt bedreigd, wordt de God van Israël bedreigd; wanneer zijn naam verdwijnt, verdwijnt Hij, de God van Israël.'[94] Dat is dus ook het geval in de 'strijd' die het volk Israël soms in de psalmen voert met het zwijgen van God. Om het overtrokken te zeggen: in de psalmen roept Israël God aan om iets voor zijn eigen overleven te doen. Dat gebeurt bijvoorbeeld in Psalm 83. In het begin lezen we: 'Zwijg niet, o God, houd u niet doof, God, blijf niet langer afzijdig' (Ps. 83:2). Aan het einde van de Psalm wordt echter met kracht naar voren gebracht: 'Dán wordt erkend: HEER is Uw naam; overal op aarde bent U de Hoogste, U alleen' (Ps. 83:19). En het verschil

92 Omdat Jakobs heup ontwricht was, mogen de joden de heupspier niet eten (Gen. 32:33). Volgens de Koran was het de Israëlieten vóór de openbaring van de Thora geoorloofd om alle spijzen te eten, behalve wat Israël zelf verboden had (*Q* 3:93). De Koran keert zich tegen de spijswetten van de joden die niet door God gegeven zijn, maar als straf zijn opgelegd (vgl. *Q* 6:145-153; 16:114-118; 4:160; 10:59-60). Zie ook Paret (1971) op *Q* 3:93.

93 Hossfeld & Zenger (2007), 505.

94 Hossfeld & Zenger (2007), 505.

tussen het begin en het einde zit hem (mede) in het gebruik van de Godsnaam, El/Elohim (God) of JHWH (HEER). Als de 'zwijgende God' wordt God Elohim of El genoemd en is Hij om zo te zeggen 'een verre God'. Israël, de strijder met God, dringt er bij de HEER (JHWH) op aan toch eindelijk zijn 'ver-zijn' op te geven. De HEER wordt gesmeekt om zich te openbaren in zijn naam JHWH, met al wat die naam inhoudt en betekent, zodat zal blijken dat Hij zowel een particuliere als een universele God is (Ps. 83:19)![95]

Elia's confrontatie met de stomme goden

Elia (Ilyâs) is een groot profeet (1 Kon. 17:8-2 Kon. 2:13). Zijn naam houdt zijn opdracht in en klinkt als een program van actie: 'JHWH is God.' Alleen de HEER is God en dus niet Baäl, moet je er onmiddellijk aan toevoegen. JHWH is 'de God van Israël' (1 Kon. 17:1), 'de HEER van de machten' (1 Kon. 18:15),[96] 'de God van Abraham, Isaak en Israël' (1 Kon. 18:36). Elia knoopt aan bij de traditie van Israël uit de woestijntijd. Dat blijkt wel uit de tocht die hij zelf door de woestijn onderneemt, op weg naar de berg Horeb. Bij die berg beleeft hij de waarneembare manifestatie van God, die direct doet denken aan de openbaring van God aan Mozes op de Sinaï (Ex. 19).
Zijn tegenspeler is Achab, de koning van het noordrijk Israël, waarvan Samaria de hoofdstad is. In die stad krijgt het geloof in God nauwelijks voet aan de grond (1 Kon. 16:32; 2 Kon. 10:19-20). Er bestond tussen Israël en de Feniciërs een politieke alliantie. Achab was getrouwd met Izebel, de dochter van de koning van Tyrus. Onder haar invloed dringt de Tyrische godsdienst van Baäl Israël binnen. De oprichting van een Baältempel en -altaar in de hoofdstad Samaria is daar een blijk van (1 Kon. 16:31-33). De strijd tussen Israëls God en de god Baäl is er niet zomaar een tussen twee goden, maar gaat over twee met elkaar in competitie verkerende sociale systemen die twee alternatieve visies op de wereld behelzen. Baäl is een dodelijk alternatief voor de leven gevende wil van God.[97]
De profeet Elia komt in contact met Obadja, de hofmeester van de koning

95 In mijn uitleg ben ik geïnspireerd door het sublieme commentaar van Hossfeld & Zenger (2007), 505-506.

96 De machten of de legerscharen zijn alle elementen van hemel en aarde die ten dienste van de HEER staan. Ze worden ook wel 'het leger van sterren' (Recht. 5:20), of 'de engelen' (Joz. 5:10), of 'Israëls legermacht' (1 Sam. 17:45) genoemd. Zie bijvoorbeeld *KBS* op 1 Sam. 1:3, waar de uitdrukking voor het eerst voorkomt.

97 Brueggemann (2000), 228-229.

(1 Kon. 18:1-16). Obadja is tegelijkertijd een 'dienaar van God', en daardoor een 'undercover agent' van het geloof in God.[98] Hij redde honderd profeten van de HEER en verborg hen, waarschijnlijk door hen onder te brengen in de holen bij de berg Karmel. Hij voorzag hen van brood en water. Tijdens de heersende droogte brengt Obadja op bevel van de profeet een ontmoeting tot stand tussen de koning en Elia.

Daarop volgt dan een dramatische confrontatie tussen Elia en de Baälpriesters op de berg Karmel (1 Kon. 18).[99]

Bij de competitie tussen Elia en de Baälpriesters blijkt wie erin slaagt om aandacht en een luisterend oor van hun God/goden te krijgen. Elia's God antwoordt, de god Baäl blijft echter stom. Hij hoort niets, geeft geen antwoord. De Baälpriesters vinden geen gehoor bij hun god (1 Kon. 18:26).

Als de Baälpriesters tevergeefs roepen: 'Baäl, geef ons antwoord!' roept Elia hun spottend roe: 'Roep toch wat harder; hij is immers een god? Hij is zeker in gedachten verzonken of heeft zich afgezonderd of is op reis; misschien slaapt hij wel en moet hij gewekt worden.' Dan roepen de priesters nog harder en kerven zich naar hun gewoonte met zwaarden en speren (om het bidden kracht bij te zetten)[100], tot het bloed langs hun lichaam druipt. Het middaguur verstrijkt, maar zij gaan er als razenden mee door, tot de tijd van het avondoffer; maar er klinkt geen geluid en er komt geen antwoord; zij vinden geen gehoor (1 Kon. 18:27-29).

Als het Elia's beurt is om God de HEER aan te roepen, zegt hij: 'Geef antwoord, HEER, geef antwoord, opdat dit volk erkent dat U, HEER, de ware God bent, en keer zo hun hart weer tot U' (1 Kon. 18:37).[101] En als dan het uur van het avondoffer gekomen is, treedt de profeet Elia naar voren en zegt: 'HEER, God van Abraham, Isaak en Israël, toon vandaag dat U God bent in Israël en dat ik, Uw dienaar, dit alles op Uw bevel gedaan heb. Geef antwoord, HEER (...)' Vervolgens slaat het vuur van de HEER neer, verteert het brandoffer, het hout, de stenen en het stof; het likt zelfs het water in de geul op dat Elia erin heeft laten lopen. Als de mensen dit zien, werpen zij zich voorover op de grond en roepen: 'De HEER is de ware God! De HEER is de ware God!' Daarop geeft Elia het bevel: 'Grijp de profeten van

98 Brueggemann (2000), 221.

99 *B.W.*, s.v. Obadja.

100 *KBS*. Vgl. Jer. 16:6; 41:5; 47:5. Er wordt een verbod op gegeven in Lev. 19:28; 21:5; Deut. 14:1. In Noord-Israël waren dergelijke religieuze praktijken in de negende tot de zevende eeuw v.Chr. wijdverspreid (Lundom, 464).

101 Hossfeld & Zenger (2007), 506.

Baäl; laat niemand van hen ontkomen.' De profeten worden gegrepen en Elia laat ze naar de beek Kison brengen. Daar laat hij ze afslachten (1 Kon. 18: 36-40).[102]

Er wordt hier een 'godsoordeel' voltrokken. Dat is een procedure waardoor de beslissing in een rechtsgeding aan God wordt overgelaten. In de meeste culturen komen godsoordelen voor. In de codex van Hammurabi worden die godsoordelen wettelijk geregeld.[103] De uitroeiing van de Baälprofeten moet als uitvoering van Gods recht gezien worden: 'Wie aan de goden offert, behalve aan God alleen, moet met de ban geslagen worden' (Ex. 22:20).[104]

In de Koran geldt Elia als 'rechtvaardige' en wordt in één adem met Zacharias en zijn zoon Johannes de Doper genoemd (*Q* 6:85). Er wordt in de Koran een zinspeling gemaakt op Elia's optreden tegen de Baäldienst. Elia wordt tot zijn volk gezonden om de dienst van Baäl uit te roeien. Toen hij tot zijn volk zei: 'Willen jullie niet Godvrezend zijn? Willen jullie dan Baäl (Ba'l) aanbidden en daarvoor de beste Schepper die men denken kan opgeven? De ene God, uw Heer en de Heer van uw voorvaderen?' Toen verklaarden zij hem voor leugenaar. En zij werden voor bestraffing voorgeleid, behalve degenen die God waarlijk aanbaden. Elia wordt ten slotte beschreven als een van de gelovige dienaren van God (*Q* 37:123-132).

Geïnspireerd door de *haggada* wordt Elia in de moslimtraditie verbonden met de priesterlijke lijn van Aäron (Hârûn) en ook met het karakter van Khidr[105] (*Q* 18) en Henoch (Idrîs), die onder de profeten wordt genoemd (*Q* 21:85. Vgl. Gen. 4:17-18) en als een getrouwe wordt beschreven (*Q* 19:56). De onsterfelijkheid die wel aan deze beide karakters wordt toegedicht, stelt hen in staat om degenen die te land of ter zee in wanhopige situaties verkeren, te redden. Om die reden nemen zij in de mystiek en in het volksgeloof een

102 Vgl. Deut. 13:1-6. Profeten die het volk proberen af te brengen van de dienst van God moesten gedood worden. De doodstraf is zo streng omdat godsdienstig verraad wordt behandeld als politiek verraad. Zie Lundbom, 453, die hier Moshe Weinfeld aanhaalt.

103 *B.W.*, s.v. 'godsoordeel'.

104 *B.W.*, s.v. 'Elia'; Vgl. Noegel & Wheeler, s.v. 'Elijah'.

105 Er is geen Bijbelse parallel al wordt Khidr wel met Elia vergeleken. Hij wordt wel 'de Groene Man' genoemd. Khidr betekent 'groen'. Het laatste hoofdstuk van mijn boek Islam verhalenderwijs gaat over hem.

belangrijke positie in.[106] Voor Elia moet immers gastvrij een stoel vrijgehouden worden, mocht hij komen?

Elia en de strafgerichten in de Koran

De gebeurtenissen op de berg Karmel komen in de Koran aan de orde onder het kopje 'Straflegenden' (*Q* 37:123-132), waarvan die van Elia slechts een onderdeel uitmaakt (vgl. *Q* 37:71-148).

De primaire functie van de verhalen over de gerichten die voltrokken worden, is waarschuwen voor de straf van God die de ongelovige bewoners van Mekka zal treffen als zij geen berouw krijgen en Mohammeds boodschap niet aanvaarden (*Q* 41:13). Want wat ongelovige gemeenschappen in het verleden overkwam, kán ook in het heden de Mekkanen overkomen. Deze verhalen moedigen Mohammed zelf ook aan om te blijven volharden ten opzichte van het ongeloof. Alles wat van de tijdingen van de boodschappers wordt verteld, heeft als doel om Mohammeds hart te versterken (*Q* 11:120).[107]

De overige straflegenden geven evenzovele voorbeelden van steden en volken van weleer die door God vernietigd zijn omdat zij de boodschappers uit hun eigen kring afwezen. Dit gebeurde in verschillende tijden en op verschillende plaatsen. Noach was de eerste van een reeks boodschappers die kwamen om te waarschuwen (*Q* 37:75-82).

Dit soort verhalen zijn dus niet bedoeld om de hoorders te vermaken, of om een geschiedenis te vertellen, zelfs niet om onderricht te geven. Ze zijn bovenal bedoeld om te waarschuwen, te dreigen, te overtuigen én gerust te stellen, om in het heden zo te handelen dat men aan de straffen kan ontkomen![108]

Wat geldt voor de Psalmen, geldt ook voor de uitleg van het Nieuwe Testament én de Koran. Als in de Psalmen (149:7-9a) over het proces en het doel van het bereiken van Gods orde van gerechtigheid in de wereld wordt besproken, gaat het niet om een irrationele uitoefening van vergelding en wraak, maar om het opleggen van een rechtvaardige straf vanwege het onrecht dat gedaan werd. Dit alles met het uitdrukkelijke doel van correctie en transformatie. Zo dienen de verhalen over straffen als een opvoedingsmiddel. Als dan wordt gesproken over koningen die in ketenen worden geslagen en over hoge heren in ijzeren boeien (Ps. 149:8), dan gaat het niet om de gedachte dat zij als een spektakel in een triomfale processie van versla-

106 Vgl. *E.I.*, s.v. Ilyâs; Ginzberg, 195-235; Wessels (2002), hoofdstuk X.

107 *E.Q.*, s.v. *Punishment Stories.*

108 Welch, 106-107.

gen koningen naar een executieplaats worden gebracht. Nee, dergelijke teksten wijzen veeleer op het feit dat niet alleen Israël, maar alle naties zullen worden bevrijd van gewelddadige en uitbuitende regimes en dat God zijn koninklijke regering uit zal gaan oefenen.[109]

Elia in Baalbek

In latere moslimtradities wordt nog meer verteld over Elia, namelijk dat hij na de dood van Ezechiël[110] naar het volk werd gezonden omdat de Israelieten afgoden begonnen te dienen, waaronder de Baäl die door het volk van Baalbek werd vereerd.[111] Toen het volk van Baalbek Elia probeerde te doden, hield hij zich in een grot schuil en werd hij daar door de raven gevoed, totdat hij uiteindelijk kon terugkeren toen er een andere koning aan de macht gekomen was.

Dat Elia door de raven werd gevoed (vgl. 1 Kon. 17:4, 6), spreekt van Gods genereuze en medelijdende zorg: 'Hij geeft de dieren hun brood, de jonge raven schreeuwen erom' (Ps. 147:9). Jonge raven, die als hulpeloze wezens worden beschouwd vanwege hun gekras, worden niet bewonderd en ook niet erg hoog gewaardeerd. Ze worden juist als onreine dieren gezien (vgl. Lev. 11:15; Deut. 14:14). Wel betekent het dat Gód speciaal zorgt voor de minste van zijn schepselen. En als God dat al doet voor raven, hoeveel te meer kunnen mensen dan op zijn actieve bescherming vertrouwen: 'Wie draagt voedsel aan voor de raven wanneer hun jongen tot God krijsen, fladderend van de honger?' (Job 38:41). Jonge raven en hun roepen tot God worden als metaforen gezien voor de armen die God in vertrouwen mogen en kunnen aanroepen.[112] Jezus haalt de raaf aan als symbool voor Gods zorgzaamheid.[113]

109 Hossfeld & Zenger (2011), 652.

110 Vgl. *Q* 2:243: 'Hebt Gij niet gezien diegene die in doodsangst bij de duizenden vluchtten uit hun woningen? God zei: "Sterft." Hierop maakte hij ze weer levend.' Dit vers wordt door moslimexegeten verbonden met Ezech. 37:1-14, het gedeelte over het dal met de dorre doodsbeenderen die weer tot leven kwamen. *E.Q.*, s.v. 'Ezekiel'.

111 Volgens sommigen in de vorm van een vrouw. Behalve Baälpriesters had Elia ook te maken met priesters van Asjera, een van de heidense godinnen (1 Kon. 18).

112 Hossfeld & Zenger (2011), 625.

113 *B.W.*, s.v. 'raaf'.

Elia en de stille stem

Na de zeer bloedige afloop op de berg Karmel werd Elia een gezocht man en moest hij vluchten voor zijn leven. 'Na een tocht van een dag in de woestijn kwam hij bij een bremstruik. Hij ging daaronder liggen, wilde sterven en sliep in. Maar opeens stootte een engel hem aan en zei tegen hem: "Sta op en eet." Hij zag daar aan zijn hoofdeinde een koek, op gloeiende stenen gebakken, en een kruik water. Hij at en dronk en viel weer in slaap. Maar opnieuw, voor de tweede maal, stootte de engel van de HEER hem aan en zei: "Sta op en eet; anders gaat de reis uw krachten te boven." Toen stond hij op, at en dronk, en gesterkt door dat voedsel liep hij veertig dagen en nachten, tot hij de berg van God, de Horeb bereikte. Daar ging hij een grot binnen om er de nacht door te brengen' (1 Kon. 19:4-9). Daarna vond een Godsontmoeting plaats, die met die tussen God en Mozes wordt vergeleken.
De Godsopenbaring aan Mozes begon met donder en bliksem. 'Boven de berg hing een dichte wolk, machtig bazuingeschal weerklonk, en alle mensen in het kamp beefden van angst' (Ex. 19:16). 'De Sinai was geheel in rook gehuld, omdat de HEER in vuur was neergedaald. De rook steeg omhoog als de rook van een smeltoven. Het hele volk werd met ontzetting geslagen' (Ex. 19:18). Het volk én de hoorder/lezer wacht met spanning en opmerkzaamheid af wat staat te beuren.[114]

In de grot waar Elia was binnengegaan en overnacht had, kwam het woord van de HEER tot hem: 'Waarom bent u hier, Elia?' 'Hij antwoordde: "Omdat ik mij met al mijn ijver ingezet heb voor de HEER, de God van de machten. De Israëlieten hebben Uw verbond met voeten getreden, Uw altaren omvergehaald en Uw profeten met het zwaard gedood; ik alleen ben overgebleven en mij staan ze naar het leven." Maar de HEER zei: "Ga naar buiten en treed voor de HEER op de berg." Toen trok de HEER voorbij. Er ging een zeer zware storm voor de HEER uit die bergen deed splijten en rotsen verbrijzelde. Maar de HEER was niet in de storm. Op de storm volgde een aardbeving. Maar ook in de aardbeving was de HEER niet. Op de aardbeving volgde vuur. Maar ook in het vuur was de HEER niet. Op het vuur volgde het suizen van een zachte bries' (1 Kon. 19:9-12).
Storm, aardbeving en vuur waren alle karakteristieken van een theofanie, de verschijning van God, zoals die aan Mozes en het volk. Maar dat was kennelijk hier niet het geval bij Elia. 'God was daarin niet.'
Wat daarna geschiedde, wordt met een raadselachtig en moeilijk te vertalen

114 Fisher & Markl, 218.

uitdrukking weergegeven. De gebruikelijke vertaling – 'het suizen van een zachte bries' – wordt tegenwoordig voor onwaarschijnlijk gehouden. Alternatieve voorstellen zijn: 'de stem van een licht gefluister'. Een meer recente vertaling suggereert niet een stem of geluid, maar een vreeswekkende, geheimzinnig geladen stilte die een gevoel voor het heilige, of de Heilige oproept, een diep gevoel van ontzag.[115]
De ervaring die Mozes had op de Sinaï herhaalde zich niet voor Elia. God openbaarde zich niet meer in een spektakel van onweer, donder, dichte wolken en vuur zoals Hij deed in de dagen van Mozes, en ook niet zoals de stormgod Baäl dat deed. Elia moest op zijn hoede zijn voor het bijna onmerkbare teken en niet langer gericht zijn op een dramatische interventie, zoals die de carrière van Mozes gekenmerkt had. En kennelijk hoefde hij ook niet meer te verwachten dat God zich opnieuw zou openbaren op de manier zoals hij die zojuist zelf had meegemaakt in zijn treffen met de profeten van Baäl op die andere berg, de Karmel. De tijd van Mozes was anders dan de tijd die erop volgende. Er is in Israël ook nooit meer een profeet opgetreden als Mozes, die de HEER van aangezicht tot aangezicht gekend heeft (Deut. 34:10).[116]
Hoe dan ook: wat er ook maar met de uitdrukking 'het suizen van een zachte bries' bedoeld mag zijn, Elia's volledige aandacht werd erdoor opgeëist. Hij stond aan de ingang van de grot zoals Mozes dat eens gedaan had (Ex. 33:21, 23). Zodra Elia 'dit' gewaarwerd, bedekte hij zijn gezicht met zijn mantel. Mozes doet iets dergelijks. Toen de engel van de HEER hem verscheen, in een vuur dat opvlamde uit een doornstruik, en Mozes erop afging om dat vreemde verschijnsel te onderzoeken, zag de HEER hem naderbij komen om te kijken. 'En vanuit de doornstruik riep God hem toe: "Mozes, Mozes." Hij antwoordde: "Hier ben ik." Toen sprak de HEER: "Kom niet dichterbij en doe uw sandalen uit, want de plaats waar u staat is heilige grond." En Hij vervolgde: "Ik ben de God van uw vaderen, de God

115 In het Engels: 'a sense of awe'.

116 Levinson, 89-90. In Deut. wordt hier gesproken van profeten tot die tijd. Mozes zegt dat JHWH een andere profeet als hijzelf zal sturen (Deut. 18:15-18). Jeremia zag zichzelf als een profeet als Mozes. Dat Mozes JHWH van aangezicht tot aangezicht kende, is niet visueel maar auditief te verstaan en verwijst naar het spreken tussen beiden (Deut. 5:4; Ex. 33:11; Num. 12:8). Zelfs aan Mozes wordt niet toegestaan om Gods aangezicht te zien (Ex. 33:20-23. Vgl. Joh. 4:12); Lundbom, 948. Zowel Jezus als Mohammed worden als profeten gezien als Mozes.

van Abraham, de God van Isaak en de God van Jakob." Mozes bedekte zijn gezicht, want hij durfde niet naar God op te zien' (Ex. 3:2-6).
Het is treffend dat ook bij de profeet Mohammed tot tweemaal toe iets dergelijks gebeurde toen hij een openbaring ontving. Hij werd toegesproken door God: 'O gij, die u in uw gewaad gewikkeld hebt' (*Q* 73:1. Vgl. 74:1) 'Sta op in de nacht' (*Q* 73:2).

We keren weer terug naar Elia. Elia ging naar buiten en bleef staan bij de ingang van de grot. Toen klonk er een stem die hem vroeg: 'Waarom bent u hier, Elia?' (1 Kon. 19:13). Elia presenteerde zichzelf, stelde zich bloot aan de indringende verschijning van JHWH, en was bereid om toegesproken te worden, te luisteren. God stond niet stil bij Elia's lijden, de eenzaamheid waaronder hij gebukt ging of de angst voor Achab en Izebel, voor wie de profeet was weggevlucht. Nee, Hij was volledig gericht op de publieke missie die Hij op dat moment aan Elia gaf. Gods toespraak was een bevel: 'Ga terug!' Zo had God bij zijn openbaring aan Mozes ook gezegd dat Mozes moest terugkeren naar Egypte, ondanks het feit dat hij daar nu juist was weggevlucht nadat hij een Egyptenaar had gedood. Zo moet Elia terug naar de conflicten waaruit hij was weggevlucht, met alle risico's van dien. De gevaarlijke rol die een profeet nu eenmaal speelt, moet hij opnieuw aanvaarden.[117]

'God (JHWH) of Baäl?', dat is de vraag die centraal staat gedurende het hele optreden van Elia. De HEER spreekt tot het huis Israëls: 'Zoek mij, en leef' (Amos 5:4). God kan gezocht worden door naar de tempel te gaan of Hem via een priester of profeet te raadplegen. Maar de HEER kan ook in de ethische zin gezocht worden, door zijn wil te leren kennen en zich daarnaar te richten en te handelen. Dat brengt leven.[118] De mens moet de naam van de HEER zoeken: hij die hulp behoeft, zoekt het genadige aangezicht van God (Ps. 24:6).[119]
Felix Mendelssohn gebruikt in zijn Elia oratorium (1846) de woorden uit Deuteronomium: 'Maar zoekt u daar de HEER uw God, dan zult u Hem vinden, als u Hem tenminste zoekt met heel uw hart en heel uw ziel' (Deut. 4:29. Vgl. 2 Kor. 15:4vv; Ps. 27:8).[120] En daarnaast citeert hij ook een vers uit

117 Brueggemann (2000), 235-237.
118 *KBS* op Amos 5:4.
119 *B.W.*, s.v. 'zoeken'.
120 *B.W.*, s.v. 'zoeken'.

Jeremia: 'Als u mij zoekt, met heel uw hart zoekt, zult u mij vinden' (Jer. 29:13). In datzelfde Elia oratorium zingt Obadja, de hofmeester van koning Achab, in de tenor solo:

> Als jullie met heel jullie harten mij zoeken,
> zullen jullie mij zeker vinden, zo spreekt onze God.
> O! dat ik wist waar ik Hem mocht vinden,
> dat ik zelf mocht komen in zijn nabijheid!

Waarop dan door het koor wordt geantwoord:

> 'Zo spreekt onze God: "Dan laat ik mij vinden." Zo spreekt onze God' (Jer. 29:14).[121]

Elia's hemelvaart

Een tijd na de geschiedenis op de Karmel en in Baalbek wees God Elisa aan als opvolger van Elia. Elia en Elisa, al -Yasa' trokken een tijd samen op. Op een bepaald moment verscheen er opeens een wagen van vuur met paarden van vuur, die hen van elkaar scheidde. En in een stormwind werd Elia ten hemel opgenomen – 'U bent opgenomen in een wervelstorm, hemelwaarts in menigten van vuur' (Sir. 48:9). Toen Elia in de wervelstorm was verdwenen, werd Elisa met zijn geest vervuld: 'Hij heeft in zijn dagen voor geen heerser gebeefd en niemand is sterker geweest dan hij' (Sir 48:12). Toen Elisa zag dat zijn leermeester was weggenomen, riep hij uit: 'Vader, vader, Israëls strijdwagens en zijn ruiterij!' (2 Kon. 2:11-12. Vgl. Sir. 48:9, 12). Wahb b. Munabbih, die een collectie joodse profetenverhalen (*Qisâs al- Anbiyâ*) beschreef,[122] vertelt dat Elia aan God vroeg of Hij hem weg wilde nemen, waarop God hem met een ros ten hemel opnam.[123]
Door zijn geheimzinnige hemelvaart (2 Kon. 2:11; Sir. 48:9, 12) en de voorspelling van zijn terugkeer (Mal. 3:1, 23-24) heeft Elia veel indruk gemaakt. De verwachting van zijn terugkeer was zeer levendig bij de joden in de tijd van het Jezus, en de eeuwen daarna.[124]

121 Aangehaald door Lundbom 250-251. Het woord 'zoeken' betekent hier 'bidden'. Vgl. Jer. 10:21; 29:7; Jes. 55:6; 65:1; Hand 17:27.

122 Newby, 143 noot 88.

123 *E.Q.*, s.v. 'Elijah'.

124 *KBS* op 1 K 17: 1.

Mozes' Godsontmoeting in de Koran en Jesaja over de afgoderij

Het is treffend dat de wijze waarop de Koran Mozes' ervaring van de Godsontmoeting weergeeft, een duidelijke verwijzing bevat naar het contrast tussen God en de afgoden. Toen Mozes met zijn familie onderweg was, zag hij aan de zijkant van de berg Tûr,[125] dat is de berg Sinaï, een vuur. Hij zei tegen zijn familie: 'Blijf hier staan. Ik heb een vuur waargenomen. Misschien kan ik u een ander bericht daarover brengen of er een stuk brandhout van meenemen. Misschien kunt u zich daaraan warmen' (*Q* 28:29. Vgl. 20:10 en 27:7).
In deze passage is een duidelijke zinspeling te zien op de discussie over afgoderij, zoals die ook bij de profeet Jesaja gevonden wordt. Jesaja figureert in de Koran weliswaar niet onder de 25 met name genoemde profeten, maar wordt in de latere moslimuitleg toch vaak in verband gebracht met de profetieën over de komst van Jezus en Mohammed. Volgens Tha' labî 's Profetenverhalen (1035) zag Jesaja de aangekondigde verwoesting van de stad Jeruzalem als een voorzegging van de komst van de twee profeten met een blijde boodschap: 'Verheug u, o Jeruzalem, weldra zal tot u komen hij die gezeten is op een ezel en na hem zal iemand komen die rijdt op een kameel.'[126]
Er bestaan in de islamitische kunst verschillende voorstellingen waarin deze twee ruiters worden afgebeeld, de een rijdend op een ezel, de ander op een kameel. Vanuit een venster kijkt een wachter – of de profeet – naar de twee toesnellende ruiters. Het tafereel op dergelijke afbeeldingen wordt uitgelegd als de komst van respectievelijk Jezus (rijdend op een ezel) en Mohammed (rijdend op een kameel).
De bron voor deze mosliminterpretatie is verbonden aan een 'gedicht' uit het boek Jesaja, dat handelt over de val van Babel:

> 'De tafel wordt gedekt, kleden gespreid, men eet en drinkt. Vooruit, bevelhebbers, smeer de schilden, want de Heer heeft mij gezegd: "Zet een wachter neer, die moet melden wat hij ziet. Als hij strijdwagens ziet, met ingespannen paarden, een legertroep met ezels en kamelen, dan moet hij scherp, zeer scherp opletten." De wachter roept: "De hele dag sta ik op de wachttoren, Heer, en alle nachten blijf ik trouw op mijn post." Daar zijn zij, de strijdwagens, bemand en met ingespannen paarden. En hij roept: "Babel is gevallen, gevallen! Alle afgodsbeelden liggen verbrijzeld op de grond."'
> (Jes. 21:5-9)

125 *E.I.*. s.v. 'al-Tûr'.
126 *Dictionnaire*, s.v. 'Isaïe'; Rubin, 37.

Dit raadselachtige gedicht draagt apocalyptische trekken. Het is een visioen over de laatste vijand die de stad Babylon zal verwoesten. Historisch wordt daarbij gedacht aan de Perzische vorst Cyrus, die in de Bijbel Kores wordt genoemd en de stad zal veroveren. Het onderdrukkende Babylon, dat veel gezucht en gesteun heeft veroorzaakt bij de onderdrukten, zal nu ophouden te bestaan.[127]
De val van Babylon werd inderdaad een historisch feit. Ook Herodotus beschrijft de inname van Babylon door de Perzische vorst Cyrus de Grote, nadat hij een uitvoerige beschrijving van de stad zelf heeft gegeven.[128] Later zou een andere Perzische vorst, Darius, Babylon voor de tweede keer veroveren. Na die inname liet Darius de stad ontmantelen en de poorten uit de hengsels lichten, iets wat Cyrus bij zijn verovering nooit had gedaan. Bovendien werden drieduizend prominente inwoners gekruisigd. Wat er nog van de bevolking over was, mocht in de stad blijven wonen.[129]
Jesaja's gedicht begint met een scène van een zelfvoldaan en weelderig levend Babel. De politieke en militaire leiders zitten aan tafel en eten en drinken op hun gemak. Maar dan wijzigt het tafereel plotseling. Zeer abrupt klinkt ineens de roep: 'Te wapen!' Het is een alarm vanwege een invasie van binnenvallende troepen in de stad. Het beeld verspringt dan naar een observatiepost. Vanaf die positie worden ruiters gezien op paarden, ezels en kamelen. De aanstormende troepen maken van alle mogelijke transportmiddelen gebruik. De wachter is alert en op zijn post om continu, dag en nacht, rapport uit te brengen over de onophoudelijke aanvoer van aanvallers. 'De wachter roept: "De hele dag sta ik op de wachttoren, Heer, en alle nachten blijf ik trouw op mijn post." Daar zijn zij, de strijdwagens, bemand en met ingespannen paarden' (Jes. 21:8-9a). Ten slotte wordt het eindrapport uitgebracht: 'Babylon is gevallen' (Jes. 21:9b). Terwijl het aanvankelijk scheen alsof Babylon voor altijd zou bestaan, komt er plots een einde aan dit grote imperium. Babylon, dat de wereldpolitiek had beheerst, is voorbij: 'Maak het de volken bekend, laat het horen, verkondig het overal: Babel is veroverd, Bel is vernederd, Merodak (Marduk) verslagen (verwijzing naar de voornaamste goden

127 Brueggemann, Isaiah 1-39, 169-170. Tijdens een groot feestmaal dat door koning Belsassar wordt aangericht, verschijnt een schrift op de wand, een soort rebus. Daarin wordt aangekondigd dat de koning van de Chaldeeën zal worden gedood. De betekenis van die rebus luidt: 'God heeft uw regeringsjaren gewogen, geteld en te licht bevonden' (Dan. 5:25).

128 Herodotus, I, 188-191. Het eerste verslag van de inname van de stad.

129 Herodotus, III, 159.

van het Babylonische pantheon). Ook de andere goden zijn vernederd, de idolen zijn verpletterd (Jer. 50:2).
Het hele Oude Nabije Oosten had onder de hegemonie van Babel en hun goden gestaan. Maar daar is volgens het bulletin uit Jesaja een plotseling einde aan gekomen, en daarmee ook aan de zo machtig lijkende Babylonische goden. De ondergang van Babylon is die van hun goden. Zij zijn beschaamd gemaakt. Babylon, dat lange tijd de 'vijand uit het Noorden' was, is nu verslagen door een andere 'vijand uit het Noorden'. Het verslaan van Babylon zal voor de joden het einde betekenen van de ballingschap. De gedeporteerden mogen terugkeren.[130] Deze militaire gebeurtenis wordt weergegeven als en omgezet in een godsdienstige strijd waarin de Babylonische goden zijn verslagen en vernederd door de grotere macht van God. De nederlaag van Babylon is een historisch feit, maar in de profetische verbeelding draait het om het vermogen van God, die de macht heeft het kwaad teniet te doen.[131]

Paarden én ezels
Om datgene wat de wachter ziet goed te verstaan, is het van belang te weten wat in de Schriften onder paarden en ezels wordt verstaan.
Het paard was het zinnebeeld van macht, vooral van krijgsmacht, en dus de macht van de koning. Paarden en strijdwagens behoren sinds Salomo's koningschap tot het militaire potentieel van Israël. Die paarden en strijdwagens ressorteerden direct onder de vorst.
Die 'paarden en wagens' waren door koning Salomo nota bene uit Egypte geïmporteerd (1 Kon. 10:28-29). Het land van waaruit de kinderen Israëls waren weggetrokken, waarna de farao hen met al zijn paarden, wagens en wagenmenners, ja, met zijn hele legermacht had achtervolgd. De paarden en wagens werden toen juist door God vernietigd (Ex. 14-15). Maar de paarden en de strijdwagens gingen sinds koning Salomo tot het militair apparaat van de Israëlieten behoren (1 Kon. 5:6; 9:19; 10:26), een gewelddadig potentieel dat hun ter beschikking stond. In brede kringen van de bevolking en bovenal bij de profeten werden deze middelen gezien als politieke instrumenten die volstrekt ingingen tegen Gods wetten.
Jesaja roept later het 'wee u' uit over hen die naar Egypte trekken om hulp, die steun verwachten van paarden, vertrouwen op strijdwagens, en de geweldige macht van de ruiterij, terwijl de Egyptenaren toch slechts mensen zijn en geen goden, en hun paarden vlees zijn en geen geest (Jes. 31:1, 3). Hier wordt

130 Brueggemann, A Commentary on Jeremiah, 464-465.
131 Brueggemann, Isaiah 1-39, 171-172.

natuurlijk ook aan een actuele bedreiging van een politieke machtsinstantie in die tijd gedacht. Maar het gaat daarnaast ook om de metafoor voor militaire macht: paarden en wagens. Die betekenen immers niets meer dan zelfbedrog dat geen veiligheid kan geven. Egypte kan niet redden omdat Egypte menselijk en niet goddelijk is, vlees en geen geest. Egypte heeft geen intrinsieke macht of gezag om nieuwheid voort te brengen, in tegenstelling tot God. Egypte's militaire macht kan geen leven produceren. De profeet oefent kritiek uit op de ideologie en de idolatrie van militaire macht, omdat die macht alleen de dood kan voortbrengen.[132] Het alternatief is God. Hij is het die de ware hulp kan brengen, in tegenstelling tot wat de vorsten kunnen (Ps. 146:3-4).
In de tijd van de ballingschap en in de na-exilische periode wil het Messiaanse ideaal van het koningschap zich juist bevrijden van deze machtssymbolen. Het is daarom slechts consequent wanneer in de visioenen van de profeten wordt gesteld dat God alle paarden en strijdwagens zal vernietigen (Micha 5:9; Zach. 9:10).[133]

Rijdend op een ezeltje
Tegenover de paarden staan ezels, het tegendeel van de strijdwagens en de rossen van de koningen. En toch reden David en Salomo op een muildier. Zo werd Salomo op een ezel gezet bij zijn intocht als koning in Jeruzalem. Hij reed namelijk op het muildier van koning David en men leidde hem naar de bron die aan de voet van de zuidoostelijke stadsheuvel van Jeruzalem was gelegen (1 Kon. 1:38). Ezels werden dus ook wel door vorsten gebruikt. In het lied van Debora wordt over Israëls leiders gesproken als berijders van witte ezelinnen. Zij zitten op rijke tapijten en trekken over de wegen (Recht. 5:10). In het visioen van de profeet Zacharia wordt de Messias getekend als een vredevorst: rechtvaardig, zegevierend én deemoedig rijdend op een ezel (Zach. 9:9-10). Dit Messiaanse visioen wordt later als verwezenlijkt gezien in Jezus' intocht in Jeruzalem (Joh. 12:15). Maar de menigte denkt daar bij die intocht totaal anders over. Zij hebben meer een intocht in gedachten zoals eertijds in de lente van 141 v.Chr. werd bereid voor Simon de Makkabeeër, die met de Judeeërs de bevrijde stad Jeruzalem binnentrok: 'Onder gejuich en het wuiven met palmtakken, onder het spelen van citers, cimbalen en lieren, en onder het zingen van lof- en dankliederen, want een grote vijand was uit Israël verdreven' (1 Makk. 13:51). In die tijd verzinnebeel-

132 Brueggemann, Isaiah 1-39, 249-250.
133 Hossfeld & Zenger (1993), 138-139.

de de palmtak zegepraal. 'Daarom droegen ze met loof versierde stokken, groene takken en palmen en zongen ze lofliederen ter ere van hem, die hun plan om zijn tempel te reinigen had laten slagen' (1 Makk. 10:7).
In de benarde dagen waarin Jezus leefde, onder de bloedige Romeinse onderdrukking, getuigde dit zwaaien met palmtakken van nationalistische gevoelens en de hoop op een gewelddadige bevrijdingsactie tegen de bezettende Romeinse macht. Men hoopte dus op een reprise van de Makkabeese verlossing van het Griekse juk. In de eerste en tweede eeuw na Christus zouden er dan ook nieuwe Joodse opstanden volgen. De demonstratie bij Jezus' intocht was dan ook onmiskenbaar een politieke demonstratie. Het volk wilde hiermee weer een triomfantelijke intocht bewerkstelligen en van Jezus een soort 'Jezus de Makkabeeër' maken.[134]
Maar Jezus had uitdrukkelijk en doelbewust een ezelin als rijdier uitgekozen. Letterlijk staat er zelfs 'een ezeltje'. Hij kon zich dus ook letterlijk niet verheffen boven de massa. Jezus dempte daarmee de heersende overspannen nationalistische verwachtingen en wilde daarmee laten zien dat het Hem om een ander soort koningschap ging dan dat waarvan de menigte droomde. De evangelist haalt daarom de aanhef van het citaat uit de profeet Zacharia aan, maar verandert die wel enigszins. In plaats van de woorden: 'Zie, uw koning komt naar u toe, hij is rechtvaardig en zegevierende; hij is nederig, hij rijdt op een ezel, op een veulen, het jong van een ezelin' (Zach. 9:9), schrijft hij: 'Vrees niet, dochter Sion! Zie, uw koning komt, gezeten op een ezelsveulen' (Joh. 12:15).[135] Voor deze koning behoeft niemand bang te zijn. Integendeel! Het ezeltje garandeert zijn vredelievendheid. De joodse traditie legt de nadruk op de vreedzame aard van de intocht van de koning (1 Kon. 1:33) en daarmee op die van de Messias. Daarom en daarom alleen trekt Jezus op een ezeltje de hoofdstad binnen (Mat. 21:2-7).[136] De aard van het nieuwe koningschap dat hier wordt geïnaugureerd, is totaal anders. Het is het tegendeel van alles waarvan machthebbers en krijgsheren dromen.[137]

Ebenezer Scrooge wordt bezocht

In het laatste gedeelte van dit hoofdstuk staan we nog stil bij een andere regel uit het eerdergenoemde sinterklaaslied: 'Breng ons vanavond een bezoek.'

134 Nieuwenhuis, 238.

135 Vgl. 'Op die dag zal men tegen Jeruzalem zeggen: "Wees niet bang, Sion; laat uw handen niet verslappen"' (Sef. 3:16).

136 *B.W.*, s.v. 'ezel'.

137 Nieuwenhuis, 240.

Een dramatisch en exemplarisch voorbeeld van een nachtelijk bezoek wordt beschreven door Charles Dickens in zijn beroemde A Christmas Carol. De vrek Ebenezer Scrooge wordt op een donkere avond bezocht door de geest van zijn voormalige werkpartner Jacob Marley. Marley waarschuwt Scrooge dat hij zijn levenshouding drastisch moet wijzingen. Hij zal in diezelfde nacht nog bezocht worden door drie andere geesten. Scrooge weet niet wat hem overkomt en gelooft Marley niet, totdat de Geest van het voorbije kerstfeest voor hem verschijnt. Deze laat hem zijn eenzame jeugd zien. Later krijgt hij een bezoek van de Geest van het huidige kerstfeest, die hem laat zien hoe arme mensen ook gelukkig kunnen zijn door vriendelijk te zijn voor anderen. Om dit standpunt klaar en duidelijk te maken, neemt hij hem mee naar het kerstmaal van zijn neef Fred en van de arme familie van zijn werknemer Bob Cratchit. Scrooge krijgt ten slotte een bezoek van de Geest van het toekomstige kerstfeest, die hem meeneemt naar de toekomst. Daar belandt hij ook in de tijd dat hij zelf al overleden is. Hij ontdekt dat niemand rouwt om zijn dood. Ook wordt onthuld dat Tiny Tim, het gehandicapte kind van Bob Cratchit, is heengegaan.
Eenmaal ontwaakt in zijn slaapkamer, realiseert Scrooge zich dat hij zijn leven drastisch zal moeten veranderen. Hij besluit een kalkoen en cadeaus te kopen en geeft geld aan de armen. Hij brengt een bezoek aan zijn neef Fred en biedt hem aan zijn werkpartner te worden. Ten slotte gaat hij naar de familie van zijn werknemer. Hij geeft Bob Cratchit een salarisverhoging, zodat Tiny Tim spoedig kan genezen.

Wat betekent 'bezoeken' in de Bijbel?

In de Bijbel lezen we ook dat God mensen/het volk 'bezoekt'. De verschillende fasen van de geschiedenis worden gemarkeerd door het 'bezoeken' van God. Het woord 'bezoeken'[138] kan zowel de betekenis hebben van 'opzoeken' als van 'bezoeking'. Het kan verwijzen naar Gods genade, maar ook naar zijn straf. Om het in de simpele bewoordingen van het sinterklaasliedje uit te drukken: 'Wie zoet is krijgt lekkers, wie stout is de roe.'
'Bezoeken' wordt in Bijbelvertalingen vaak met 'omzien naar' weergegeven. God betoont zijn genade aan de enkeling: de HEER zag om naar Hagar, de moeder van Ismaël (Gen. 16:13) én naar Sara, de moeder van Isaak (Gen. 21:1). Toen Jozef, de zoon van de aartsvader Jakob, zijn einde voelde naderen, zei hij tegen zijn broers: 'Ik ga sterven; maar God zal met zijn omzien naar jullie omzien en jullie doen opklimmen uit dit land, náár het land dat

138 Hebr. *quddâ*; Gr. *episkepsomai*.

Hij heeft gezworen aan Abraham, aan Isaak en aan Jakob' (Gen. 50:24). Jozef laat zijn broers, 'de zonen van Israël (= Jakob)', vlak voor zijn sterven iets zweren: 'Met zijn omzien zal God naar jullie omzien! Laat dan mijn beenderen méé opklimmen van hier' (Gen. 50:25).[139]
Jozef beseft bij zijn sterven dat de weg van zijn volk overeen zal komen met de weg die God met hemzelf is gegaan: door God bezocht in een droom, op Gods wijze en op Gods tijd. Dat bezoek is Israëls bron van hoop. Een geschiedenis die niet 'bezocht wordt' is geen geschiedenis. Maar Jozef weet dat Israëls geschiedenis op machtige en onweerstaanbare manieren bezocht zal worden. Het verhaal van Jozef eindigt in Egypte, in afwachting van het 'bezoek van God'. De verteller is zeker dat het bezoek zal komen. 'Het bezoek van God schept de mogelijkheid voor een ander begin.' Jozef, de onderkoning van Egypte, sterft, maar hij hoopt op een nieuw begin, 'een nieuwe Genesis'.[140]

En God zag om naar de kinderen Israëls in Egypte, Hij bezocht hen: 'Ik draag zorg voor u, want Ik zie wat men u in Egypte aandoet' (Ex. 3:16). Als Mozes na zijn roeping bij het brandende braambos in Egypte terugkeert om het volk te bevrijden, roept hij, samen met zijn broer Aäron, de oudsten van Israël bijeen. Aäron brengt verslag uit van de woorden die de HEER tot Mozes gesproken heeft. 'Voor de ogen van het volk verrichtte hij de tekenen. En het volk geloofde. Toen zij vernamen dat de HEER zich het lot van de Israëlieten had aangetrokken (zich om hen had bekommerd = de barmhartige bezoeking) en hun ellende gezien had, knielden zij neer en bogen zich eerbiedig' (Ex. 4:30-31).
Dezelfde uitdrukking wordt opnieuw gebruikt in de tijd van de ballingschap: 'Want zo spreekt de HEER: Pas wanneer de zeventig jaar van Babel voorbij zijn, trek Ik mij uw lot weer aan (zal Ik u bezoeken); Ik vervul de belofte die Ik u deed en breng u terug naar deze plaats' (. 29:10).
Ook de profeet Sefanja, een oudere tijdgenoot van de profeet Jeremia, stelt de Israëlieten heil in het vooruitzicht. God zal hen 'bezoeken' en hen in hun vroegere staat herstellen (Sef. 2:7).
Eeuwen later zingt de vader van Johannes de Doper, zijn lofzang. Het lied begint met: 'Gezegend de Heer, de God van Israël, Hij heeft zijn volk bezocht en het verlossing bereid' (Luc. 1:68). Het eindigt met: 'Het is door het innige ontfermen van onze God dat zijn omzien uit de hoge naar ons komt,

139 In de vertaling van Oussoren.
140 Aldus Brueggemann (1983), 379.

de opgaande zon, en dat die gaat schijnen voor wie neerzitten in duisternis en schaduw van de dood, om onze voeten te richten op de weg van de vrede.' (Luc. 1:78-79).

Bezoeking kan echter ook 'straffen' betekenen. Jesaja zegt het zo in het volgende gedicht:

> 'Wee hun die onrechtvaardige wetten uitvaardigen, die de verdrukking wettelijk bekrachtigen, en zo de armen uit hun rechten ontzetten, de geringen van mijn volk onthouden wat hun toekomt, de weduwen plunderen en de wezen uitbuiten. Wat doet u op de dag van de afrekening, als de storm uit de verte komt opzetten? Naar wie vlucht u dan voor hulp, waar laat u uw schatten dan?' (Jes. 10:1-3).

De profeet verstaat zijn tijd als één waar het maken van wetten het privilege van de machtigen is. En dan gaat het vooral om wetten die hun eigen voordeel beogen. Er zal echter een dag van bezoeking, van straf zijn, want zulke acties zullen niet onopgemerkt, ongewroken en zonder vergelding blijven. Er zal een verwoestende storm (shoah) komen, zonder dat er een veilige plaats, toevluchtsoord of schuilplaats te vinden is. Zelfs de rijken en de machtigen worden gedwongen te rennen en zich te verbergen zonder hun rijkdom!

Al in de Tien Woorden wordt gezegd dat de schuld van de vaderen wordt bezocht aan de kinderen, tot in de derde en vierde generatie (Ex. 20:5). Wat dit laatste betreft: de vader handelt namens zijn familie, zijn schuld is dus ook de schuld van heel de familie. Tot in het derde en vierde geslacht. Daar staat tegenover dat God zijn goedheid bewijst tot aan de duizendste generatie van hen die Hem liefhebben en zijn geboden onderhouden. In de paralleltekst in Deuteronomium 7:9 wordt duizend uitgelegd als duizenden generaties. Dat brengt tot uitdrukking dat Gods barmhartigheid zijn straffende gerechtigheid, zo je wilt zijn bezoeking, verre overtreft. Zijn straf richt zich ook tegen de zonden van de heidense volkeren.[141]

141 *KBS* op Ex. 20:5. Vgl. *KBS* op Ex. 34:7: 'Zijn schuld is die van het nageslacht, dat dus ook deelt in de straf.' Vgl. Deut. 5:9. *KBS* op Deut. 7:9-10 zegt dat de zondaar persoonlijk wordt gestraft. 'Erken dan dat de HEER, uw God, inderdaad God is, de getrouwe God die zich aan het verbond houdt en vol medelijden is voor degenen die Hem liefhebben en zijn geboden onderhouden,

Bezoeken in de Koran

Er wordt in de Koran een gelijkenis verteld over hoe God mensen op de proef stelt. Het gaat daarin over eigenaars van een tuin. Dezen zwoeren dat zij de volgende ochtend de vruchten van de tuin zouden plukken, zonder dat zij daarbij het voorbehoud maakten dat dat alleen zou gebeuren 'zo God wil' (in sha' Allâh) (vgl. Jak. 4:15-16[142]). Toen waarde een bezoeking om hen heen terwijl zij sliepen, zodat zij 's morgens ontdekten dat de hele tuin was leeggeplukt. In de morgen riepen zij elkaar toe: 'Gaat vroeg naar uw veld indien gij plukken wilt.' Toen gingen zij ernaartoe terwijl zij onder elkaar fluisterden: 'Bij jullie zal heden niet een behoeftige naar binnen gaan.' En zij kwamen in de vroegte aan, vastbesloten om te voorkomen dat een arme uit de gaarde zou plukken. Toen zij de tuin leeg en verlaten zagen, zeiden zij: 'Waarlijk, wij zijn de weg kwijt.' Of veeleer: 'Wij zijn van iedere opbrengst beroofd.' Degene onder hen die het meest bezonnen was zei: 'Heb ik u niet gezegd: "Waarom prijzen jullie God niet?"' Zij zeiden: 'Onze Heer zij geprezen! Wij hebben in ons leven tot nu toe onrecht gedaan.' En zij wendden zich tot elkaar en maakten elkaar wederzijds verwijten en zeiden: 'Wee ons! Wij waren overmoedig. Misschien zal God ons iets beters in ruil geven dan de tuin. Naar onze Heer gaat ons verlangen uit' (*Q* 68:17-32). Het Arabische woord dat met 'bezoeking' is vertaald, doet aan een soort 'geestesverschijning' denken, zoals de geest van Marley die Scrooge bezocht. Het gebruikte woord kan uitgelegd worden als een soort visitatie door een bovennatuurlijk wezen.[143] Sommige theologen houden het erop dat het een vorm van gefluisterd was of een lage stem die werd gehoord en aanzette tot actie. Anderen zijn van mening dat het satan was, die de mensen bezocht in de vorm van emoties als woede of jaloezie. Deze gelijkenis van de 'bezoeking' door de Heer (*Q* 68:19) was oorspronkelijk gericht aan de ongelovige inwoners van Mekka, maar heeft ook nog steeds een belangrijke boodschap voor elke hoorder en lezer van vandaag.[144]

tot in de duizendste generatie, maar degene die Hem verwerpen in hun eigen persoon straft en te gronde richt, hen persoonlijk. Hij wacht niet: iemand die hem verwerp, straft Hij, hem persoonlijk' (Deut. 7:9-10). *B.W.*, s.v. 'bezoeking' *Th.W.*, ii, 595-604. Vgl. Schumann.

142 'U moet zeggen: "Als de Heer wil, zullen wij in leven zijn en dit of dat doen." In plaats daarvan loopt u te bluffen en overmoedig op te scheppen; al die opschepperij is verkeerd.'

143 Paret (1971) op *Q* 7:201. Voor de termen tâifî of tâfa zie Paret (1971) op *Q* 68:19v.

144 *E.Q.*, s.v. 'Visiting'.

'Het is alles een gelijkenis van een meer dan aards geheimenis'

De titel van deze paragraaf is ontleend aan een lied van Jan Wit.[145] Hij sluit hiermee aan bij Paulus. 'Groot is het geheimenis (*mysterion*) van het geloof,' schrijft Paulus in 1 Timoteüs 3:16. Die uitdrukking is afgeleid van een woord dat slaat op het sluiten of dichtdoen van de mond, de lippen, dus 'zwijgen'. Een *mysterion* is iets waarover men moet zwijgen nadat men erin ingewijd is.[146]

'Groot is het geheimenis van het geloof' is een zinsnede die gebruikt wordt in de liturgie van de kerk. Het zou ook heel goed de uitdrukking kunnen zijn van verschillende geloven. Het mysterie van Israël,[147] of het mysterie van Ismaël,[148] of het mysterie van het geloof van talloze mensen, welk geloof ze dan ook hebben (of juist niet hebben).

Als je tracht te verstaan wat Bijbel en Koran zeggen omtrent 'God', zou het dan niet van grotere vroomheid getuigen om te zwijgen over God dan over Hem te spreken? Het gaat toch om een 'verborgen geheimenis', waarbij (aanvankelijk) stilte, ontzag, eerbied en vreze gevraagd worden? Het is toch een verborgenheid, een mysterie, waarvan de sluier weggenomen kan worden en een onthulling (een apocalypsis) plaats kan vinden?

145 Vgl. Gezang 978:3 uit het Liedboek. Zingen en bidden in huis en kerk.

146 Zenger (1980), 156.

147 Lev Gilet, 211.

148 Vgl. Hayek.

II ABRAHAM BEZOCHT DOOR DRIE VREEMDE GASTEN

On voudrait en savoir davantage, puisque toute la vie, la pensée et l'action de Louis Massignon ont été changés par cette Vistitation de l' Étranger, par la conversion qui suivuit et par le souvenir de 'l' hospitalité sacrée musulmane à laquelle il pense avoir dû la vie.[149]

Inleiding

Wat wordt onder een vreemdeling verstaan en hoe moet je met hem omgaan? Wie is die vreemdeling eigenlijk? Abraham, de vader van alle gelovigen, op wie joden, christenen én moslims hun geestelijke dan wel lichamelijke afstamming terugvoeren, staat bij uitstek bekend om de gastvrijheid die hij verleent aan de drie vreemdelingen in zijn tent. In diens voetspoor treedt ook zijn neef Lot, door diezelfde vreemdelingen in zijn stad Sodom gastvrij te ontvangen, met grote risico's voor zijn eigen persoon en familie. In het Oosten is gastvrijheid van oudsher een heilige zaak, want daardoor hebben sommigen, zonder het te weten, *engelen* geherbergd (Hebr. 13:2) of zelfs God zelf.

De Israëlieten zijn zich er altijd bewust van gebleven dat ze afstamden van nomaden, en zij schaamden zich daar niet voor. Er wordt onderscheid gemaakt tussen ezelnomaden en kameelnomaden. Deze laatste worden als agressiever beschouwd.[150] Zodra zij zich gaan vestigen, vergeten zij vaak hun afkomst. Dat geldt ook van de Kanaänieten, de Assyriërs en de Feniciers, nomaden waarvan weinig sporen zijn overgebleven. Door deze laatstgenoemden worden de typisch bij nomaden passende namen als 'zonen van' losgelaten. Bij Israël bleef deze uitdrukking wel bestaan: *bene Israël*, de *bene Ja'akob*, of de *Banû Isra'îl* in het Arabisch.[151]

De aartsvaders Abraham, Isaak en Jakob waren echte kleinveenomaden, die in niet al te grote gebieden rondtrokken met hun kudden. Een typische trek van alle nomaden is dat zij voortdurende bedacht moeten zijn op een

149 Massignon, 42.

150 Attema (1961), 50.

151 Attema (1961), 51.

confrontatie met andere groepen, die hun bepaalde gebieden betwisten of hen regelrecht aanvallen Ook zijn zij zelf natuurlijk vaak geneigd invallen te doen in het cultuurland, om zo hun bestaan veilig te stellen. Je kunt denken aan Ismaël, van wie gezegd wordt: 'Een wilde ezel wordt hij, zijn hand gaat omhoog tegen allen, en allen verheffen de hand tegen hem; al zijn broers trotseert hij!' (Gen. 16:12).[152] Ismaëls nakomelingen zijn nomaden, die om hun onafhankelijkheid en hun zwerversbestaan met woudezels worden vergeleken.[153]

Op een dag werd aan Abram, de Hebreeër, het bericht gebracht dat zijn 'broer' Lot gevangen was genomen. Toen riep hij de geoefende mannen die in zijn huis waren geboren op om zich te wapenen – het waren er 318 – en hij ging de vijanden achterna tot bij Dan in het noorden. Samen met zijn dienaren viel hij hen 's nachts van verschillende kanten aan, versloeg hen en achtervolgde hen tot ten noorden van Damascus. Hij heroverde alle goederen. Hij bracht Lot en zijn bezittingen terug, evenals de vrouwen en het krijgsvolk (Gen. 14:14-16). Esau, de broer van Jakob, trok op zijn beurt met vierhonderd gewapende manschappen tegen Jakob op (Gen. 32:7).[154]

De betiteling 'de God van Abraham, de God van Isaak, de God van Jakob' herinnert ook aan een bij de nomaden gebruikelijke wijze van aanduiding.

Nomaden kennen een zeer grote waardering voor gastvrijheid. Dat is in een steppen- of woestijngebied ook van onschatbare betekenis. Zonder deze zouden reizen, trekken en handeldrijven vrijwel onmogelijk zijn. Een gast wordt bij nomaden met groot ceremonieel ontvangen. 'De wet van de gastvrijheid is zo voornaam dat het meer dan iets anders aan de mens van de woestijn het bewustzijn geeft edelere wetten te volgen dan de mensen met vaste woonplaatsen, bij wie men gastvrijheid vaak tevergeefs zoekt. Overal in de woestijn is het op royale wijze ontvangen van vreemden een vanzelf-

152 Onder nakomelingen van hem worden onder anderen Duma en Tema genoemd, samen met hun tien broers: twaalf vorsten van twaalf stammen (Gen. 25:12-18).

153 *KBS*. Vgl. 'Wie heeft de wilde ezel losgelaten, zijn boeien verbroken? Ik gaf hem de woestijn tot stal, de steppe tot verblijfplaats. Hij heeft maling aan de schreeuwers van de stad, hij luistert niet naar tierende drijvers; het bergland is zijn wei, daar snuffelt hij naar alles wat groen is' (Job 39:5-8). *KBS*: 'Een wilde ezel laat zich niet temmen.'

154 Attema (1961), 51.

sprekendheid.'[155] Het treffendst is gastvrijheid bij de armen. De armsten zullen voor hun gast hun laatste schaap slachten en hem niets van hun eigen armoede en ellende laten merken. Men verwacht geen dank voor de geboden gastvrijheid. Men wil de gast weldaden bewijzen en hem het verblijf aangenaam maken. Alles wat men bezit is men eventueel bereid te geven.
Op de vraag of bij de profeten van Israël van een *nomadenideaal* gesproken kan worden, wordt dit antwoord gegeven: 'Als er bij de profeten iets herinnert aan de nomadentijd, dan is dat de gedachte van het onderweg zijn, het gericht zijn op de toekomst, maar dan met dien verstande "het *getroost* onderweg zijn" omdat over 't donkere heden "de beloften van JHWH stralen, die onberouwelijk zijn".'[156]

Goden als vreemdelingen in de klassieke literatuur

Verhalen over goden die als vreemdelingen bij mensen op bezoek komen, zijn in de gehele wereld te vinden. Het bezoek van een vreemdeling is van levensbelang en beslissend voor degene die bezocht wordt. De vreemdeling komt immers vanuit een andere wereld en heeft van daaruit een boodschap te brengen. Dat wordt het startpunt van een reeks gebeurtenissen die door iemand die van verre komt in beweging wordt gezet. In het Nieuwe Testament wordt op een voorbeeld uit de klassieke oudheid gezinspeeld. Als de apostel Paulus samen met zijn medewerker Barnabas in Lystra, ten zuiden van Ikonium (het huidige Konya in Turkije, waar de zeer vermaarde mysticus Djalâl al-Dîn Rûmî begraven ligt), genezingen verricht, worden zij voor goden gehouden: 'De goden zijn mensen geworden en naar ons afgedaald!' Barnabas, die van het tweetal waarschijnlijk het statigst van postuur was en een baard droeg, werd voor de oppergod Zeus aangezien en de jongere, kleinere en waarschijnlijk baardeloze Paulus voor Hermes, omdat hij als de woordvoerder van God optrad (Hand. 14:11-12. Vgl. 28:1-6).[157]
Twee voorbeelden uit die klassieke literatuur zijn die uit de Odyssee van Homerus en de Metamorfosen van Ovidius.

Odysseus als vreemdeling in zijn eigen huis

Tijdens de lange afwezigheid van Odysseus gedurende en na de Trojaanse Oorlog – dus vóórdat hij naar zijn huis, zijn vrouw Penelope en zijn zoon Telemachus weet terug te keren – wordt zijn paleis door 'vrijers' beheerst.

155 Attema (1961), 56-57.
156 Attema (1961), 61.
157 Westermann (1995), 276-277; Haenchen, 367-368; Stählin, 191.

Eén van de vrijers van Penelope, Antinoös, bedenkt een plan om Telemachus te vermoorden, wat overigens mislukt. Als Odysseus dan eindelijk incognito, als bedelaar, in zijn paleis verschijnt, spreekt Antinoös hem als volgt toe:

> 'Vriend, ga stilletjes zitten en eet, of maak dat je wegkomt,
> zodat je niet door de jongeren, om je praatjes, bij armen en benen door
> de paleiszaal gesleurd en helemaal opengescheurd wordt'.
> Zo klonk zijn woord, maar luid protesteerden de andere mannen.
> En men kon menig vermetel jongmens als volgt horen zeggen:
> 'Kwalijk, Antinoös, is het die arme sloeber zo te bestoken.
> Als hij nu eens een hemelse god is, dan wacht het verderf je.
> Want ook goden, op vreemden gelijkend, uit vreemde gebieden,
> komen in allerlei vormen de steden van mensen bezoeken
> en onderzoeken wie zich goed en wie zich vermetel gedragen.'[158]

Philemon en Baucis bezocht door twee vreemdelingen
De vrome en bejaarde Phrygiër Philemon en zijn echtgenote Baucis krijgen op een dag bezoek van twee vreemdelingen, twee reizigers. Zij weten niet dat het om het bezoek van de God Zeus of Jupiter en zijn bode Mercurius of Hermes gaat. De naam Zeus (Xenios), de patroon van de gastvrijheid, bewijst dat 'gastvriendschap' onder bescherming van God wordt gesteld en schending daarvan als een misdrijf wordt beschouwd (vgl. Gen. 19:5vv; Recht. 19:15vv).[159]
Terwijl rijke en voorname lieden hun deuren voor hen gesloten hielden, verlenen deze beide oude mensen, ondanks hun armoede, gastvrijheid. Ze ontvangen de gasten met open armen en zetten hun een heerlijk maal voor. Dat er iets bijzonders met de bezoekers aan de hand is, blijkt als de kruik met wijn niet leeg raakt. Om hun gasten extra te verwennen, besluiten Philemon en Baucis hun enige gans te slachten. Baucis rent erachteraan, maar het beest loopt telkens van haar weg. Als de gans bij de oppergod op schoot gaat zitten, stellen de bezoekers zich voor als Zeus en Hermes. De beide oude mensen blijken de goden de gastvrijheid verleend te hebben die de rest van het dorp hun had onthouden. Zeus en Hermes vragen of Philemon en Baucis een wens hebben Zij willen die vervullen als dank voor de genoten gastvrijheid. Zij uiten de wens niets liever te willen dan hun leven lang de

158 Homerus, *Odyssee*, boek XVII, 477-478.
159 *RGG* s.v. 'Gastfreundschaft' (J. de Vries).

twee goden te aanbidden, waarop hun kleine hutje plots in een grote tempel verandert. Ook willen zij beiden heel graag bij elkaar blijven. Ze wensen dat, als het stervensuur voor één van hen zal slaan, de ander mee zal mogen gaan. Zo geschiedt het dat Philemon en Baucis op een dag voor de tempel in een eik en een linde veranderen. Nog vele jaren hebben ze daar gestaan, hun stammen in elkaar verstrengeld.[160]

Ovidius vertelt hetzelfde verhaal als volgt in zijn *Metamorfosen*:

> 'Ooit kwam in mensengedaante Jupiter daarheen, mét hem
> zijn zoon Mercurius, nu zonder staf en vleugelschoenen.
> Zij klopten aan bij duizenden huizen, vragend om een slaapplaats; de deur bleef dicht bij duizend huizen, uitgezonderd één: een hutje liet hen binnen, met een dak van riet en stro.
> Twee oudjes woonden er, de vrome Baucis en Philemon;
> ze waren in hun jonge jaren daar getrouwd, daar ook
> werden ze samen oud en door aan hun armoe toe te geven
> en er tevreden mee te leven, maakten zij die licht' (VIII, 626-634).
>
> 'Al etend zien ze dat de wijnkan, waar ze al die keren
> uit schonken, zich vanzelf weer vult en dat de wijn niet slinkt.
> Dit wonder wekt ontsteltenis. Met opgeheven handen
> tonen zij beiden, Baucis en Philemon, hun ontzag en
> vragen vergiffenis voor 't simpel maal en voor hun armoe.
> De gans, hun enige, de wachtpost van dit kleine paleis –
> die willen ze gaan slachten voor hun goddelijke gasten!
> Maar het gewiekte dier put snel de stramme oudjes uit,
> ontloopt hen steeds en lijkt dan uitgerekend bij de goden
> zijn heil te zoeken. Die verbieden dat hij wordt geslacht:
> "Ja, wij zijn goden," zeggen ze, "en deze streek vol zondaars
> krijgt straks de straf die men verdiend heeft. Jullie gaan vrijuit
> en blijven ongedeerd, maar moeten wel dit huis verlaten.
> Kom mee met ons, naar buiten, blijf ons volgen in ons spoor,
> de helling op." Zij doen wat hun gezegd is en beginnen
> elk leunend op een stok moeizaam de lange tocht omhoog.
> Zij waren nog op pijlafstand van de top – zover als
> één pijl kan gaan – en keken om: het hele land bleek in

160 Ovidius, *Metamorfosen*, boek 8.

een waterplas verzonken, slechts hun hutje was nog over.
Terwijl ze diep ontsteld zijn en hun volk bejammeren,
verandert ook dat hutje, dat zelfs voor maar twee bewoners
te klein was, in een tempel!' (VIII, 679-700).

'En dan klinkt daar de stem van Jupiter die hen geruststelt:
"U, oude man en vrouw, die beiden zo rechtschapen leeft,
zeg wat u nog te wensen hebt." Na kort beraad met Baucis
vertelt Philemon aan de goden wat besloten is:
"Wij willen hier graag priesters zijn, hier voor uw tempel zorgen, dat
vragen wij, en, daar wij altijd samen zijn geweest,
geef, dat éénzelfde uur ons beiden haalt, zodat ik nimmer
het graf zie van mijn vrouw en nooit door haar begraven wordt."
Hun wensen worden werkelijkheid. Zolang hun leven duurde,
bewaakten zij de tempel. Op een dag, toen zij, zeer oud,
voor die gewijde trappen stonden en nog altijd spraken
over dat wonder daar, zag Baucis bij Philemon plots
en hij, Philemon, zag bij Baucis groene blaadjes groeien,
en snel stak een boomtop boven de twee hoofden uit
en hadden zij nog net de tijd elkaar vaarwel te zeggen
en bij de naam te noemen: tegelijk verdween hun mond
in takkengroen ... Nog altijd wijzen Phrygische bewoners
die bomen aan, twee naast elkaar, uit mensenvorm ontstaan.
Dit hebben ouderen mij eerlijk zo verteld – wat zouden
ze nu te liegen hebben? Zelf zag ik takken daar
vol kransen hangen; 'k hing er nieuwe bij met deze woorden:
"Goddelijk zijn wie goden eren; ere zij wie eert"' (VIII, 703-724).[161]

Het verhaal van Ovidius is in de middeleeuwen vaak als tegenhanger van het verhaal van Abraham en Lot gebruikt. Het thema wordt in de latere literatuur (in satirische gedichten van De la Fontaine) beschreven en in opera's van Hayden (*Pfeffel*, 1773) en Gounod (*Barbier & Carré*, 1860) uitgebeeld. Rembrandt schilderde de ontvangst van de goden in de schamele hut in een compositie die gelijkenis vertoont met die van Christus en de Emmaüsgangers: als zij na de kruisiging van Jezus in Jeruzalem op weg naar Emmaüs gaan, krijgen zij ineens gezelschap van een vreemdeling die met hen meeloopt zonder dat zij Hem herkennen. Als Jezus hun vraagt waarover zij zo

161 Vgl. Ovidius, 610-613.

druk met elkaar praten, antwoordt één van hen: 'Zijt gij de enige vreemdeling in Jeruzalem?' (Luc. 24:13-18).[162]

Vreemdeling in de Thora

Een belangrijk woord dat in het Oude Testament voor vreemdeling wordt gebruikt, is het Hebreeuwse ger. De orale joodse traditie noemt twee soorten vreemdelingen. De eerste soort is de ger tzedek, die zich aangesloten heeft bij het volk. Ruth, de Moabitische, is daar het meest klassieke voorbeeld van. Zij zegt tegen haar schoonmoeder Naomi: 'Uw volk is mijn volk, uw God is mijn God' (Ruth 1:16). Het tweede soort vreemdeling is de ger toshav, een residerende vreemdeling die ervoor gekozen heeft permanent in het land te wonen zonder zich te bekeren, maar in plaats daarvan bereid is zich aan de zeven Noachitische geboden te houden, die zijn voorgeschreven aan de gehele mensheid. De ger toshav-wetgeving vertegenwoordigt de Bijbelse vorm van de 'rechten van minderheden'.[163] De zeven eisen van de Noachitische geboden werden door de na-exilische synagoge ontwikkeld. Die uitgewerkte geboden betreffen: rechtspleging, afgodendienst, godslastering, onrecht, moord, roof en het eten van vlees van een nog levend dier. In tegenstelling tot de wet van Sinaï gelden die wetten dus voor alle mensen en moeten ze als een soort natuurrecht als grondslag dienen voor de verantwoording van deze mensen ten opzichte van God.[164]
'Vreemdelingen mag u niet slecht behandelen. U weet zelf hoe een vreemdeling zich voelt, omdat u ook als vreemdeling in Egypte gewoond hebt' (Ex. 23:9). Het wordt in de Bijbel streng verboden het recht van de vreemdeling te buigen (Deut. 24:17; 27:19). De waarschuwingen tegen het kwaad doen tegen de vreemdeling komen op 36 of 46 plaatsen in de Thora voor.[165] De primaire ervaring van sociale nood van de kinderen Israëls is dat ze zelf onderdrukt zijn geweest in een vreemd land (Egypte). Die ervaring alleen al is voldoende om nooit zelf de vreemdeling te onderdrukken. Deze ervaring stelt in staat de 'ziel' van de vreemdeling te kennen (Ex. 23:9), te begrijpen hoe het de vreemdeling te moede is. De ziel[166] betekent eigenlijk de 'keel',

162 Moorman & Uitterhoeve, 219.

163 Sacks, 179-180.

164 *B.W.*, s.v. 'Noachitische geboden'. Het aposteldecreet of het zgn. 'apostelconcilie' (Hand. 15:20, 29) bevat soortgelijke eisen.

165 Sacks, 181.

166 Nefesh (Hebr.) nafs: 'ziel', speciaal een levende persoon. Dezelfde betekenis heeft ook nafs in het Arabisch, *E.I.*, s.v. 'nafs'. Vgl. tanaffasa: 'ademen'. Ambros,

hét lichaamsorgaan van het leven. Met de keel ademt, eet, drinkt en spreekt de mens en daarom kan 'ziel' ook met 'leven' vertaald worden. Waar de mens dat allemaal niet kan doen – ademen, eten en drinken – sterft hij. De 'ziel' is het orgaan van de levenshonger en de levenshartstocht. Waar dit orgaan wordt gehinderd of belemmerd wordt de dood ervaren.[167] Het weet hebben van die grondervaring is dé basis voor iedere echte sociale gezindheid. Daarom mag 'de vreemdeling die in uw land woont' niet slecht behandeld worden. Hij heeft dezelfde rechten als een geboren Israëliet, als een inheemse, als een autochtoon – om er een moderne term voor te gebruiken. Ja, je moet de vreemdeling liefhebben als jezelf: 'Wanneer er vreemdelingen in uw land wonen, mag u die niet slecht behandelen. U moet hen beminnen als uzelf, want u bent zelf vreemdeling geweest in Egypte. Ik ben de HEER uw God' (Lev. 19:33-34).[168] In de weergave van de Naardense Bijbel van Pieter Oussoren is dit: 'En stel, er zwerft bij u een zwerver rond in uw land: ge zult hem het leven niet zuur maken. Gelijk wie uit u gesproten is, zal voor u wezen de zwerver die bij u te gast rondzwerft: ge zult hem liefhebben, als uzelf, want zwervers-te-gast zijt ge geweest in het land Egypte; ik, de Ene, ben uw God!' (Lev. 19:33-34). Ja, zelfs de Egyptenaren en de Edomieten mogen niet verafschuwd worden, want de kinderen Israëls zijn zelf vreemdeling geweest in hun land (Deut. 23:8). De Egyptenaren werd een voorkeursbehandeling gegeven omdat zij de gastheren van Israël waren toen Jozef afdaalde naar Egypte (Rashi).[169]

Natuurlijk is het zeer invoelbaar, aldus rabbijn Jonathan Sachs, als de Israëlieten wrok en haat zouden meedragen uit Egypte. Het zou verdedigd kunnen worden dat zij daar zelfs recht op hebben. Maar dit korte bevel getuigt van een diep inzicht. Een volk dat wrok blijft koesteren en voortgaat te haten, kan niet werkelijk vrij zijn. Als men die last van haat meeneemt en het verlangen van wraak behoudt, zou Mozes het volk wel uit Egypte hebben meegenomen, maar 'niet Egypte uit de kinderen Israëls'. Er is een fundamenteel verschil tussen leven met het verleden en leven in het verleden. Onderdruk de vreemdeling niet, zegt de Thora, omdat je weet wat het is om een vreemdeling te zijn. Wat je hebt geleden, doe dat de ander niet aan, bezoek hem daar niet mee. Die herinnering aan hoe het was vreemdeling te zijn, is een morele les. Aan het verleden wordt teruggedacht, juist om het niet te herhalen: 'Herinner het om niet te haten.'[170]

167 Zenger (1980), 270, 576.
168 Fischer, 257. Vgl. Deut. 10:19.
169 Lundbom, 650.
170 Sacks, 93.

De reiziger als vreemdeling bij uitstek (Koran)
Een uitdrukking die in de Koran dicht bij 'vreemdeling' komt, is de 'zoon van de weg' (*ibn al-sabîl*). De oproep klinkt om de ouders en verwanten, de wezen en de armen, de naaste en verre buur en *de zoon van de weg* goed te behandelen (*Q* 4:36. Vgl. 17:26; 30:38).[171] De meest omvattende definitie van 'de vreze des Heren' luidt: 'Vroomheid bestaat niet daarin dat jullie bij het gebed je gezicht naar het oosten of het westen wenden. Ware vroomheid bestaat veeleer daarin, dat men in God, de jongste dag, de engelen, de Schrift en de profeten gelooft, en z'n geld en goed, ondanks zijn liefde daarvoor, geeft aan de verwanten en de wezen, de behoeftigen en *de zoon van de weg*. Vroomheid wordt aan de dag gelegd door diegenen die geduldig zijn in tijden van geweld en wanneer zij een verplichting zijn aangegaan, en die alleen waarachtig en godvrezend zijn' (*Q* 2:177).[172] Zeker de joden en de moslims kennen de gebedsrichting naar Jeruzalem en/of Mekka, maar die richtingen zijn ook quasi-willekeurig. Immers, aan God behoort het oosten en het westen. Beslissend is of je je op de weg van God bevindt (*Q* 2:142). Het gaat in de ware vroomheid niet om louter een formaliteit, maar om de vervulling van wat God geboden heeft, het *doen* van de geboden, zoals dat ook in de Bergrede door Jezus wordt gezegd: 'Niet ieder die Heer! Heer! tegen mij zegt, zal het koninkrijk der hemelen binnengaan, maar alleen hij die de wil doet van mijn Vader in de hemel' (Mat. 7:21). En de geboden worden in de Koran in het bijzonder benadrukt (*Q* 2:177).
Bij de uitdrukking 'de zoon *van de weg*' moet ook op het tweede lid, 'de weg *van God*', gelet worden. De gelovigen, de Godvrezenden die Mohammeds prediking volgen, spannen zich in 'op de weg van God'. Je met goed en bloed inspannen, kan betekenen dat je daarbij slachtoffer wordt. Want tegenstanders proberen je van die weg van God af te brengen of je ervan te laten afdwalen met overredingskunsten, drukmiddelen of zelfs met gebruik van geweld. Zo gezien betekent de 'zoon van de weg' dus iemand die de weg van God is ingeslagen en volgt, kome wat komt. Daarbij kun je denken aan die aanhangers van de profeet Mohammed die uit de armere lagen van de bevolking van Mekka kwamen en die door de overgang tot de islam volledig hulpbehoevend en zonder middelen waren geraakt (vgl. *Q* 24:22) en bijzondere zorg verdienden. Zij waren dus meestal gedwongen

171 Vgl. *Q* 2:177; 8:41; 59:7; 2:215; 30:38; 24:22; 4:8; 16:90; 90:13-16; 78:8; 89:17-19; 69:34; 107:2-3; 74:44.

172 Vgl. vertaling Paret (1962) en *E.Q.* s.v. 'Piety'.

onderweg en moesten steun van familie en stam ontberen.[173]
Toen Mohammed, zelf uit Mekka verdreven, naar Medina uitweek, ging hij samen met zijn vriend en medestander Abû Bakr onderweg. Tijdens de vlucht moest hij zich een tijdlang in een grot verborgen houden vanwege de achtervolging door zijn Mekkaanse tegenstanders. Mohammed zei toen tegen zijn metgezel: 'Wees niet bekommerd; God is met ons.' Toen zond God zijn 'godsrust'[174] neer en sterkte hem met legerscharen uit de hemel die zij niet zagen (*Q* 9:40). In de vervolgpassage wordt daaraan een tot alle gelovigen gerichte oproep verbonden om uit te rukken met lichte of zware uitrusting en *zich in te spannen* met bezit en in persoon op *de weg van God* (*Q* 9:41).[175]

Gastvrijheid in Bijbel en Koran
Een voorwaarde voor de omgang met vreemdelingen is gastvrijheid. Abraham én Lot gelden als toonbeelden daarvan. De gastvrijheid houdt het bieden van onderdak, de voetwassing en maaltijden in. In zijn pleidooi aan zijn vrienden zegt Job dat zijn huisgenoten kunnen getuigen dat geen vreemdeling buiten hoefde te slapen en voor reizigers zijn deur altijd openstond (Job 31:31-32). Gastvrijheid houdt ook in dat er op bescherming gerekend mag worden en dat er asielrecht geldt. Het werd als een grote deugd gezien dat er bij de uitnodiging sterk werd aangedrongen, zoals Lot dat deed. Hij deed zijn uiterste best om de vreemdelingen bij hem hun intrek te laten nemen (Gen. 19:3).
Het wordt als een groot vergrijp gezien als er geen gastvrijheid wordt verleend (Recht. 19:15). Een voorbeeld daarvan wordt gegeven in de plaats Gibea, in de tijd van de Rechters. Koning Saul was uit die stad afkomstig en resideerde daar als koning (1 Sam. 15:34; 22:6). Voordat het koningschap in Israël was gevestigd, in de tijd van de Rechters, kom je in de Bijbel vaak het refrein tegen dat 'ieder deed wat goed was in zijn eigen ogen' (Recht. 2:11; 3:7, 12). Zo geschiedde in Gibea. De gastvrijheid die één van de bewoners verleend had, werd namelijk ruw geschonden: terwijl zijn gasten zich tegoed deden, werd het huis omsingeld door een troep onverlaten uit de stad; zij bonsden op de deur en riepen naar de oude man, de eigenaar van het huis: 'Breng die gast van je naar buiten; wij willen omgang met hem hebben.'

173 Paret (1971) op *Q* 2:177, 38. *E.Q.*, s.v. Strangers and Foreigners. Vgl. *E.Q.*, s.v. *Justice and Injustice.*

174 *sakîna*. Vgl. *Schechina* in het Hebreeuws.

175 wa-djâhidû fî sabîli llâhi.

Maar de eigenaar ging naar buiten en zei: 'Nee, broeders! Nu die man in mijn huis te gast is, mogen jullie hem geen kwaad doen, en zo'n schanddaad mag je zeker niet begaan' (Recht. 19:22-23). De gastheer is bereid heel ver te gaan om zijn gastvrijheid te bewijzen: 'Ik zal mijn dochter, die nog maagd is, en de bijvrouw van de man naar buiten brengen; verkracht hen maar en doe met hen wat je wilt. Maar met deze man kunnen jullie zoiets schandelijks niet doen' (Recht. 19:24). Het weigeren van de gastvrijheid wordt als een grotere zonde geacht.[176] Kennelijk, zo was de opvatting, moest voor een gast alles gedaan worden, ook al ging dat ten koste van je dochters. Dat wordt op schokkende wijze duidelijk in het verhaal van Lot, die zich ook bereid toont zijn dochters te laten misbruiken ten behoeve van de gastvrijheid aan vreemdelingen die bedreigd worden (Gen. 19:8). Een spreekwoord van de woestijn luidt: 'De gast zal u kostbaarder zijn dan uw vader.'[177]

Toen Jezus eens werd uitgenodigd om bij een van de leiders van de Farizeeën thuis te eten, merkte hij hoe de genodigden de ereplaatsen uitzochten. Toen vertelde Hij aan zijn gastheer de volgende gelijkenis: 'Wanneer u 's middags of 's avonds een feestmaal geeft, roep dan niet uw vrienden bij elkaar, of uw broers, of uw familie, of rijke buren. Die zouden u op hun beurt uitnodigen, om iets terug te doen. Nodig, als u een feest aanricht, liever armen, gebrekkigen, kreupelen en blinden uit. Wat een geluk voor u dat zij er niets tegenover kunnen stellen. Want het zal u teruggegeven worden bij de opstanding van de rechtvaardigen' (Luc. 14:12-14).
Paulus moedigt zeer dringend en doelgericht de gemeente van Rome aan zich toe te leggen op de gastvrijheid (Rom. 12:13). In plaats van te wachten totdat vreemdelingen om hulp vragen, moet je zelf het initiatief nemen en je inzetten om aan hun behoeften tegemoet te komen. Hier blijkt uit zijn brief hoe de Grieks-Romeinse en de Joodse ethiek van de gastvrijheid nieuw leven worden ingeblazen. Daarbij wordt geen beloning van de gasten verwacht en gelden geen eisen van goed gedrag. Ook maakt het niet uit of de gastvrijheid jood, heiden, Griek of barbaar betreft. Er is geen bijkomende motivatie voor het verlenen van gastvrijheid aan vreemdelingen. Gegeven het belang van het ideaal, het recht op gastvrijheid (*ius hospitii*), én de verbinding met vroomheid (*pietas*) in het Romeinse culturele milieu, kon Paulus rekenen op de aanvaarding dat dit een implicatie van de liefde was. De nadruk op deze gewoonte van de gastvrijheid was een belangrijke factor

176 *KBS* op Recht. 19:23.
177 Attema (1961), 57.

in het succes van de gemeente in het Romeinse milieu! Met een groot aantal Joodse christenen en andere leiders die naar Rome terugkeerden na het opheffen van het Edict van keizer Claudius – een edict dat conflicten en vijandelijkheden had uitgelokt – bestond er een concrete behoefte aan dit soort gastvrijheid die de Jezusbeweging en het vroege christendom kenmerkte.[178] Daarom schrijft Paulus dat van een voorganger van een gemeente (*ecclesia*) wordt verwacht dat hij gastvrij is (1 Tim. 3:2. Vgl. 5:10) en dringt hij erop aan de gastvrijheid niet te verwaarlozen.[179] Bij die 'sommigen' kun je denken aan Abraham en Sara (Gen. 18:2-15), Lot, (Gen. 19:1-4), Menoah, de 'vader van Simson' (Recht. 6:11-18; 13:3-22) en Tobias (Tob. 12:1-20).[180]

God is de gastheer

In de beroemde drieëntwintigste Psalm, 'De HEER is mijn herder', wordt God zelf door de bidder met een gastheer vergeleken, en wel met een levenslange gastheer (Ps. 23:6). Zo wordt hem echt de mogelijkheid geschonken om te leven en nieuwe kracht op te doen: te eten, te drinken én te rusten, namelijk door in grazige weiden te mogen rusten en naar vredig water gevoerd te worden (Ps. 23:2-3). De bidder wordt de gelukkige gast in het veilige huis van een Gastheer die zich tot hem wendt van aangezicht tot aangezicht.

De verbinding tussen de beeldspraak van herder en gastheer tref je ook aan in de beschrijving van de tocht van de kinderen Israëls door de woestijn. Er wordt gevraagd: 'Kan God in de woestijn een tafel dekken? Hij sloeg op de rots en er vloeide veel water, met beken vol stroomde het zelfs. Maar zou Hij ons ook brood kunnen geven?' (Ps. 78:19-20). Manna om te eten liet Hij op hen regenen en brood uit de hemel gaf Hij hun te eten (Ps. 78:24. Vgl. Ex. 16; Num. 11:6-9). Zijn volk zette Hij in beweging als schapen, Hij joeg hen voor zich uit als een kudde in de woestijn. Hij leidde hen veilig, zij waren niet bang: door de zee werd hun vijand verzwolgen. Zo bracht Hij hen naar zijn heilige grond (Ps. 78:52-54).

De maaltijd die de gastheer voor de bidder dekt, is een feestmaal. Bij de ontvangst wordt hij, als eerbewijs, eerst gezalfd met geparfumeerde olie, voor de ogen van de hem bedreigende vijanden, tegen wie de gastheer hem bescherming verleent. Ook kan gedacht worden aan een feestmaal nadat hij van de vijanden is gered. Dan wordt hem op dat moment dus echt asiel

178 Aldus Jewett, 765, die een reeks van studies aanhaalt.

179 *B.W.* s.v., 'gastvrijheid'. *Bijbelse Encyclopaedie*, s.v. 'gast'.

180 Attridge, 386.

verleend! De luxe van de maaltijd blijkt niet alleen uit de zalving, maar ook uit de met wijn overvloeiend beker.
De generatie van de uittocht uit Egypte uitte de twijfel of God in de woestijn een tafel kon bereiden, brood zou kunnen verschaffen en voor vlees zou kunnen zorgen (Ps. 78:19-20). De bidder beleeft daarentegen zijn God als degene die hem van de klassieke gaven van het beloofde land kan voorzien: brood, wijn én olie (Jer. 31:12; Hos. 2:7). Hij ziet God als degene die de hele schepping kan overdekken: 'Gras voor alle vee laat Hij groeien, en gewas waar de mens hard voor werkt, om voedsel te winnen uit deze aarde, en wijn die het hart van de mensen verheugt, en olie die zijn gelaat doet glanzen, en brood dat het hart van de mensen versterkt' (Ps. 104:14-15).[181]

De Arabische maatschappij kent al uit de periode van vóór de komst van de islam een uitbundige vrijgevigheid en gastvrijheid. De hardheid van de omgeving van de woestijn en het serieuze gevaar van lichamelijke schade die je kunt opdoen wanneer je daardoorheen trekt zonder bescherming van je eigen stam, werden verzacht door de gewoonte van de drie verplichte dagen van gastvrijheid.
De Koran beschouwt gierigheid, hamsteren en het negeren van de behoeften van de armen als de grootste morele gebreken. Diegenen die de armen niet voeden, worden veroordeeld in het laatste oordeel (*Q* 69:34 Vgl. 74:44; 89:18). Herhaaldelijk wordt opgeroepen vrijgevig te zijn en aalmoezen te geven (*Q* 2:215, 274, 280; 13:22; 22:35; 35:29; 57:7; 58:12; 76:8; 90:14-16), bij voorkeur in het verborgene (*Q* 2:271; 4:38). In de Medinensische periode garandeert de instelling van het geven van aalmoezen (de *zakât*) de verzorging van de armen en *de reizigers*: de liefdadigheid moet bewezen worden aan de armen, aan diegenen die gehinderd worden op de weg van God (*Q* 2:273 Vgl. 2:215; 9:60).[182]

Rembrandt en de drie vreemdelingen

Rembrandt heeft verschillende voorstellingen gemaakt van de drie vreemdelingen die bij Abraham op bezoek kwamen. Zeer boeiend is dat Rembrandt zich in zijn werk door verschillende culturen, zowel de joodse als de islamitische, heeft laten beïnvloeden. Algemeen bekend is dat Rembrandt voor zijn Bijbelse voorstellingen modellen uit zijn eigen joodse omgeving gebruikte en inspiratie ontleende aan mensen uit de 'jodenhoek' in Am-

181 Hossfeld & Zenger, (1993), 155-156.
182 *sabîl Allâh. E.Q.*, s.v. '*Hospitality and Courtesy*'.

sterdam.[183] Hij werd geïnspireerd door de nabijheid van 'de mensen van het boek'. 'De gretige aanschouwing van het kleine stukje oosterse werkelijkheid der Amsterdamse jodenbuurt bood hem voldoende materiaal voor zijn weidse en weelderige verbeelding van een oosterse Bijbelse wereld die geen schilder vóór hem gekend had.'[184] Hij onderhield goede betrekkingen met vooraanstaande figuren uit de sefardisch-joodse gemeenschap, zoals Mennasse ben Israel, de joodse arts Ephraim Bueno en Alphonso Lopez. Deze laatste was trouwens een verzamelaar van Indiase en oosterse kunst, waarin ook Rembrandt grote interesse toonde.[185] Rembrandt etste het portret van zijn Joodse buurman, de humanistische gezinde geleerde Mennasse Ben Israël, die samen met Spinoza in die tijd tot de bekendste figuren uit de joodse gemeenschap in Amsterdam behoorde.

Menasse was als kind van Marraanse ouders – joden die in Spanje gedwongen waren om rooms-katholiek te worden – naar Amsterdam gekomen. Na zijn opleiding werd hij al op achttienjarige leeftijd rabbijn van de Portugees-Israëlitische gemeente. Hij was in Amsterdam ook de eerste drukker van boeken in het Hebreeuws. Hij genoot groot aanzien in christelijke kring, hij was voor christenen een bron van informatie voor theologische vragen. Hij onderhield betrekkingen met Hugo de Groot en twee vermaarde remonstrantse bannelingen: Gerardus Johannes Vossius, rector van en hoogleraar in de geschiedenis aan het zojuist opgerichte Athenaeum Illustre in Amsterdam – een alternatief voor de Leidse universiteit – en Casparus Barlaeus, geleerde, predikant en hoogleraar logica.

Menasse vroeg Rembrandt illustraties te maken voor zijn in het Spaans geschreven kabbalistische werk *Piedra Gloriosa o de la estatua de Nebuchadnesar* ('De roemrijke steen[186] of over het standbeeld van Nebukadnessar') uit 1655. Het boek geeft uitleg aan de droom van Nebukadnessar, die een groot beeld zag dat voor zijn ogen verbrijzeld werd door een steen die zonder toedoen van een mensenhand was losgeraakt (Dan. 2:31-35). Volgens Menasse was deze steen dezelfde als die waarop Jakob lag te slapen toen hij droomde van een ladder die hemel en aarde verbond (Gen. 28). Deze 'roemrijke steen' is de Messias, bij wiens komst het rijk van Israël gevestigd zal worden. Rembrandt werkte bij het maken van de voorstellingen nauw samen met de rabbijn. Later werden Rembrandts etsen voor zijn boek door minder fantasievolle prenten van de joodse kunstenaar ver-

183 Vgl. Landsberger, aangehaald door Visser 't Hooft, 92.

184 Romein, 336.

185 Schama (1999),432.

186 Vgl. de aanduiding van 'rots' voor Christus (de Messias).

vangen, zo wordt verteld. Volgens Simon Schama blijkt uit het feit dat Menassse de Rembrandt-editie van het boek opstuurde naar de Leidse theoloog Vossius, aan wie hij het boek opdroeg, dat er geen sprake van was dat hij de vreemde en spookachtige beelden die zijn vriend had gemaakt, verwierp.[187]

In de zeventiende eeuw werden de Moghul-miniaturen in Nederland bekend. Er waren verzamelaars die van deze tekeningen gebruikmaakten als onderdeel van hun allesomvattend 'werelddocumentatie'. Nicolaas Witsen (1641-1717), regent, diplomaat en vele malen burgemeester van Amsterdam, had er een album van. In de bibliotheek van stadhouder Willem III bevonden zich afbeeldingen van deze Indiase vorsten. In de inventaris van Rembrandts bezittingen uit 1656 zat een album met ruim twintig van deze miniaturen. Deze afbeeldingen hebben voor Rembrandt als voorbeeld gediend en hebben hem geïnspireerd voor zijn eigen kunst.[188]

Een voorbeeld van die Moghul-invloed is te zien op zijn *Abraham onthaalt de drie engelen* (1656). Behalve de algehele compositie ontleende hij sommige details aan een Moghul-miniatuur, waaronder de imposante *witte baard* van de figuur van God, de *kelk* die Abraham in zijn rechterhand houdt en de *schotel* die op de voorgrond voor hem staat.[189] De drie engelen zitten in een lotushouding of kleermakerszit op de grond. Abraham staat op een veel lager niveau en bedient zijn gasten. Twee van de drie mannen hebben vleugels. De figuur geheel links met de vuist naar de grond gericht laat nog net zijn toegevouwen vleugelen zien. In de schaal ligt brood. Linksboven staat Sara, de vrouw van Abraham, te luisteren. Midden boven staat een jongen met zijn pijl en boog, doelend op Ismaël. Van Ismaël wordt namelijk gezegd dat hij, toen hij groot was geworden, in de woestijn leefde en een ervaren boogschutter werd (Gen. 21:20).[190] 'God' zit in het midden, zonder vleugels en met het traditionele uiterlijk van een oude man met baard. Met zijn ene hand heft Hij een kelk op en met zijn andere maakt Hij een uitnodigend gebaar naar de mand met broden die tussen Hem en Abraham in staat.[191]

187 Schama (1999), 609-610. Zie de afbeelding in Schama's boek. Rabbijn Van Volen zet vraagtekens bij de opdracht die Menasse aan Rembrandt zou hebben verleend. Er wordt verteld dat slechts in drie exemplaren de vier etsen zijn bij gebonden. Deze uitgaven bevinden zich in de universiteitsbibliotheek van Leiden. Ik volg hier de uitleg van Schama.

188 Vgl. Akveld & Jacobs, 179.

189 Vgl. Bikker & Weber, 96-97.

190 Spijkerboer, 20.

191 Of wijst Hij naar Abraham? Vgl. Tümpel, 34-35.

Abraham met de drie engelen (Marc Chagall)
In het centrum van het schilderij *Abraham met de drie engelen* van Marc Chagall zie je strepen en lijnen, waarmee een tent wordt aangeduid. Het bezoek vindt op het heetst van de dag plaats. Drie mannen verschijnen in het bos van Mamre bij Hebron, waar Abraham en Sara hun tent hebben opgeslagen (Gen. 19:1-15). De plotselinge verschijning laat zien dat het bezoek onverwachts is. De drie blijven voor Abraham staan, een oriëntaalse manier van 'aankloppen'.[192]
Uiterst links staat Sara afgebeeld. Onder haar voeten is een paradijsboom of levensboom te zien, met daaronder een schaal die overvloedig met exotische vruchten gevuld is, symbool van de vruchtbaarheid. Abraham is getooid in een kaftanachtig blauw gewaad, overeenkomend met de kleur van het gewaad van de meest rechtse engel. Door het goud van zijn vleugels en het gouden schijnsel boven zijn hoofd is deze engel kennelijk als spreker op de voorgrond geplaatst. De gestalte van Abraham is met een witte aureool omgeven.
Bovenaan op het schilderij staat een huisdeur open en de kleine rode kameelruiter markeert het begin van de reis van Abraham, zijn exodus uit Mesopotamië (Gen. 12:1).
In het centrum zijn drie engelen te zien. Zij zitten aan een rijk gedekte tafel. De middelste en de linker engel draaien hun gezichten zo, dat ze de toeschouwers aankijken, die op die manier in het gebeuren worden opgenomen. De engelen brengen een ongelooflijke boodschap, namelijk dat Abraham en Sara ondanks hun hoge leeftijd een zoon zullen krijgen.
Rechtsboven wordt in een cirkelvormig gedeelte de geschiedenis van Abrahams voorspraak voor Sodom afgebeeld (Gen. 18:16-33). Abraham staat in een groen gewaad tussen de drie engelen, van wie de twee die achter hem staan hem met hun handen ondersteunen. De voorste engel, met drie vleugels en met zijn rechterhand op zijn hart, kijkt Abraham zorgelijk aan. Hij staat naast de huizen van Sodom en het oranje licht boven de huizen duidt het vuur aan waardoor de stad zal ondergaan. Aan de rechterkant van het schilderij is een lammetje te zien, misschien een verwijzing naar de lijdende Knecht van God die 'als een lam ter slachting wordt geleid' (Jes. 53:7).
Daaronder wijst een andere engel naar beelden van hoop, geplaatst aan de rechterkant van het schilderij: de paradijsboom en de paradijsvogel. De huizen van Chagalls geboorteplaats Witebsk zijn rechtsonder betrokken bij het hoopvolle beeld.[193]

192 Westermann (1982), 277.

193 Bijbel met werken van Marc Chagall, katern 7, 8.

Wegtrekken uit Ur (Babel), wegtrekken uit Vitebsk, wegtrekken uit Parijs. Chagall heeft het allemaal in hetzelfde beeld betrokken. In de tijd dat hij uitweek naar Amerika werd niet alleen Parijs, maar ook zijn geboorteplaats door de nazi's bezet.
Een van de gronden voor Chagalls fascinatie voor Abraham en de engelen was Andrej Rubljews icoon van de heilige Drievuldigheid.[194]

Abraham verleent gastvrijheid
De openingsscène van het bezoek van de drie vreemdelingen aan Abraham begint in de Bijbel met het verschijnen van de HEER: 'Eens verscheen de HEER aan Abraham bij de eik van Mamre, toen Abraham op het heetst van de dag bij de ingang van zijn tent zat' (Gen. 18:1).[195] De engel van de HEER ging voor het volk uit gedurende hun tocht door de woestijn (Ex. 33:2). Deze engel is de uiterlijke verschijningsvorm waarin de HEER zich aan de mensen openbaart, soms nauwelijks van de HEER te onderscheiden. Ook aan de profeet Ezechiël verschijnt de heerlijkheid van de HEER in de gestalte van een mens (Ezech. 1:26). De engel van JHWH kan een versluiering voor de HEER zijn (Jes. 6:1).[196] In het verhaal van Abraham en de drie vreemdelingen staat de engel van de HEER in het enkelvoud, de andere twee engelen zijn zijn begeleiders. Zij worden met een eigen opdracht doorgestuurd naar Lot.[197] Nadat de drie Sara en Abraham de boodschap gebracht hebben, doet Abraham zijn gasten uitgeleide. 'Maar toen dacht de HEER bij zichzelf (dus opnieuw geeft de verteller aan dat het om God gaat): "Zou Ik voor Abraham verborgen houden wat Ik van plan ben te doen?"' (Gen. 18:17). 'Daarom zei de HEER: "Luid stijgt de roep om wraak uit Sodom en Gomorra op! Uitermate zwaar is hun zonde! Ik ga naar beneden om te zien of hun daden werkelijk overeenstemmen met de roep die tot mij is doorgedrongen; Ik wil het weten"' (Gen. 18:20-21). Toen gingen zij (kennelijk twee van de drie) richting Sodom, Maar de HEER (één van de drie) bleef bij Abraham staan (Gen. 18:23). Zodra de HEER zijn gesprek met Abraham over het lot van Sodom beëindigd had, ging Hij weg en keerde Abraham naar zijn woonplaats terug (Gen. 18:33).
In het vervolg wordt over het bezoek van twee engelen aan Lot gesproken. Zij komen tegen de avond in Sodom aan (Gen. 19:1).

194 Wullschlager, 351.
195 Brueggemann (1983),157.
196 *KBS* op Gen. 16:7.
197 *B.W.*, s.v. engel.

Het verhaal van de vreemdelingen die bij Abraham en Lot op bezoek komen, is dus tweeledig. Zij hebben twee taken te volbrengen: de eerste is de aankondiging van een nieuw begin, de belofte van de geboorte van een zoon die als *Leitmotiv* door de hele Abrahamcyclus loopt.[198] Daarnaast moeten zij het einde van Sodom en Gomorra aankondigen, waarvan het schreeuwen van degenen die geweld wordt aangedaan ten hemel schreiend is.[199]
Deze taken zijn ook in de Koran terug te vinden: is de *eerste reden* van het bezoek van de gasten de aankondiging van de geboorte van een zoon, een blijde boodschap (*bushrâ*) (*Q* 11:69; 29:31), de *tweede* aankondiging is die van de verdelging van de steden omdat hun inwoners onrecht doen (*Q* 29:31-32).

Al aan het begin van de ontmoeting tussen Abraham en de drie vreemdelingen wordt in de Bijbel duidelijk gemaakt wie aan Abraham en Sara verschijnen en aan wie gastvrijheid wordt verleend. Maar dat is daar en in de Koran aan het begin nog niet duidelijk voor Abraham zelf. In de Koran begint het verhaal als volgt: 'Is soms tot u (Mohammed) het verhaal van de hooggeëerde gasten van Abraham gekomen? Toen zij bij hem binnentraden zeiden zij: "Heil." Hij zei eveneens: "Heil. Deze lieden zijn mij onbekend"' (*Q* 51:24-25).
Abraham zet zijn gasten een gemest kalf voor om te eten. Toch vreest Abraham deze vreemdelingen omdat zij volgens hem niet toetasten, niets eten (*Q* 11:69-70). In bepaalde vroege joodse uitleg eten de boodschappers niet omdat van engelen gedacht wordt dat zij niet eten noch andere lichamelijke functies hebben. De weigering wordt door Abraham opgevat als vijandschap, die hem angstig maakt. Hij vreest voor zijn veiligheid.[200] Abraham zei: 'Wij hebben angst voor u' (*Q* 15:53. Vgl. 11:69).
De 'hooggeëerde gasten'[201] worden gastvrij door Abraham ontvangen (*Q* 51:24. Vgl. 15:51-52; 29:31-32; 51:24-25).[202] Zoals we al eerder zagen, stond gastvrijheid hoog in het vaandel bij de nomadenvolkeren. En Abraham wordt hier geportretteerd als *de gastheer bij uitstek.*[203]

198 Westermann (1995), 279-280.
199 Westermann (1995), 290.
200 Paret (1971) op *Q* 11:70..
201 *dayf ibrâhîm al- mukramîna.*
202 *E.Q.*, s.v. *Strangers and Foreigners.*
203 *Dayf* = gast. De wortel van het woord betekent 'ter zijde van de weg keren en halt houden om iemand te bezoeken'. Vandaar de betekenis 'gast'. *E.I.*, s.v. *dayf.*

Abraham treedt zijn gasten zeer eerbiedig tegemoet. Iets onverwachts en bijzonder belangrijks staat te gebeuren. De gastvrije ontvangst wordt beloond met een gift: de geboorte van een kind.[204] Maar deze aankondiging stuit op ongeloof omdat beiden hoogbejaard zijn, waarop de HEER tegen Abraham zegt: 'Waarom lacht Sara en vraagt zij zich af: "Zou ik op mijn leeftijd werkelijk nog een kind krijgen?"' (Gen. 18:13). Of in de woorden van de Koran: 'Wee mij! Zal ik nog baren waar ik toch een oude vrouw ben en die man van mij daar een grijsaard?' (*Q* 11:71-72).[205] De boodschappers zeiden: 'Wees niet bevreesd. Wij kondigen u een zeer wetende jongen aan' (*Q* 15:51-53. Vgl. 11:69). En dan draait het om de overweldigende vraag van God: 'Is er voor de HEER dan iets te moeilijk?' (Gen. 18:14). Voor het eerst blijkt uitdrukkelijk dat de vreemdeling een boodschapper van God is.[206] Het is opvallend dat in de Koran de aankondiging van een blijde boodschap (bushrâ) niet alleen betrekking heeft op de geboorte van Isaak, maar ook na Isaak op die van Jakob (*Q* 11:71. Vgl. 6:84; 21:72; 29:27; 57:26), die beiden door God tot profeet worden gemaakt! (*Q* 19:49).

Lots geschiedenis

Lot was de zoon van Abrahams broer (Gen. 11:27, 31), met wie hij uit Haran trok (Gen. 12:4-5). Toen Abraham, nadat hij samen met Sara in Egypte had gewoond, al zijn bezittingen meenam en wegtrok de Negev in, ging Lot met hem mee (Gen. 13:1). Maar omdat hun gezamenlijk bezit te groot was, achtte Abraham het beter dat zij uit elkaar zouden gaan. Toen liet Lot zijn blik rondgaan en zag hoe rijk aan water het land langs de Jordaan was. Want voordat de HEER Sodom en Gomorra verwoest had, was deze streek tot Soar toe, als de tuin van de HEER, even waterrijk als Egypte. Daarom koos Lot het land langs de Jordaan en trok oostwaarts. Zo scheidden de beide 'broers' (Gen. 13:11).

Abraham bleef in Kanaän wonen als een nomade en herder op een barre steppe. Lot daarentegen bezat vruchtbare grond en zocht zich een woonplaats bij de steden in de streek van de Jordaan. Hij sloeg zijn tent op in de nabijheid van Sodom en werd burger van de stad. Zo werd hij blootgesteld aan de gevaren en bedreigingen die in die stad huisden.[207] De Sodomieten

204 Westermann (1995), 274.

205 *E.Q.*, s.v. Abraham' 6. TTB Hagigah 16 a; *Targum Yerusshalmi* Gen. 18:8; Genesis Rabba 48:14.

206 Westermann (1995), 279, 282.

207 Westermann (1995), 309.

bedreven veel kwaad en zondigden tegen de HEER (Gen. 13:10-13).
Lot wordt gezien als de stamvader van de Moabieten en de Ammonieten. Na de ondergang van de steden ging Lot met zijn beide dochters in een grot wonen omdat hij niet in Soar, waar hij aanvankelijk heen was gevlucht, durfde te blijven. De beide dochters voerden hun vader dronken en lieten zich door hem bevruchten. Zo werden zij zwanger van Moab ('uit de vader gesproten') en Ammon ('zoon van mijn verwant') (Gen. 19:30-37). Dit verhaal wil vooral de verachting voor beide volkeren tot uitdrukking brengen.[208] Aan Lot wordt de landen Moab en Ammon beloofd (Deut. 2:9, 19).[209]
De Moabieten en Ammonieten worden als Israëls vijanden beschouwd. De Ammonieten boden bij de uittocht de kinderen Israëls geen gastvrijheid terwijl zij dat wel hadden moeten doen. Daarom worden zij veroordeeld: 'Want toen u uit Egypte bent getrokken, zijn zij onderweg niet met eten en drinken naar u toe gekomen, en zij hebben Bileam, zoon van Beor, uit Petor in Aram-Naharaïm gehuurd om u te vervloeken' (Deut. 23:5). Toch werd het de Israëlieten verboden de Ammonieten aan te vallen of een oorlog tegen hen te beginnen, want niets van hun land zou hun in bezit worden geven, omdat God het aan de zonen van Lot had gegeven (Deut. 2:19).[210] Dat had alles te maken met het feit dat Lot de engelen één nacht gastvrij in zijn huis in Sodom had onthaald.[211]
Het is treffend dat Ruth, een Moabitische, de overgrootmoeder van David is geworden. Zij bracht Obed, de grootvader van David, ter wereld (Ruth 4:13-17), die ook de voorouder van Jezus is (Mat. 1:5).

Lots gastvrijheid

We zullen hier nader kijken naar de gastvrijheid van Lot voor de twee engelen van God. Deze engelen kwamen tegen de avond in Sodom aan. Lot zat bij de stadspoort. In oude steden waren de straten erg nauw. Alleen voor de poort was er een plein, de drukste plek van de stad. Daar werd koopwaar aangeboden (2 Kon. 7:1; Spr. 31:31). In de stadspoort, dat wil zeggen: het plein dat door de poortgebouwen omsloten wordt, speelde het openbare leven zich af, onder meer de rechtspraak.[212] Een profeet trachtte daar toehoorders te vinden (Jer. 17:19). Een wijsheidsleraar verzamelde

208 *KBS* op Gen. 19:30.

209 Amman is de hoofdstad van het huidige Jordanië.

210 Lundbom, 200. Vgl. hoofdstuk 'Woestijn en stad'.

211 Ginzberg, 759 noot 712.

212 *KBS* op Ps. 9:14.

daar een kring leergierigen rond zich (Spr. 1:21; 8:3). De oudsten bespraken in de poort gemeentezaken (Spr. 31:23; Klaagl. 5:14) of velden een juridisch oordeel (Deut. 21:19; 22:15; 25:7; Jes. 29:21; Amos 5:10-15; Zach. 8:16).[213] Rechtszaken werden voornamelijk beslist in de ochtend wanneer mensen de poort passeerden en gemakkelijk als getuigen konden worden opgeroepen (Jer. 21:12).[214]

Kwamen de drie vreemdelingen bij Abraham op het heetst van de dag, het bezoek aan Sodom vond in de avond plaats. Het toneel was dus de stad waar Lot burger van was. En de stadspoort was ook de plek waar een vreemdeling af kon wachten (Ruth 4:1vv; 2 Sam. 18:24; 2 Kon. 7:1) of iemand hem wilde ontvangen.[215]

Lot was opgevoed in het huis van Abraham en had daardoor de gewoonte geleerd om gastvrijheid uit te oefenen. Zodra hij de engelen voor zich zag, verzocht hij hun of ze de nacht in zijn huis wilden doorbrengen. Hij ging er immers van uit dat ze reizigers waren. Aangezien in Sodom echter de doodstraf stond op het gastvrij ontvangen van vreemdelingen, durfde Lot hen alleen onder de dekking van de duisternis van de nacht uit te nodigen. De joodse traditie merkt bij deze geschiedenis op dat het niet de eerste keer was dat de bewoners van Sodom een monsterlijke misdaad wilden bedrijven. Zij hadden kort tevoren een wet uitgevaardigd dat alle vreemdelingen op een verschrikkelijke manier moesten worden behandeld. Juist op de dag van de komst van de engelen was Lot benoemd tot vooraanstaande rechter en probeerde hij zijn volk af te houden van hun opzet: 'Mijn broeders, de generatie van de vloed werd uitgeroeid ten gevolge van zonden zoals jullie die willen begaan.' Lot was liever bereid zichzelf en zijn familie bloot te stellen aan gevaar dan zijn gasten aan hun lot over te laten, aldus wordt in Joodse legenden verteld.[216]

Lot verzocht de vreemdelingen intrek te nemen in zijn huis, het huis 'van uw dienaar', en daar de nacht door te brengen zodat zij de volgende ochtend hun tocht konden voortzetten. De twee vreemdelingen wilden echter buiten overnachten. Maar Lot bleef zo aandringen (vgl. Recht. 19), dat ze uiteindelijk inderdaad hun intrek bij hem namen. Toen zij in zijn huis gekomen waren, richtte hij met de ongezuurde broden die hij had laten bakken een maaltijd voor hen aan, en zij aten ervan (Gen. 19:3).

213 *B.W.*, s.v. 'poort'.

214 Lundbom, 606 op Deut. 21:19.

215 Westermann (1995), 300-301.

216 Ginzberg, Volumel I, 212, 214 noot 176.

Hoewel de stad weliswaar al een schuilplaats voor reizigers had kunnen zijn, een huis bood toch nog meer bescherming. En evenals Abraham oefende Lot gastvrijheid uit, in tegenstelling tot de ongastvrijheid die zijn stadsgenoten zo kenmerkte. Hij bood zijn gasten bescherming onder de schaduw van zijn dak, hij gaf hun veiligheid.

Maar de vreemdelingen waren in zijn huis nog niet te ruste gegaan of de mannen van de stad, de Sodomieten, schoolden om Lots huis samen: jong en oud, de hele bevolking. Zij riepen Lot en zeiden: 'Waar zijn die mannen die voor vannacht bij u hun intrek hebben genomen? Breng ze naar buiten, dan kunnen wij omgang met hen hebben' (Gen. 19:4-5). Voor een gast moest men, zo was de opvatting, alles doen. Daarom zei Lot: 'Doe die mannen geen kwaad aan, broeders. Luister eens; ik heb twee dochters die nog nooit bij een man zijn geweest. Die wil ik wel naar buiten brengen; dan kunnen jullie met hen doen wat je wilt. Maar laat die mannen met rust, want zij staan onder de bescherming van mijn huis' (Gen. 19:8). Lot ging buiten de deur staan en stelde zichzelf daarmee aan de aanvallers bloot, zonder eigen bescherming: hij sloot de deur achter zich, om zijn gasten bescherming te bieden.[217] Maar de Sodomieten trachtten Lot opzij te duwen om de deur open te breken. Ze riepen daarbij: 'Dat is hier als *vreemdeling* komen wonen en wil ons nog de wet voorschrijven ook?' (Gen. 19:9). In het verbondsboek wordt later gezegd dat de vreemdeling niet slecht mag worden behandeld (en niet mag worden onderdrukt): 'U mag een vreemdeling niet slecht behandelen en hem het leven niet moeilijk maken, want u hebt zelf als vreemdeling in Egypte gewoond' (Ex. 22:20). Volgens de joodse uitleg wordt hier *verbaal misbruik* mee bedoeld, waarmee de vreemdeling wordt herinnerd aan zijn of haar oorsprong. Daaruit blijkt grote *gevoeligheid voor de taal* als de schepper of verwoester van sociale verbanden. Daarmee raak je aan het zelfbeeld en het zelfrespect van iemand. Een vreemdeling is immers in het bijzonder gevoelig voor zijn of haar status binnen de maatschappij. Hij of zij is een buitenstaander en deelt geen herinneringen, geschiedenis en verwantschap met de inheemse bevolking. En toch wil hij er graag bij horen. Daarom roept de Thora op tot bewustwording van de kwetsbaarheid van vreemdelingen: ga zorgvuldig met hen om, kwets hen niet en herinner hen er niet voortdurend aan dat zij niet 'een van ons' zijn.[218]

De vreemde gasten van Lot pareren het directe gevaar. Zij trekken Lot terug in het huis en doen de deur achter hem dicht. De mensen buiten slaan zij met

217 Westermann (1995), 301.

218 Sacks, 180-181.

blindheid (Gen. 19:9-11). Het is die ongastvrijheid die de werkelijke oorzaak zal worden voor de ondergang van Sodom en Gomorra (Ezech. 16:49).

Lots gastvrijheid volgens de Koran

In de Koran worden de bezoekers van Abraham boodschappers[219] genoemd. Ze waren onderweg naar Sodom, waar Lot leefde (*Q* 11:69-74; 51:24-30. Vgl. 29:31). Toen de aanvankelijke schrik van Abraham voor zijn gasten geweken was en de blijde boodschap tot hem gekomen was, begon hij met God over 'het volk van Lot' (in de Koran de benaming van de inwoners van Sodom en Gomorra) te twisten teneinde de straf af te wenden (*Q* 11:74. Vgl. Gen. 18:16-33).

Toen de boodschappers bij Lot kwamen, raakte hij bekommerd om hen en wist hij niet wat hij met hen aan moest. Lot was zelfs bereid ter wille van de heiligheid van de gastvrijheid zijn dochters aan zijn stadsgenoten op te offeren: 'Hij (Lot) zei: "Hier zijn mijn dochters (vergrijp u aan haar) wanneer jullie voorhebben iets te doen"' (*Q* 15:71). '"Dit is een zware dag," zei hij. Zijn eigen stadgenoten kwamen op hem af gelopen, mensen die voorheen al slechte daden bedreven. Hij zei: "Jullie daar. Hier hebben jullie mijn dochters. Die zijn reiner voor u dan mijn gasten. Vrees God en maak mij niet te schande vanwege mijn gasten! Is er dan geen rechtvaardig mens onder u?" Zij zeiden: "Jij weet toch dat wij geen recht hebben op jouw dochters. En jij weet wat wij wél willen"' (*Q* 11:77-79. Vgl. 15:68).

De Sodomieten zetten hun zinnen op Lots gasten. Ze wilden dat hij die aan hen zou uitleveren (*Q* 54:37). Zijn stadsgenoten gaven Lot te verstaan dat zij hem hadden verboden om zich in te laten met mensen van buiten (*Q* 15:68-70).

In deze verhalen zijn zowel Abraham als Lot bevreesd dat hun gasten worden onteerd en mishandeld (*Q* 11:78; 54:37). Dat is een echo van de waarschuwing van de Koran om bezoekers en vreemdelingen goed te behandelen.[220]

Sodoms ondergang vanwege gebrek aan gastvrijheid

De Koran legt een aantal *eigen accenten* in de geschiedenis van Lot. Maar de aandacht dient hier niet uit te gaan naar de overeenkomsten of verschillen tussen het Bijbelse verhaal en dat uit de Koran en de redenen daarvoor. Het gaat er juist om de eigen inbreng van de boodschap van de Koran op het spoor te komen. Dat geldt ook binnen de canon van de Bijbel zelf. Het

219 rusul in *Q* 11:69 en mursalûn in *Q* 51:31.

220 *E.Q.*, s.v. *Strangers and Foreigners.*

verhaal over Sodom en Gomorra wordt daarin immers ook steeds weer opgepakt door de profeten en krijgt dan ook telkens een eigen accent en toepassing. Zo wordt het bijvoorbeeld op Jeruzalem toegepast (Jes. 1:9; Ezech. 16:46).

Welke eigen accenten legt de Koran?
(a) De steden worden niet bij name genoemd.
(b) Lot wordt een profeet genoemd.
(c) Hij emigreert (*hidjra*, exodus) samen met Abraham uit Mesopotamië, Egypte én Sodom.
(d) De rol van de nacht tegenover de morgen.
(e) Er wordt ook gesproken over de reden, de aard van de zonde die heeft geleid tot de ondergang van de steden. En deze steden staan symbool voor zo veel andere steden die zijn ondergaan omdat zij niet wilden luisteren naar de boodschap van hun profeten. De profeet Mohammed zal daar steeds naar blijven verwijzen.[221]

(a)
Het niet noemen van namen maakt de toepassing op wat steden in het algemeen *kan* overkomen gemakkelijker. De steden worden steeds aangeduid met 'de omgekeerde steden' die door God werden verwoest vanwege de zonden van hun bewoners (*Q* 9:70; 53:53; 69:9). Dat wordt ook van de stad Nineve gezegd, die in veertig dagen 'ondersteboven zal worden gekeerd' (Jona 3:4).[222] Terwijl de Bijbel steeds spreekt over de *steden* Sodom en Gomorra wordt in de Koran over *het volk van Lot*[223] gesproken.
(b)
Lot wordt geplaatst in de rij van opeenvolgende profeten, zoals Noach, de Arabische profeten Hûd (het volk van de 'Âdieten), Salîh (het volk van Thamûd) en Shu'ayb of Jethro (het volk van de Midianieten) (*Q* 21:71). Lot wordt gerekend tot de gezondenen (*Q* 37:133).[224]
Stuk voor stuk werden de carrières van de profeten gezien als evenzovele voorafbeeldingen van die van Mohammed. Ook hij kwam in conflict met zijn Mekkaanse stadsgenoten, tot wie hij zijn boodschap moest richtten. Mohammed werd door zijn volk tot leugenaar verklaard, zoals dat ook het

221 Vgl. ook het hoofdstuk 'De woestijn en de stad'.
222 Firestone, 53, 199 noot 4.
223 *qawm Lût.*
224 *mursalîn.*

geval was bij Noach, Hûd, Thamûd, Shu'ayb (*Q* 22:43) én Lot (*Q* 26:160. Vgl. 38:14; 50:14; 54:33).

(c)

Lot geloofde in Abraham en zijn boodschap en zei: 'Ik zal tot mijn Heer "uittrekken"' (*Q* 29:27),[225] dat wil zeggen: 'wegtrekken', 'emigreren', 'de exodus voltrekken'. Lot voltrok dus samen met Abraham de *hidjra* of exodus uit Mesopotamië, op weg naar het land dat God zou wijzen.[226] Het wegtrekken van Lot bij Abraham vandaan naar Sodom en Gomorra (Gen. 13:8-12) wordt door de Koran verstaan als een wegtrekken vanwege het geloof, als een emigrant (*muhâdjir*) iemand die de *hidjra* (de exodus) voltrekt.[227] Bij zijn gang naar het beloofde land – het land dat God gezegend heeft en dat in de Koran steeds met 'het heilige land' wordt aangeduid (*Q* 29:26) – wordt door sommige moslimuitleggers aan Mekka gedacht. Maar volgens Tabarî vestigde Lot zich na zijn exodus uit Egypte met Abraham in 'Jordanië' en zond God hem tot het volk van Sodom.[228]

(d)

Toen de gasten of gezanten van God bij Lot in Sodom kwamen, kreeg hij de opdracht samen met zijn huisverwanten *des nachts* weg te trekken, waarbij niemand zich mocht omkeren (*Q* 11:81). Terwijl Lots vertrek volgens de beschrijving van Genesis plaatsvindt bij het aanbreken van de dageraad – vandaar ook de aandrang van de engelen om zo snel mogelijk te vertrekken (Gen. 19:15) – moet hij volgens de Koran de stad verlaten in de *donkere nacht*.

Volgens joodse bronnen wordt het nachtelijk vertrek uit Sodom met de nachtelijke uittocht uit Egypte vergeleken (vgl. Ex. 12:29, 31). 'De HEER *waakte* die nacht om hen uit Egypte weg te voeren. Daarom waken alle Israëlieten deze nacht voor de HEER, elke generatie opnieuw' (Ex. 12:42). Het woord 'waken' klinkt in het Hebreeuws als *hoeden*, *behoeden* als *bewaren*. Immers, 'de Bewaarder van Israël sluimert noch slaapt' (Ps. 121:4). Het volk moet aan dat gebruik vasthouden. Deze dag moet tot een gedenkdag gemaakt worden, als een feest gevierd worden van generatie op generatie (Ex. 12:14, 17).[229]

225 Vgl. 'En wie wegtrekt op de weg van God, die vindt op de aarde vele toevluchtsoorden en overvloed' (*Q* 4:100).

226 Vgl. Wessels (2011), hoofdstuk IV.

227 Speyer, 146.

228 Noegel & Wheeler, s.v. Lot.

229 Fischer & Markl, 142.

Het sleutelwoord 'bewaren' komt zesmaal voor in het bedevaartslied 'De HEER is je wachter' (Ps. 121). Driemaal wordt de HEER 'uw Bewaarder' genoemd (Ps. 121:3, 4 en 5) en driemaal wordt de werkwoordsvorm 'bewaren' gebruikt (Ps. 121:7-8).
Als verteld wordt dat God rustte na zijn scheppingsarbeid van zes dagen (Gen. 2:3; Ex. 20:11), wordt daarmee niet bedoeld dat God een *deus otiosus* – een God die zich vermoeid afkeert van de geschapen wereld – is (Ex. 20:11; 31:17). Dat de HEER, die hemel en aarde gemaakt heeft, te hulp komt (Ps. 121:2) drukt uit dat Hij *voortgaat* met zijn *scheppende activiteit* (*creatio continua*). Dit wordt nog versterkt door de verklaring dat Hij sluimert noch slaapt (Q*). God laat zijn schepping niet over aan zichzelf, maar blijft er actief bij betrokken, speciaal als de Bewaarder die ervoor zorgt dat Israëls gevaarlijke pad door de geschiedenis niet tot een catastrofe leidt.[230]
'Struikelen laat God niet toe. Sluimeren doet de wachter niet. De HEER die waakt over Israël sluimert noch slaapt' (Ps. 121:3-4). Deze gedachte of uitdrukking van 'de Bewaarder van Israël' roept de herinnering op aan de grote tradities over het begin van Israël. Immers, de HEER was niet alleen Jakobs bewaarder in zijn gevaarlijke vlucht uit het land van de belofte (Gen. 28:15, 20), maar ook de bewaarder van het volk Israël op zijn reis van Egypte, door de wildernis en de vijandige wereld (Babylon), naar het beloofde land (Joz. 24:17).[83]
De nachten zijn de uren waarin de beslissingen vallen. Toen Abraham bij zonsondergang in een diepe slaap viel en een hevige angst en duisternis hem overvielen, zei de HEER tegen hem: 'U moet goed weten dat uw nakomelingen als *vreemden* zullen wonen in een land dat niet van hen is. Zij zullen hen als slaven dienen en men zal hen onderdrukken, vierhonderd jaar lang' (Gen. 15:12-13). Daarna sloot God een verbond met hem. 'Toen de zon was ondergegaan en het helemaal donker was geworden, zag Abram een rokende oven en een vurige fakkel, die tussen de doormidden gesneden stukken (offervlees) door gingen' (Gen. 15:17-18). Gedurende de *nacht* verscheen God aan Jakob in Betel. Na het ontwaken zei Jakob: 'Ontzagwekkend is deze plaats! Dit kan niet anders zijn dan het huis van God en de poort van de hemel' (Gen. 28:17).
Het tijdstip van het beslissende ingrijpen van God dat uiteindelijk leidde tot de exodus onder Mozes, vond plaats in de *nacht* waarin de HEER al de eerstgeborenen van Egypte sloeg en de farao en alle Egyptenaren opstonden omdat er geen huis was zonder dode (Ex. 12:29-30).

230 Hossfeld & Zenger (2011), 323-324.

(e)
Veelvuldig wordt in de Koran gezegd dat het volk van Lot wordt gestraft (*Q* 7:84; 11:82; 15:73-74; 27:58; 29:34-35; 37:136; 51:32-37; 54:34, 37). De engelen kondigden Abraham aan dat de bewoners van 'deze steden' (Sodom en Gomorra) verdelgd zouden worden omdat de bewoners *onrecht deden* (*Q* 29:31). De Koran benoemt de inwoners van Sodom als mensen *die onrecht deden*, en daarmee kwalificeert hij het karakter van hun zonde. 'Een plaag daalde op de stad neer vanwege het *kwaad* dat zij bedreven' (*Q* 29:34). De boodschappers die Abraham bezoeken spreken over '*een boosgezind volk* waarheen zij gezonden zijn' (*Q* 51:32). Het volk *houdt geen maat* (*Q* 51:34).
Maar datgene wat in de geschiedenis van de uitleg altijd de meeste aandacht heeft gekregen, is de opmerking dat de Sodomieten *begeerte getoond hadden* (*Q* 54:34-37). Lot zegt tegen de aanvallers: 'Willen jullie iets afschuwelijke begaan zoals nog geen van de mensen in de wereld vóór jullie begaan hebben? Jullie benaderen immers de mannen in wellustige begeerte in plaats van vrouwen?' (*Q* 7: 80-81. Vgl. 27:55; 29:29; 26:165-166; 21:74). En bij die begeerte zou het dan gaan om seksuele begeerte van mannen voor mannen. Zoals in het geval van de Bijbel de naam van de stad een benaming wordt voor homoseksueel gedrag, 'sodomie', is de naam van Lot (*Lût* in het Arabisch) ook langzamerhand iets dergelijks gaan betekenen: *lutiyya* werd de Arabische equivalent van 'sodomie'.
De misdaden van het volk van Lot zijn echter vooral hun weigering om te geloven, hun volharding in ondeugden een hun zondige gedrag dat moest worden gestraft, ondanks de intercessie van Abraham.[231] De zonde van Sodom wordt uitermate groot genoemd (Gen. 18:20). 'Zij bedreven weerzinwekkende dingen. Zij waren een slecht volk van bedrijvers van kwaad' (*Q* 21:74). Wat er verteld wordt over de gasten van Lot en de mannen die voor Lots huis samenschoolden suggereert meer een dreigende groepsverkrachting dan een privédaad, 'sodomie' of enige specifieke homoseksuele daad. Waar gesproken wordt van mannen die mannen benaderen, wordt er direct aan toegevoegd: '... én overval plegen op de weg en het verwerpelijke bedrijven in uw samenkomsten' (*Q* 29:29).[232]
Op geen verhaal in de Bijbel wordt zo frequent teruggegrepen als op dat over Sodom en Gomorra,[233] maar dat wil nog niet meteen zeggen dat de

231 *E.I.*, s.v. Lût.
232 Vgl. Wessels (2011), 18, 214, 220-222.
233 Jes. 1:9-10; 3:9; 13:19; Jer. 50:40; 49:18; Klaagl. 4:6; Ezech. 16:46; Amos 4:11; Mat. 10:15; 11:23-24; Marc. 6:11; Luc. 10:2; 17:29; Rom. 9:29; 2 Petr. 2:6; Judas

zonde van Sodom speciaal seksueel van aard was. Het draait juist vooral om onrecht en een totaal gebrek aan gastvrijheid (vgl. Jes. 1:10; 3:9; Jer. 23:14). Het gaat om verkrachting van het recht (Jes. 5:7).[234] Zij gedroegen zich hoogmoedig en deden niets voor de armen en machtelozen (Ezech. 16:49). Het is geen toeval dat het lot van de steden werd bezegeld door de poging van de inwoners om Lots twee bezoekers aan te vallen.[235] *Sodom ging ten onder vanwege haar gebrek aan gastvrijheid.*

Ondergang van steden

De redding van de rechtvaardige Lot en de ondergang van zijn omgeving worden ook later nog gebruikt als een type voor andere gebeurtenissen in de geschiedenis.

In het boek *Jezus Sirach*, waarschijnlijk omstreeks 190 v.Chr. in Jeruzalem geschreven,[236] staat: 'Evenmin spaarde "de wijsheid" de mensen bij wie Lot woonde, en die vanwege hun verwaandheid door de Heer verfoeid werden. Hij zorgde niet voor het volk dat met de banvloek geslagen was, degenen die om hun zonden verdreven zijn' (Sir. 16:8-9).

De schrijver van het boek *Wijsheid van Salomo* (in de Septuaginta geplaatst tussen het boek Job en Prediker) is een jood uit Alexandrië met een goede Hellenistische opleiding en vertrouwd met de filosofie van zijn tijd. Het boek werd waarschijnlijk in de eerste eeuw voor of na het begin van onze jaartelling in Alexandrië geschreven. De geadresseerden zijn joden in de diaspora of verstrooiing en diegenen die in contact met hen staan.[237]

In dát boek wordt over Lot gezegd: 'En zij, de wijsheid namelijk, was het die, terwijl de goddelozen te gronde gingen, de rechtvaardige redde toen hij vluchtte voor het vuur dat op de Pentapolis, de vijf steden[238] neerkwam. Als getuigenis van die slechtheid ligt daar nog een walmende woestenij en vindt men er planten die ontijdig vrucht dragen en er staat een monument van een ongehoorzaam hart, een hoog oprijzende zoutzuil. Want zij die zich niet om de wijsheid bekommerden, werden niet alleen verhinderd het goede te kennen, maar ze lieten de wereld ook een gedenkteken na van hun dwaasheid, want degenen die zo gezondigd hadden mochten niet onbekend blijven' (Wijsh. 10:6-8).

7; Op. 11:8.

234 Brueggemann (1983), 164.

235 Sacks, 183.

236 *B.W.*, s.v. Sirach.

237 *B.W.*, s.v. Wijsheid van Salomo.

238 Sodom, Gomorra, Adma, Seboîm en Soar.

In het *Lucasevangelie* wordt naar Lot en Sodom verwezen als Jezus spreekt over de komst van het koninkrijk. Als Hem gevraagd wordt wanneer dat koninkrijk zal komen, luidt zijn antwoord: 'Zoals het ging in de dagen van Lot; ze aten en dronken, kochten en verkochten, plantten en bouwden; maar op de dag dat Lot uit Sodom vertrok, regende het vuur en zwavel uit de hemel, die allen verdelgden. Net zo zal het zijn op de dag dat de Mensenzoon zich zal openbaren. Wie die dag op het dak zit, en zijn spullen beneden in huis heeft staan, moet niet naar beneden gaan om ze te halen, en wie op het land is, moet niet terugkeren naar wat hij achterliet. *Denk aan de vrouw van Lot!*' (Luc. 17:28-32).
Lot bad dat hij en zijn huisgenoten gered mochten worden van wat de Sodomieten bedreven (*Q* 26:169) en God redde hem uit de stad der zonde (*Q* 21:74; 26:170; 27:57; 29:33; 37:134; 51:35; 54:34; 7:83). Lot en zijn familie werden gered, behalve zijn vrouw, die zich ongehoorzaam omkeerde tijdens haar vlucht.[239] De vrouw van Lot, die vanuit Sodom achter Lot aan liep, *keek om* naar de verwoeste stad en veranderde in een zoutpilaar (Gen. 19:26). Het gold als een taboe om tijdens de vlucht van een onheilsplek achterom te kijken. Het is bekend wat Euridice overkwam toen Orpheus in de onderwereld naar haar omkeek, waardoor zij er niet meer uit gered kon worden. In het geval van Lots vrouw betekent het echter dat met verlangen wordt omgezien naar een samenleving waar het onrecht wordt gekoesterd, zonder de ellendige en arme te ondersteunen die geen toekomst hebben. 'De ongerechtigheid van uw zuster Sodom en haar dochters bestond hierin dat ze leefden in een overdaad waar ze prat op gingen en in zorgeloze rust, en zich om de misdeelde en de behoeftige niet bekommerden' (Ezech. 16:49). Ze zagen dus niet om naar de behoeftigen! De les van het verhaal over de verwoesting van Sodom is: een samenleving die gebouwd is op geweld, die de vreemdeling veracht en buitensluit, zal te gronde gaan en heeft geen bestaansrecht.[240]
Ten slotte kijken we nog naar de *tweede brief van Petrus:* 'Ook de steden Sodom en Gomorra heeft God ten ondergang gedoemd en met as overdekt als een afschrikwekkend voorbeeld voor de goddelozen van latere tijden. Maar Hij heeft Lot gered, de rechtvaardige, die zwaar te lijden had onder het schandelijk gedrag van die onverlaten. Dag in dag uit zulke misdaden te moeten aanschouwen en aanhoren toen hij in hun midden woonde, was een foltering voor zijn rechtschapen gemoed' (2 Petr. 2:6-7).[241]

239 Vgl. Paret (1971), 165. Speyer, 146, 150-158.
240 Van Heusden & Oosterhuis, 164.
241 *B.W.*, s.v.. 'Lot'. Vgl. Noegel & Wheeler, s.v. Lot.

Petrus is getuige geweest van de verheerlijking van Jezus op de berg (2 Petr. 1:16-18. Vgl. Mat. 17:1-8; Marc. 9:2-8; Luc. 9:28-36), waarbij Mozes en Elia verschenen. De Messiaanse belofte van de profeten werden daar bekrachtigd.[242]

Mozes als vreemdeling

Mozes noemde zijn zoon die in Midjan geboren werd Gersom (Ex. 2:22), afgeleid van *ger*, dat 'gast' of 'vreemdeling' betekent. Tegelijkertijd kan aan een afleiding van *garash* gedacht zijn, dat 'verdrijven' betekent. Beide betekenissen zijn treffend: Mozes was zowel een vreemdeling als een verdrevene. Tot driemaal toe zette Mozes zich in voor de gerechtigheid. Het eerste conflict was er een tussen een Egyptenaar en een Hebreeër (Ex. 2:11-12), het tweede tussen twee van zijn volksgenoten (Ex. 2:13-14) en in het derde geval zette hij zich in voor de gerechtigheid bij de Midianieten waarheen hij gevlucht was, maar die hem ook vreemd waren. Hij kwam op voor de meisjes die door de herders bij de bron verdreven werden. Uit dit drievoudige optreden wordt duidelijk dat het Mozes enkel ging om de zaak van gerechtigheid. Dit kwalificeert hem als een bemiddelaar van een recht dat grote waarde hecht aan onpartijdigheid: 'U mag het recht niet verdraaien, *niemand naar de ogen zien* en geen steekpenningen aannemen, want steekpenningen verblinden de ogen van wijzen en geven de zaak van rechtvaardigen geen kans' (Deut. 16:19). Dát te doen en zo te handelen, geschiedt in navolging van God zelf: 'De HEER uw God is de God der goden en de Heer der heren, de grootste, de machtigste, de verhevenste God, die *niemand naar de ogen ziet* en die zich niet laat omkopen. Hij doet recht aan weduwen en wezen, en aan vreemdelingen bewijst Hij zijn liefde, door hun voedsel en kleding te schenken' (Deut. 10:17-18).[243] Dat is het grote thema van het boek Deuteronomium, de toespraak die Mozes hield voordat het volk het beloofde land zou betreden: de gerechtigheid en weldadige behandeling van de kwetsbaren en achtergestelden, onder wie de vreemdelingen in de maatschappij.[244] Die 'onpartijdigheid' wordt ook aan Jezus toegeschreven (Luc. 20:21).[245] Dat 'niemand naar de ogen zien', dat 'geen aanzien des persoons' bij God wordt in het Nieuwe Testament aangehaald, en betekent letterlijk dat er geen partijdigheid is bij God (Hand. 10:34). Paulus wijst erbij herhaling op (Rom. 2:11; Gal. 2:9; Ef. 6:9; Kol. 3:25).

242 *KBS* op 2 Petr. 1:19.

243 Fischer & Markl, 41-42.

244 Lundbom, 393 (op Deut. 10:18).

245 Attridge, 323.

Abraham als vreemdeling: een voorbeeld voor joden, christenen én moslims

God blijft zijn verbond indachtig, voor duizend generaties geldt zijn belofte: het verbond, gesloten met Abraham, Isaak en Jakob. Hij zei: 'U geef Ik het land van Kanaän, als eigen gebied u toegemeten.' Psalm 105 spreekt hierover. 'Toen zij nog gering in aantal waren, met weinigen en vreemdelingen daar, toen zij nog van volk naar volk zwierven, van het ene rijk naar het andere volk, liet Hij niemand hen tiranniseren; zelfs koningen strafte Hij voor hen: "Raak mijn gezalfden niet, doe mijn profeten geen kwaad"' (Ps. 105:8-15).

Abraham verbleef als een vreemdeling in het beloofde land en woonde er in tenten, evenals Isaak en Jakob (Hebr. 11:9). Het beeld van Abraham als iemand die slechts tijdelijk verbleef in een land dat niet het zijne was, komt prominent naar voren in de Bijbel. In Genesis 17:8 lezen we dat hij als vreemdeling in Kanaän vertoefde. 'Ik ben maar een vreemdeling,' zegt hij als hij in Hebron een graf voor Sara wil kopen (Gen. 23:4). Jakob was net als zijn (groot)vader als vreemdeling in Kanaän woonachtig (Gen. 37:1). Toen Abraham een tijdlang in Egypte verbleef vanwege hongersnood (Gen. 12:10) vertelde God hem dat zijn afstammelingen in een vreemd land zouden verblijven als slaven (Gen. 15:13), waar zij gedurende vierhonderd jaar slecht behandeld zouden worden (Ex. 12:49; Hand. 7:6).

De aartsvaders en de mensen die bij hen hoorden, waren klein in getal en woonden als nomadische vreemdelingen in het beloofde land. De vervulling van de belofte lag nog in de toekomst. Als de Israëlieten later in het beloofde land zijn aangekomen, wordt het volk gevraagd om bij het aanbieden van de eerste vruchten van het land in dankbare erkenning dat God zijn beloften is nagekomen en hun het land heeft geschonken, staande voor de HEER hun God, het woord te nemen en te zeggen: 'Mijn vader was een zwervende Arameeër. Hij is met een klein aantal mensen naar Egypte gegaan en, terwijl hij daar als *vreemdeling* verbleef, een groot, machtig, talrijk volk geworden' (Deut. 26:5).

Arameeër (in de Septuaginta 'Syriër') kan als een collectieve verwijzing naar de drie aartsvaders (Abraham, Isaak en Jakob) gezien worden (Num. 20:15; Ps. 105:12-13). Het verblijven betekent tijdelijk 'verblijven als een vreemdeling'. Dat was de status van de kinderen Israëls in Egypte (Deut. 10:19; 23:8).[246] De beschrijving neemt de sleutelwoorden op van de patriarchen als 'residerende vreemdelingen' (Gen. 12:10; 20:1; 26:3; 26:7vv; 32:5).[247]

246 Lundbom, 725-727.

247 Hossfeld & Zenger (2011), 71.

Dat zwerven wijst op de nomadische levenswijze van de patriarchen. Dit thema wordt opgenomen in de brief aan de Hebreeën: 'Door het geloof heeft Abraham gehoor gegeven aan de roepstem van God en ging hij op weg naar een land dat bestemd was voor hem en zijn erfgenamen; hij vertrok zonder te weten waarheen. Door het geloof verbleef hij *als vreemdeling* in het land dat hem beloofd was; hij woonde er in tenten, evenals Isaak en Jakob, die dezelfde belofte erfden; want hij zag uit naar de stad met fundamenten, waarvan God de ontwerper en bouwer is' (Hebr. 11:8-10). Abraham verbleef als vreemdeling in het land dat hem beloofd was (Hebr. 11:9). Abraham en zijn nakomelingen, het volk Israël, verbleven als vreemdeling in Egypte. 'De God van dit volk Israël heeft onze vaderen uitgekozen en het volk sterk gemaakt tijdens zijn verblijf in den vreemde, in Egypte. Hij heeft hen met sterke arm het land uitgeleid' (Hand. 13:17).

Een gelovige – of hij of zij zich nu jood, christen of moslim noemt – is een vreemdeling op aarde. Hij is op weg naar het vaderhuis, zijn burgerschap is in de hemel. Zoals ook een traditie of *hadî th* van de profeet Mohammed het zegt: 'De islam is begonnen als een vreemdeling en zal eindigen als een vreemdeling. Geluk en blijde tijdingen zij dan met de vreemdelingen.'[248]

248 www.al-yaqeen.com.

III DE TALE KANAÄNS TEGENOVER DE VREEMDE TAAL

The Circumlocution Office was (as everybody knows without being told) the most important Department under Government. No public business of any kind could possibly be done at any time without the acquiescence of the Circumlocution Office. Its finger was in the largest public pie, and in the smallest public tart. It was equally impossible to do the plainest right and to undo the plainest wrong without the express authority of the Circumlocution Office. If another Gunpowder Plot had been discovered half an hour before the lighting of the match, nobody would have been justified in saving the parliament until there had been half a score of boards, half a bushel of minutes, several sacks of official memoranda, and a family-vault full of ungrammatical correspondence, on the part of the Circumlocution Office. This glorious establishment had been early in the field, when the one sublime principle involving the difficult art of governing a country, was first distinctly revealed to statesmen. It had been foremost to study that bright revelation and to carry its shining influence through the whole of the official proceedings. Whatever was required to be done, the Circumlocution Office was beforehand with all the public departments in the art of perceiving — HOW NOT TO DO IT.
(Charles Dickens, *The Little Dorrit*)

Inleiding
'Tale Kanaäns' betekent volgens Van Dale: 'het spraakgebruik der vromen', een taal doorspekt met Bijbelse termen en Bijbelteksten, 'hoogdravende domineesstaal'.[249] De uitdrukking wordt gebruikt als aanduiding voor een taaleigen in behoudende orthodox-calvinistische kring in Nederland: een soort Statenvertaling-Nederlands. Die taal ontstond in de kringen van de zogenaamde 'Nadere Reformatie', een meer 'bevindelijke' vorm van vroomheid. De taal is sterk gestempeld door Hebreeuwse uitdrukkingen (of hebraïsmen). Bij het benoemen van geestelijke ervaringen wordt vaak gebruikgemaakt van verkleinwoorden, zoals 'wegje', 'plaatsje', 'hoopje',

249 Van Dale, s.v. 'Kanaän'.

'hartje', 'geloofje', 'zuchtje'. En juist die verkleinwoorden geven de kracht van het ware geloof aan. 'Toen kreeg ik een oogje des geloofs in de Weg der verlossing' (Ps. 40). 'Eens op het veld staande om mijn arbeid te verrichten, kwam de Here mij een bezoekje brengen uit de woorden van zijn profeet' (Micha 6:3-8).[250]
In dit hoofdstuk is de 'tale Kanaäns' zoals daarover door de profeet Jesaja wordt gesproken (Jes. 19:8) het uitgangspunt. Die taal zal niet blijken te staan tegenover 'het Egyptisch' – zeg maar de taal van een vreemd land of volk – maar tegenover een 'vreemde' taal die tussen volken en landen maar ook binnen elk land en volk gesproken wordt. De 'tale Kanaäns' staat dan tegenover de taal die met onreine lippen gesproken wordt, een taal die huichelachtig is. En die huichelachtige taal wordt vooral op het hoogste regeringsniveau gesproken.
Charles Dickens geeft daar een voorbeeld van uit het negentiende-eeuwse Engeland. In zijn roman *Kleine Dorrit* gaat het over een familie die door schulden meer dan twintig jaar in de schuldengevangenis, de Marshalsea in Londen, moet verblijven. Dat is trouwens iets wat ook Charles Dickens' eigen vader heeft moeten doormaken en daardoor ook zijn gezin.
In het tiende hoofdstuk, 'Omvattende de algehele kunst van regeren', spreekt hij van 'the Circumlocution Office'. Met deze woorden geeft hij een treffende omschrijving van hoe op regeringsniveau alles in het werk gesteld wordt om ervoor te zorgen dat niet gedaan wordt wat men zegt dat gedaan moet worden. Hiervoor wordt in deze 'Cirumlocution Office' de taal gebruikt, of misbruikt. Bij deze beschrijving had Dickens de concrete politiek werkelijkheid van zijn dagen op het oog, en in de Engelse editie van zijn boek kunnen de concrete aanleidingen ervoor in de voetnoten worden teruggevonden. De Nederlandse vertaling gebruikt een wat onschuldige vertaling voor dit departement, namelijk: 'het departement van Omhaal'. In het departement werd gezocht naar de beste manier om om de zaken heen te kletsen. De uitdrukkelijke opzet wordt zo omschreven: 'Het departement van Omhaal was alle andere departementen vóór in de kunst hoe het niet gedaan moet worden.'[251]

Als je, met deze informatie in je achterhoofd, de heilige boeken van de joden, christenen en moslims in hun innige samenhang en betrokkenheid goed wilt leren lezen, is het bovenal noodzakelijk om het ABC van de tale

250 Aangehaald door Van de Ketterij, 153, 254. Hij bracht deze tale Kanaäns wetenschappelijk in kaart.

251 Dickens (2005), 104/ (2003), 119.

Kanaäns van de Bijbel en de Koran te leren verstaan. In die taal verkondigen de Bijbel en de Koran 'de blijde boodschap', of die nu in het Hebreeuws, Grieks of Arabisch is verwoord.[252] De vreemde taal is niet die van vreemdelingen of buitenlanders, maar de vreemde taal van de imperialistische heersers en onderdrukkers uit de loop van al de eeuwen die de hele Bijbel en Koran beslaan: de Nimrods in Assur, Babel én Nineve, de 'farao's' van Egypte, de 'vorsten', 'keizers' van de Grieken en de Perzen en die van Rome, Byzantium en Perzië. De laatste twee waren aan de macht ten tijde van de profeet Mohammed.

Het Bijbelse abc

In 1941, ten tijde van de Tweede Wereldoorlog, verscheen K.H. Miskottes *Bijbels ABC*. Miskotte was toen predikant in Amsterdam en werd later hoogleraar aan de theologische faculteit van de universiteit te Leiden. Zijn boek biedt 'een algemene inleiding betreffende de grondlijnen van de Heilige Schrift' en 'wil de taal van de Bijbel helpen verstaan'.[253] Miskotte bespreekt een aantal kernwoorden en neemt daarbij zijn uitgangspunt in het Oude Testament, de Tenach, waarin de taal van het Nieuwe Testament geworteld is. Die kernwoorden leren kennen met hun eigen unieke betekenis en zeggingskracht is een voorwaarde om de boodschap van de Bijbel te kunnen verstaan. De Bijbelse boodschap heeft een eigen grondtaal. Miskotte spreekt in dit verband ook wel over 'de grammatica der Schrift'.[254] Wie de Bijbel wil leren lezen, moet kennis hebben van die kernwoorden en die grammatica van de Bijbelse taal. Miskotte wilde de 'gemeente' die taal opnieuw bijbrengen, hen opvoeden en bemoedigen, om zo 'betere weerstand' te kunnen bieden tegen de 'vreemde taal', de taal van de nazi's.[255] Die taal wordt ook in onze tijd in Europa en in ons eigen land opnieuw overal vernomen.

De tale Kanaäns bij de profeet Jesaja

De naam van de profeet Jesaja, 'hulp komt van God', is kenmerkend voor zijn boodschap.256 Zijn verkondiging is sterk door zijn roepingsvisioen in de tempel bepaald. Daarin werden hem Gods heiligheid en zijn eigen

252 *bashâra, euangelion, bushrâ.*
253 Miskotte, 3.
254 Miskotte, 67-68.
255 http://www.hervormdnunspeet.nl/drplcm/content/verslag-bijbels-abc-2013 (cursusleider: R.H. Reeling Brouwer).
256 Asha'yâ' in het Arabisch, *Dictionnaire*, s.v. 'Isaïe'.

zondigheid en die van het volk geopenbaard. Dit visioen wordt als volgt beschreven in Jesaja 6:1-5:
'In het sterfjaar van koning Uzzia[257] zag ik de Heer, gezeten op een hoge en verheven troon. De sleep van zijn mantel vulde heel de tempel. Serafs stonden boven Hem opgesteld, elk met zes vleugels: twee om het gelaat te bedekken, twee om de voeten te bedekken, twee om te vliegen. Zij riepen elkaar toe: "Heilig, heilig, heilig is de HEER van de machten; en heel de aarde is vol van zijn heerlijkheid." De deurpinnen in de dorpels schudden van het luide geroep en de tempel stond vol rook. Jesaja zei: "Wee mij! Ik ben verloren! Ik ben een mens met onreine lippen, ik woon onder een volk met onreine lippen en ik heb met eigen ogen de koning, de HEER van de machten gezien!"'
Toen het noordrijk Israël ten prooi viel aan de Assyriërs en de hoofdstad Samaria in 722 v.Chr. ten onder ging, bracht Jesaja hoop op redding aan de Judeeërs van het zuidrijk. Het orakel dat Jesaja over Egypte uitsprak dateert uit de tijd toen Egypte in het Syro-Palestijnse gebied probeerde bondgenoten tegen Assur te werven (715-701 v.Chr.). In 671 en 663 zou Egypte echter zelf door de Assyriërs veroverd worden.[258]
Het orakel waarin dan de tale Kanaäns ter sprake zal komen, luidt als volgt:
'Op die dag zullen de Egyptenaren als vrouwen zijn, en zij zullen sidderen en beven voor de hand die de HEER van de machten dreigend tegen hen opheft. Juda's grondgebied wordt dan de schrik van Egypte: alleen het noemen van de naam al doet de Egyptenaren beven, vanwege het raadsbesluit dat de HEER van de machten tegen hen heeft genomen. Op die dag zullen er in Egypte vijf steden zijn die de taal van Kanaän spreken en trouw zweren aan de HEER van de machten. Eén ervan zal Ir-Haheres ('Stad van verwoesting') heten. Op die dag zal in Egypte een altaar voor de HEER midden in het land staan, en aan de grens een zuil, als teken en getuigenis voor de HEER van de machten in Egypte: wanneer zij Hem, door vijanden in het nauw gedreven, aanroepen, zal Hij een redder zenden die het voor hen opneemt en hen bevrijdt. Zo zal de HEER zich aan Egypte openbaren. Op die dag zal Egypte de HEER kennen en Hem dienen met slacht- en meeloffers, zij zullen Hem geloften doen en die volbrengen. De HEER zal Egypte slagen toebrengen. Hij zal slaan en helen; zij zullen naar Hem terugkeren, en Hij zal hen verhoren en genezen. Op die dag verbindt een weg Egypte met Assur: Assur komt dan naar Egypte en Egypte naar Assur en samen

257 Ca. 740. v.Chr.
258 *B.W.*, s.v. Jesaja.

met Assur zal Egypte de HEER dienen. Op die dag zal Israël als derde naast Egypte en Assur staan, een zegen op aarde. De HEER van de machten zal hen zegenen met de woorden: "Gezegend zij Egypte, mijn volk, Assur, het werk van mijn handen, en Israël, mijn erfelijk bezit."' (Jes. 19:16-25)

Tot zesmaal toe weerklinken Jesaja's orakels of godsspraken. Het woord 'orakel' is afgeleid van het Latijnse orare: 'bidden', 'smeken', 'spreken'. Bij een orakel of godsspraak geeft God antwoord op een vraag, vooral in tijden van persoonlijke of nationale crises. Deze 'profetische' uitspraak wordt doorgegeven door een bode of boodschapper die zich in een toestand van extase bevindt en formuleringen gebruikt als: 'Zo spreekt de Heer...'[259] De godsspraken in het boek Jesaja betreffen de twee grote wereldmachten uit die tijd: Assur, dat heerste over het gebied waar nu Irak ligt, én Egypte. Tussen deze grootmachten ligt de stadstaat Juda als het ware ingeklemd.
De orakels beginnen steeds met de woorden: 'Op die dag'.
Laten we nu kijken naar de verschillende orakels in de hierboven genoemde passage uit Jesaja:

'Op die dag zullen de Egyptenaren als vrouwen zijn.' Dat is natuurlijk een weinig vrouwvriendelijke uitdrukking. Vrouwen staan hier voor lafheid. Er wordt de spot gedreven met een supermacht: Egypte is meelijwekkend, heeft zijn beste tijd gehad, is verleden tijd. Al die grote macho's van strijders zullen als vrouwen zijn. Maar 'Juda' zal daarentegen de 'schrik' van Egypte genoemd worden. Nota bene dat kleine stadstaatje! Het is als Klein Duimpje die het grote Egypte schrik aanjaagt! Een muis die brult! Het lijkt erg onwaarschijnlijk en toch staat het er.

'Op die dag' zullen er in Egypte vijf steden zijn die de taal van Kanaän spreken.' Hoe komt het dat de Egyptenaren zo ineens die taal gaan gebruiken, kun je je afvragen? Men heeft daarbij wel aan joodse gemeenten in Egypte gedacht. Dan is het immers logisch dat zij die taal, namelijk het Hebreeuws, spraken. In het uiterste zuiden van Egypte woonden er joden op het eiland Elephantine. Zij hadden er zelfs hun eigen tempel.[260] In het noorden, in Alexandrië, leefde ook een grote joodse gemeenschap. Als dat de uitleg zou zijn van dit orakel, dan zou het dus betekenen dat die joodse gemeenschappen in Egypte de tale Kanaäns, dus het Hebreeuws, zouden gaan spreken.

259 *ko âmar* JHWH. Noegler & Wheeler, s.v. oracle; *B.W.*, s.v. Godswoord.
260 Vgl. Schama (2013), Chapter 1.

Maar die uitleg is niet juist. Trouwens, Alexandrië bestond natuurlijk nog niet in de tijd van de profeet Jesaja. Die stad werd pas eeuwen later, in de vierde eeuw v.Chr., door Alexander de Grote gesticht. Waar slaat dit orakel dan wél op? Het zijn de Egyptenaren zelf die de taal van Kanaän gaan spreken! Wil dat nu zeggen dat de Egyptenaren dan allemaal ineens met succes een soort spoedcursus Hebreeuws hebben gevolgd? Natuurlijk niet. Om te begrijpen wat hier staat, moet je eerst weten welke taal de Egyptenaren tot dan toe hadden gesproken, en dan gaat het om de taal van hun economische en politieke leiders. Welke taal sloegen zij daarvoor dan uit? Wel, daartoe hoef je alleen maar het eerste hoofdstuk van het boek Exodus op te slaan, het boek van de bevrijding van het de kinderen Israëls uit Egypte. Toen in Egypte een nieuwe koning aan de macht kwam die Jozef niet gekend had, sprak farao zijn eigen volk aan op het feit dat die Israëlieten te vruchtbaar waren, zich uitbreidden, zeer talrijk en sterk werden, zodat het land vol van hen raakte (Ex. 1:7; Hand. 13:17). In het begin van het boek Exodus worden eerst de namen van de zonen van Jakob genoemd en wordt in totaal van zeventig nakomelingen gesproken (Ex. 1:1-5), maar onmiddellijk daarop volgt een vermelding dat zij zeer talrijk en sterk werden, zodat het land vol van hen raakte (Ex. 1:7). Voor het eerst kán echt over Israëlieten gesproken worden.[261] De farao is van mening dat er veel te veel Israëlieten zijn en hij vraagt zich af hoe hij van hen af kan komen, kan zorgen dat ze minder in aantal worden en verstandige maatregelen tegen hen kan nemen. Hij wil voorkomen dat zij nóg talrijker worden. En dan legt hij de kinderen Israëls dwangarbeid op. Maar dat helpt nog niet genoeg, want ze willen maar niet minder worden. Ze groeien tegen de verdrukking in. Ze nemen zó toe in aantal dat de Egyptenaren er bang van werden. Dan maken de Egyptenaren het leven van de Hebreeërs nog zuurder. De koning van Egypte bedenkt zelfs nog een nieuwe maatregel: een poging om de Hebreeuwse vroedvrouwen ervoor te laten zorgen dat alle Joodse jongetjes worden vermoord: als er jongens geboren worden, moeten die meteen in de Nijl gedumpt worden: 'Iedere jongen die geboren wordt moet na de geboorte direct in de Nijl gegooid worden. De meisjes mogen in leven gelaten worden' (Ex. 1:22). Dát is de taal die de 'faraonische' Egyptenaren toentertijd spraken.

Maar hoe komt dan dat de Egyptenaren nu plotseling wél deze andere taal gaan spreken? Hoe hebben ze zo ineens de taal van Kanaän, de taal van hun onderdrukte onderdanen, geleerd? Antwoord: door bittere ervaring. Geen

261 Fischer & Markl, 29. De uitdrukking 'Israël' komt 125 maal voor in het boek Exodus.

talencursus, maar een levenscursus kwam daaraan te pas. Waardoor is dat veroorzaakt? Wel, het eens zo machtige Egypte is door die andere grote imperialistische wereldmacht, Assur, onder de voet gelopen. De Egyptenaren hebben een koekje van eigen deeg gekregen. '"Een hardvochtige meester, een meedogenloos vorst zal over hen heersen", zo spreekt de Heer, de HEER van de machten' (Jes. 19:4). De Egyptenaren herinneren zich nu hoe God eertijds in Egypte huis had gehouden onder leiding van het onweerstaanbare leiderschap van Mozes. Ze weten van de plagen, straffen, geselingen. Plagen, goddelijke daden van bestraffing, troffen de Egyptenaren (Ex. 7:14-11:10; 12:29-33; *Q* 7:130-134; 27:12; 43:47-50) en de Filistijnen. Niet alleen grote groepen maar ook enkelingen kunnen door Gods plagen getroffen worden (2 Kon. 15:5). En Gods plagen zijn als waarschuwingen bedoeld (Jes. 15:3). Ze leiden hopelijk tot boetedoening (vgl. 1 Sam. 5:1-6:21). Daarnaast moeten ze tegelijkertijd de grootheid, macht én genade van God aantonen (Ex. 8:22).[262] Over de laatste van de tien plagen wordt daarom het volgende vermeld in de Bijbel: 'Het was midden in de nacht toen de HEER al de eerstgeborenen van Egypte sloeg, vanaf de eerstgeborene van de farao, die hem op de troon zou opvolgen, tot aan de eerstgeborene in de gevangenis en ook al de eerstgeborenen van het vee. Die nacht stonden de farao en al zijn hovelingen en alle Egyptenaren op, en een luid geschreeuw klonk over Egypte, want er was geen huis zonder dode' (Ex. 12:29-30. Vgl. *Q* 7:127).[263]
Nu worden er in het orakel in Jesaja 19:1-4 drie dingen genoemd die er zullen gebeuren met de Egyptenaren: (1) God zal hen tegen elkaar ophitsten; (2) hun plannen in de war sturen, en (3) hen aan een hardvochtige heerser uitleveren. Met andere woorden: er zal een soort burgeroorlog ontstaan. De afgoden van Egypte beven voor God, het hart van de Egyptenaren wordt verlamd van schrik. Het orakel in Jesaja 19:2-4 luidt: 'Egypte hits Ik op tegen Egypte, de een vecht met de ander, iedereen met iedereen, stad tegen stad, en rijk tegen rijk. De Egyptenaren zullen het hoofd verliezen. Ik stuur hun plannen in de war, hoe zij hun goden en waarzeggers, geesten en tovenaars ook ondervragen. Ik lever de Egyptenaren uit aan een hardvochtige meester, een meedogenloos vorst zal over hen heersen.' De politieke en militaire plannen van Egypte worden verstoord, omdat het volk uitgeleverd wordt aan de brute, hardvochtige heersers van Assur.[264] Nu wordt het eens zo machtige 'faraonische' Egypte zelf onderworpen, onderdrukt en uitge-

262 *B.W.*, s.v. plaag.
263 Zie voor de plagen waaronder Egypte te lijden krijgt: *Q* 7:138-141.
264 *KBS* op Jes. 19:1-4.

buit.[265] Eeuwen daarvoor maakten hun eigen Egyptische voorouders het leven van de Israëlieten ondraaglijk door hen in de steenbakkerijen en op het land harde dwangarbeid op te leggen (Ex. 1:14). Maar nu zijn ze zelf op hun beurt door Assur te grazen genomen.
Hoe reageren de Egyptenaren daar nu op? Wat gaan ze doen? Wel, zij gaan nota bene hetzelfde doen als wat indertijd de kinderen Israëls deden! Zoals eens de Israëlieten schreeuwden, schreeuwen nu de Egyptenaren het uit, in de hoop dat iemand hen hoort, iemand hen redt, iemand hen bevrijdt, iemand hen geneest. Het was bekend wat indertijd met de Israëlieten gebeurde toen zij om hulp schreeuwden: de God van Israël hóórde het geschreeuw van zijn volk. En de HEER sprak tot Mozes: 'Ik heb de ellende van mijn volk in Egypte gezien, Ik heb de jammerklachten over hun onderdrukkers gehoord: Ik ken hun lijden. Ik ben afgedaald om hen te redden, te bevrijden en te genezen' (Ex. 3:7-8). Ook in de Koran wordt verteld hoe Mozes (Mûsâ) door God wordt gezonden om zijn volk te redden (*Q* 37:114-122). Hij krijgt het bevel het volk door de zee te voeren (*Q* 20:77; 44:23-24) en wordt met zijn volk gered (*Q* 2:50; 7:138; 26:65; 37:115).
Het begint allemaal met dat schreeuwen van de wanhopige, gemartelde mannen, vrouwen en kinderen. In onze tijd is dat weergaloos verbeeld door de Noorse schilder Edvar Munch in zijn schilderij De Schreeuw (Skrik in het Noors). Een schreeuw van een wanhopig en angstig, bang mens. Op een avond wandelde Munch met vrienden terug naar Oslo. Op een brug bleven zij staan. Terwijl zijn vrienden even later doorliepen, werd Edvar aangegrepen door het landschap en de lucht met de ondergaande zon. Onder zijn hart voelde hij een zuigende pijn. Boven de blauwzwarte fjord hingen vurige tongen van bloed. 'Ik voelde een oneindige schreeuw door de natuur.' Hij werd bevangen door een gevoel van onmacht en depressie. Dit was de aanleiding tot het maken van De Schreeuw. De ontzette, tot wanhoop gedreven figuur die hij in felle kleuren schilderde vanuit een uit golvende lijnen opgebouwd landschap is als een spookachtige figuur die ons aankijkt. De angst overheerst in de panische penseeltrekken die de geluidsgolven van de tomeloze schreeuw weergeven. Hiermee beeldt Munch het geestelijke leed en de emotionele kwelling uit, niet alleen van zijn eigen trauma's maar ook van die van zijn tijd en niet minder van die van de onze.[266]
In de harde leerschool van de onderdrukking krijgen de Egyptenaren om zo te zeggen les in de grammatica van de tale Kanaäns: de spraakkunst, de

265 Brueggemann, Isaiah 1-39, 156-157.
266 Vgl. Wikipedia.

spraakleer van de verlossing, bevrijding en genezing. En wat is het effect? Wat is de uitwerking van het schreeuwen van nazaten van de voormalige onderdrukkers, als zij op hun beurt om hulp gaan roepen? Hoe reageert God op die schreeuw van de Egyptenaren? Eigen schuld dikke bult? Kook lekker gaar in je eigen sop? Dat zouden toch de eerste gevoelens en gedachten zijn die bij slachtoffers opkomen? Maar dat is niet wat gebeurt. God hóórt ook deze om hulp roepende mensenkinderen. Hij zegt niet wat generaal, later president, Charles de Gaulle ooit zei, in een tijd dat Frankrijk een half miljoen soldaten in Algerije gelegerd had: 'Ach, bloed droogt snel.' Zand erover. Het vergoten bloed van de talloze Abels in de wereld tot vandaag de dag toe, blijft telkens weer een schreeuwen tot God. Hij hoort en ziet het. Hij wel. En als God hoort, betekent dat dat Hij ook iets doet. Dan staat Hij op, ten gerichte. Dat wil niet zeggen dat Hij er dan op los slaat. Dat Hij zich gaat wreken zoals wij mensen in onze menselijke taal zeggen en doen. God is immers geen mens! (Hos. 11:9. Vgl. Num. 23:19-20). 'Hij staat op ten gerichte' betekent dat Hij deze wereld recht wil zetten. De Hebreeuwse woorden die in onze vertalingen veelal weergegeven worden met 'vergelden' of 'wreken', kunnen in de ware tale Kanaäns het beste vertaald worden met 'weer goedmaken' (Zenger). God staat op om ál zijn onderdrukte, verslaafde, vernederde, klein gehouden, kansloze, arbeidsongeschikt gemaakte, arme mensenkinderen te verlossen, te bevrijden en te genezen. Hun aantal wordt dagelijks groter – in de toenmalige wereld en ook in onze wereld, in Nederland. Die mensen worden niet het land uitgezet of van de aarde af gegooid. Zoals de HEER het geschreeuw van zijn onderdrukte Israëlitische slavenvolk niet onbewogen kon aanhoren en aanzien, wordt Hij nu, in het orakel van Jesaja, door de schreeuw van de hulpbehoevende Egyptenaren geroerd. Ja, Hij wordt er beroerd van. De God die de kinderen Israëls lang geleden leerden kennen, wordt nu nota bene ook door de Egyptenaren volledig gekend.

Zo zal de HEER zich aan Egypte openbaren. 'Op die dag zal Egypte de HEER kennen en Hem dienen met slacht- en meeloffers, zij zullen Hem geloften doen en die volbrengen' (Jes. 19:21). Zij worden, net zoals de Israëlieten, dienaren (dienaar:'ebed in het Hebreeuws, 'abd in het Arabisch) van God. Dienen en aanbidden zijn met elkaar verbonden,[267] ze zijn beide op God gericht. In plaats van te heersen gaan zij dienen. Israël wordt de

267 In het Arabisch is 'abd 'dienaar' en 'ibâda 'aanbidding' ('worship') evenals in het Hebreeuws 'ebed en 'aboda.

dienstknecht van God genoemd (Gen. 41:8). Dat wijst op een bijzondere relatie tussen God en zijn volk. En die relatie zal nu ook voor andere volken gaan gelden. In ieder geval zijn er vijf steden van de steden die in Egypte verwikkeld zijn in de genoemde burgeroorlog, die de tale Kanaäns hebben leren spreken. Het orakel suggereert dat er een socio-economische, politieke, militaire harmonie tussen oude tegenstanders gaat ontstaan. Een gemeenschappelijke aanbidding van de ware God, die zij beiden zo lang hebben gespot en weerstaan. De God die de Israëlitische slaven heelde, geneest nu ook de zieke Egyptenaren: 'Hij zal hen verhoren en genezen' (Jes. 19:22). Ja, zo zal Hij alle volkeren helen!

Alsof dit nog niet verbazingwekkend en ongelooflijk genoeg is, zegt het volgende orakel ook iets ongehoords over die andere grootmacht, Assur zelf: 'Op die dag verbindt een weg, een heerbaan, Egypte met Assur: Assur komt dan naar Egypte en Egypte naar Assur en samen met Assur zal Egypte de HEER dienen' (Jes. 19:23). Nota bene: die twee supermachten, die elkaar eindeloos de opperheerschappij hebben betwist, militair en economisch, dienen samen de HEER. Er bestonden grote verkeersaders tussen beide grootmachten, routes die gebruikt werden voor troepenverplaatsingen, maar ook voor de handel. De ligging van beide machten werd meestal aangeduid als 'het Zuiden' (Egypte) en 'het Noorden' (Assur). Beide landen betwistten elkaar eindeloos de heerschappij, maar waren onvermijdelijk ook elkaars handelspartners. Dat betekent dat zij het gebied waar Juda lag, moesten doorkruisen. Volgens dit orakel zullen de connecties niet meer terroriserend zijn, maar getransformeerd worden in een 'highway' waarop gemakkelijk, snel en ongehinderd kan worden gereisd. Waarom? Omdat God deze twee grote mogendheden zal brengen 'op de heerbaan van zijn wetten en 't goddelijke recht', aldus Vondels 'tale Kanaäns-vertaling' van Psalm 23, 'D'Almachtige is mijn Herder en geleide'.[268] Op die weg zal de nieuwe taal (de tale Kanaäns) worden gesproken. Niet een taal van het economische eigenbelang (met de eigen tolgrenzen), zoals tegenwoordig geuit wordt om 'het fort Europa' stevig dicht te timmeren voor vreemdelingen, die komen aanspoelen bij Lampedusa – 'Dat zijn er veel te veel'; 'Daar moeten we zo snel en zo veel mogelijk van af zien te komen.' Niet de taal van 'de ideologie van de nationale veiligheid'. Niet de taal van: 'Hoe spelen we het klaar dat de rijken steeds rijker worden en de armen steeds armer?' Nee, de tale Kanaäns is een totaal andere taal. Dat is een taal van recht, vrede,

268 Gezang 23a:2 in het Liedboek, zingen en bidden in huis en kerk.

waardigheid en veiligheid voor allen. Veiligheid is 'ondeelbaar'. Je kunt niet alleen veilig zijn. In plaats van heersen en overheersen, wat die leiders van Egypte en Assur en alle heersers na hen gedaan hebben en blijven doen tot op de dag van vandaag, gaan zij nu dienen.

'Op die dag zal Israël als derde naast Egypte en Assur staan, een zegen op aarde' (Jes. 19:24). Gezegend door God en een zegen voor anderen. Daarmee eindigen de orakels. Deze serie van orakels spreken van de angst, schrik en terreur en eindigen in een visioen van verzoening. En vers 24 is daarbij het hoogtepunt van de meest gedurfde verwachtingen uit de hele Bijbel. Israels oude vijanden worden in deze taal herbenoemd, opnieuw gedefinieerd, nota bene met de lievelingsnamen, de koosnaampjes die eerst voor het volk Israël werden gebruikt: 'Gezegend zij Egypte, mijn volk, Assur, het werk van mijn handen en Israël mijn erfenis' (Jes. 19:25)[269]. Titels die exclusief aan Israël leken te behoren, zullen nu ook aan andere naties gegeven worden. Vreemde volken worden door God geadopteerd om ook zijn volk te zijn. Een visioen dat de gehele bewoonde wereld omvat. Dat houdt in dat het eigen vermeende primaat, de exclusiviteit of privileges moeten worden opgegeven. Alle volkeren ter wereld blijken Gods uitverkoren volk te zijn. Vroegere vijanden worden in de 'gemeente' opgenomen.[270]

De Exodus-grammatica

Psalm 114 is de psalm van de ballingschap van het volk Israël in Babel. Deze psalm behoort tot de verzameling van de zogenaamde Hallel-psalmen (Ps. 113-118), genoemd naar het eerste woord in deze psalmen: 'Halleluja'. Deze psalmen werden bij huiselijke vieringen van het paasfeest gezongen om de uittocht uit Egypte te herdenken. Toen Jezus met zijn twaalf leerlingen zijn laatste avondmaal vierde, werden de eerste twee gezongen bij het drinken van de beker (Mat. 26:30) en de laatste om daarmee de maaltijd af te uiten. Daarna gingen zij naar de Olijfberg (Marc. 14:26). Tot op de dag van vandaag worden deze psalmen tijdens de viering van Pesach gezongen. Op die dag immers moet aan de kinderen geleerd worden: 'Dit feest dient om te gedenken wat de HEER voor mij gedaan heeft toen ik wegtrok uit Egypte' (Ex. 13:8). Heel nadrukkelijk klinkt sinds Abraham de roep dat de ouderen

269 'Ter harte gaan' (Ps. 17:14; Jes. 57:6). Israël is het deel van JHWH (Deut. 32:9). JHWH is het deel van Israël (Ps. 16:5; 73:26; Jer. 10:16 enz.). Het luisteren naar Jezus is 'het goede deel' (Luc. 10:42).

270 Brueggemann, Isaiah 1-39, 161-166.

kinderen hun ervaringen moeten doorgeven. Abraham, de vader van álle gelovigen, is immers uitverkoren om zijn nakomelingen te leren zich door een rechtschapen en deugdzaam leven aan 'de weg van de HEER' te houden (Gen. 18:19). Aan Mozes werd de opdracht gegeven aan kinderen en kleinkinderen verder te vertellen hoe God is opgetreden tegen de Egyptenaren en welke tekenen Hij heeft verricht, zodat zij zouden weten dat God HEER (JHWH) is (Ex. 10:2).

Dat is de achtergrond van het gebruik bij de viering van het paasfeest. Dat is waarom tijdens die viering in een vraag-en-antwoordspel onderricht wordt gegeven aan de kinderen. Als de kinderen dan vragen: 'Wat betekent deze plechtigheid?' (Ex. 12:26), moet hun vader (of moeder) antwoorden: 'Wij waren slaven van de farao in Egypte, maar de HEER heeft ons met sterke hand uit Egypte geleid' (Deut. 6:21).[271] De ouderen moeten getuigenis afleggen van het reddende handelen van God.

Dit gebruik heeft ook zijn weg gevonden in de 'zwarte' kerkdiensten in de Verenigde Staten. Het is altijd weer een ontroerend moment als op de voorganger de gemeente om instemming vraagt met het getuigenis dat hij aflegt: 'Are there any witnesses?' ('Zijn er enige getuigen?') en er dan overal een 'Ja' opklinkt.

In de beginregels van Psalm 114 wordt de exodus uit Egypte bezongen: 'Toen Israël wegtrok uit Egypte, het huis van Jakob weg van een volk met een vreemde taal, werd Juda zijn heiligdom en Israël zijn koninklijk domein' (Ps. 114:1-2). Het weggaan, het wegtrekken uit Egypte na een verblijf van 430 jaar (Ex. 12:40-41) slaat op het breken met de leefwereld die zij tot op dat moment hadden gekend. Die lieten zij nu achter zich, omdat aan dat bestaan een einde was gekomen. Zij waren aan nood en gevaar ontkomen, echt bevrijd en vrij geworden. Daarnaast was het een 'opbreken om aan iets nieuws te beginnen'. En het was ook een opstaan tot de strijd: 'De legerscharen van de HEER trokken weg uit Egypte' (Ex. 12:41). Als Mozes en Aäron de opdracht krijgen om de Israëlieten in legers geordend uit Egypte te leiden (Ex. 6:26), moet natuurlijk niet aan legers in de militaire zin van het woord gedacht worden, maar eerder aan een processie op weg naar de Sinaï, waar zij de Thora zullen ontvangen.[272]

De psalm bezingt wat er gebeurd is: de zee die op de vlucht sloeg, de Jordaan die terugschrok. Voor wie? Voor de Heer voor wie je moet sidderen, voor de God van Jakob (Ps. 114:2-7). Bezongen wordt wat tijdens die eerste exodus werd gewaagd en nog steeds werkzaam is en blijft. Israël bevrijdde

271 Fischer & Markl, 137.

272 *KBS* op Ex. 6:26. Zenger (1980), 124, 128.

zich toen van een 'wartaal sprekend' volk (Ps. 114:2). Een volk wiens spraak men niet verstond en ten opzichte van wie men zich niet echt verstaanbaar kon maken. Zo spreekt ook Jesaja van de bevrijding, de redding van Jeruzalem van het Assyrische volk wiens spraak men niet verstaat: 'Nooit krijgt u dat brutale volk nog te zien, dat volk met zijn onbegrijpelijke taal, zijn barbaarse en onverstaanbare tongval!' (Jes. 33:19). Dat laatste slaat op de taal van de Assyrische soldaten. Als politieke vijanden vreemde talen gebruiken, kunnen zij daarmee de vijandschap verdiepen en sluiten ze wederzijds verstaan uit. Politieke en militaire bezetters kunnen hun vijanden in hun vreemde taal beschimpen. Bij de belegering van Jeruzalem door de Assyriërs ten tijde van koning Hizkia vroegen diens vertegenwoordigers aan de intendant van de Assyrische koning of hij in het Aramees wilde spreken en niet in het Judees, opdat het volk niet ontmoedigd zou raken door wat gezegd zou gaan worden (2 Kon. 18:26, 28). De uitspraak: 'Een volk waarvan u de taal niet verstaat, een wreed volk, dat de oude mensen niet ontziet en geen medelijden heeft met de jeugd' (Deut. 28:49-50) slaat allereerst op de Assyriërs (Jes. 28:11; 33:19), maar kan later ook betrekking hebben op de Babyloniërs: 'Zijn taal verstaat u niet en u begrijpt niet wat het zegt' (Jer. 5:15). 'Niet langer zal Juda de arrogante bezetters zien die in een vreemde, arrogante en intimiderende taal spreken. De taal van het geloof – Juda's moedertaal ("moerstaal") is nu het enige geluid wat wordt gehoord.'[273]
Israël heeft de vreemdtaligheid van Egypte ervaren als symptoom van vreemdheid, vijandschap en levensbedreiging. De Egyptenaren waren in hun ogen een volk waarmee niet te communiceren viel. 'Israël in Egypte' stond voor thuisloos zijn, hulpeloosheid, isolement en een pariabestaan. Het opbreken tot nieuw bestaan is Israëls eigenlijke bestaan.[274]
Na de eerste strofe van twee regels van Psalm 114, die de exodus uit Egypte beschrijven, volgen woorden over de tweede, de intocht[275] in het beloofde land. Er geschiedt iets onverwachts, een wonderbaarlijk nieuw verband, een nieuw verbond na de breuk van de knellende band van Egypte. Israël zelf wordt nu Gods heiligdom, zijn koningschap (Ps. 114:2). God brengt hen 'naar zijn heilige grond' (Ps. 78:54). Want na de verlossing uit Egypte leidde God het volk door de woestijn naar het heilige gebied (Ex. 15:13). In de vertaling van Oussoren: 'Gij leidde in Uw vriendschap deze gemeente, en hebt die verlost, door Uw kracht voortgeleid naar de weide van Uw heiligdom.' Dat slaat

273 Brueggemann, Isaiah 1-39. 265. Vgl. Lundbom, 789.
274 Zenger (1980), 129.
275 *eisodos.*

op de tempel van Jeruzalem en het gebied daaromheen (vgl. Jer. 25:30; 31:23).[276] De exodus loopt uit op het binnengaan in het beloofde land.

Na de verwoesting van Jeruzalem spreekt Henoch van een nieuw Jeruzalem en ontwikkelt zich de gedachte van 'een nieuw huis groter en verhevener dan de eerste die neergezet werd op de plaats van de eerste' (1 Hen. 90:28-29). Volgens Baruch wordt het preëxistente Jeruzalem op de Sinaï aan Mozes getoond, naar welk voorbeeld het aardse heiligdom zal worden gebouwd (2 Bar. 4:2-6. Vgl. Gal. 4:26; Hebr. 12:22; Op. 3:12; 21:2, 9; 22:5).[277]

In de Koran wordt verteld hoe God het volk dat voorheen werd onderdrukt het oostelijk en westelijk gedeelte van het land gaf, dat wil zeggen: 'het hele land, dat Wij (God) gezegend hebben'. Die uitdrukking herinnert aan de psalm die door de liturgie in het bijzonder bekend is geworden: 'Vanaf het rijzen van de zon tot aan haar dalen moet de naam van de HEER geprezen worden' (Ps. 113:3).[278] Daarmee ging het goede woord van Gods belofte aan het volk Israël in vervulling (*Q* 7:137. Vgl. Gen. 12:7; 13:15; 15:18; 17:18; 24:7; 26:3; 48:4; Ex. 32:13).

In de Koran worden Jeruzalem en het heilige of beloofde land steeds aangeduid als 'de verste plaats waar je je neerbuigt',[279] naast de 'nabije gewijde plaats waar je je neerbuigt',[280] die op de Ka'ba in Mekka slaat. Daar wordt dan aan toegevoegd: 'wier omtrekken God heeft gezegend', in de Koran een aanduiding voor het heilige land (*Q* 17:1). Abraham en Lot werden daarheen gered (*Q* 21:71). Aan koning Salomo werd de wind dienstbaar gemaakt en de stormwind spoedde op Gods bevel naar 'het land dat Hij gezegend heeft' (*Q* 21:81).

In de Koran wordt verteld over de woonplaatsen van Seba (Saba'), dat vooral bekendheid geniet vanwege het bezoek van de koning van Scheba aan koning Salomo (1 Kon. 10:1-13; *Q* 20:20-44).[281]

Tussen de Sabeeërs en 'de steden die wij gezegend hebben' legde God pleisterplaatsen aan, om dag en nacht veilig te kunnen reizen (*Q* 34:18).

De verkiezing van Israël heeft als doel dat Israël 'de plaats zal zijn van zijn bijzondere presentie'. Misschien heeft Gerrit Achterberg op zoiets gezinspeeld met zijn woorden: 'De mens is voor een tijd een plaats van God.' Het is de Heer van de hele aarde die Israël verkiest om zichzelf daar te open-

276 Fischer & Markl, 169.

277 Speyer, 385.

278 Speyer, 348.

279 *al-masjdid al aqsa.*

280 *al-masjdid al-harâm.*

281 Vgl. Wessels (2011), hoofdstuk VI.

baren als de 'God van Jakob', op zo'n wijze dat de hele aarde de 'God van Jakob' zal erkennen.
Wanneer het huis van Jakob in een vijandige wereld met een vreemde taal wordt gelokaliseerd, wordt daarmee tot uitdrukking gebracht dat Israël thuisloos en bedreigd is. Maar aan deze conditie komt een einde door de eerste en tweede exodus uit respectievelijk Egypte en Babel. Dan wordt het heiligdom van de HEER 'een plaats voor God', de plaats van waaruit Hij zijn koninklijke heerschappij uitoefent over de naties en van waaruit Hij de volken een nieuwe taal zal geven. Het gaat om de transformatiekracht die aan de 'God van Jakob' wordt toegeschreven. Hij maakt rotsen tot een waterval en graniet tot een borrelende bron (Ps. 114:8). Dat wil zeggen dat Hij belooft om de taal van al de volken te transformeren.
Dezelfde visie komt je tegen bij de profeet Sefanja. Hij behoort tot een van de negen 'kleine profeten' die vóór de Babylonische ballingschap leefden.[282] Deze profeet trad op in Jeruzalem en leefde in de tijd van koning Josia. Hij gaf de aanzet tot de hervorming die Josia doorvoerde nadat hij het wetboek in de tempel had gevonden. Hij stelde de redding van de naties voor ogen die zou plaatsvinden als de HEER hun taal zou transformeren: 'Dan geef Ik mijn volk andere lippen, reine lippen, om de naam van de HEER aan te roepen en Hem te dienen, zij aan zij' (Sef. 3:9). De nieuwe en juiste taal wordt gekarakteriseerd door het feit dat de mensen niet langer valse goden aanroepen (Moloch: 'vernietigingsmacht' en Mammon: 'geldmacht'), maar de ware God dienen: recht doen en liefhebben. Dan wordt de fundamentele (Babylonische) spraakverwarring tussen Israël en de volken tenietgedaan, ook al spreken zij nog steeds verschillende talen. Volgens Psalm 114 staat dit te gebeuren als Israël wegtrekt uit de wereld van de vreemde, dat is de vijandige en afgoden aanbiddende taal en zij werkelijk de plaats worden waar God zijn dominium uitoefent. Dat is de boodschap: 'Ja, zij noemen zich naar de heilige stad, en steunen op de God van Israël' (Ps. 114:2).[283]
God is het die bij de uittocht aan het hoofd van zijn volk voorttrok door de woestijn (Ps. 68:8). Hij zet het uitgaan en het voortgaan in gang. De uitspraak: 'Juda werd zijn heiligdom, Israël het gebied van koninklijk domein' (Ps. 114:2) spreekt niets slechts over Israël, maar ook over God. God heeft de voorwaarden geschapen voor een nieuw bestaan. Terwijl de goden van

282 Er zijn twaalf 'kleine profeten'. Zij worden zo genoemd omdat hun boeken minder omvangrijk zijn dan die van de 'grote profeten', van wie Jesaja de 'grootste' is.
283 Hossfeld & Zenger (2011),187-195.

de volkeren standbeelden en tempels als media voor hun openbaring hadden, openbaart de God van Israël zich in de levende tempel van JHWH, de plaats waar de HEER in vrijheid geprezen en gedankt wordt, waar de vrijheidsfeesten gevierd worden en die vrijheid ook aan anderen wordt doorgeven. Het volk wordt Gods heiligdom, de levende plaats van zijn tegenwoordigheid. Een heiligdom niet voor zichzelf, maar voor de volkeren. In en vanuit zijn heiligdom begint JHWH de gehele wereld te veranderen. De HEER heeft Israël onder de koningswet geplaatst opdat het volk de ideale maatschappij zou zijn, met als grondwaarden leven, vrijheid en broeder- en zusterschap. Aan Israël moet zichtbaar worden dat 'ja' zeggen tegen Gods heerschappij de basis vormt voor deze vorm van samenleven en dat dit een humanere en rechtvaardigere maatschappij mogelijk maakt.[284]

Overwinning van de spraakverwarring

Na Pasen komt Pinksteren. Als de tegenhanger van de Babylonische spraakverwarring staat het gebeuren van Pinksteren, de uitstorting van de Geest van God, exemplarisch voor de vernieuwing van de gemeenschappelijke taal. Pinksteren wordt gevierd op de vijftigste dag na Pasen (Lev. 23:15-16; Deut. 19:9), voor de joden het 'Wekenfeest', zeven weken na de uittocht (Ex. 34:22; Num. 28:26). Het is het slotfeest van de paastijd en ook een bedevaartfeest. In Jezus' tijd bracht dit feest vele pelgrims samen in Jeruzalem (Hand. 2:5vv; 20:16; 21:27). De rabbijnen verklaarden het als feest van de wetgeving op de Sinaï. Zo werd het dus een herdenkingsdag van de openbaring op de Sinaï.[285]

In Handelingen 2:1-4 wordt het gebeuren op het pinksterfeest als volgt beschreven: 'Toen de dag van Pinksteren aanbrak, waren zij allen op één plaats bijeen. Plotseling kwam er uit de hemel een geraas alsof er een hevige wind opstak, en het vulde heel het huis waar zij waren. Er verschenen hun vurige tongen, die zich verspreidden en zich op ieder van hen neerzetten. Zij raakten allen vol van de heilige Geest en begonnen te spreken in vreemde talen, zoals de geest hun ingaf' (Hand. 2:1-4). Die vurige tongen kunnen met Gods verschijning bij de Sinaï in verband gebracht worden (vgl. Ex. 19:18, waar God in vuur neerdaalt). De joodse uitleg vatte het hemelse vuur op als beeld van de gave van de Thora, de wet Gods.[286] 'De atmosfeer wordt

284 Zenger (1980) 130.

285 *B.W.*, s.v. Pinksteren.

286 *KBS* op Hand. 2:3.

als het ware geëlektrificeerd door Gods tegenwoordigheid.'[287] De Godsverschijning kwam met vuur en wind (Ex. 19:17-18; 24:16-17; Hebr. 12:18). God sprak met luide stem vanuit het vuur en de donkere wolk (Deut. 5:22. Vgl. Ex. 24:16). Het kenmerkende van de openbaring is dat er alleen geluid is en geen visuele presentie van God. God sprak en het volk hoorde. Er wordt gezegd dat het volk een ontmoeting met God had 'van aangezicht tot aangezicht', maar het hoorde God daarbij alleen spreken (Deut. 5:4).[288] Toen dat geluid op de pinksterdag gehoord werd, liep de menigte te hoop en raakte in verwarring, omdat iedereen hen in zijn eigen taal hoorde spreken. Ze stonden versteld en vroegen zich verwonderd af: 'Maar dat zijn toch allemaal Galileeërs die daar spreken?! Hoe is het dan mogelijk dat ieder van ons de taal, in het eigen dialect[289] van zijn geboortestreek hoort? Parten en Meden en Elamieten en bewoners van Mesopotamië, Judea en Kappadocië, Pontus en Asia, Frygië en Pamfylië, Egypte en het Libische gebied bij Cyrene, en hier woonachtige Romeinen, Joden en proselieten, Kretenzen en Arabieren, wij horen hen in onze eigen taal spreken over de grote daden van God' (Hand. 2:7-11).[290] Op de pinksterdag treedt de Geest in de plaats van de Thora. De 'Geest' deelt zich mede in de gemeente, waarbij ieder in zijn eigen taal getuige is van de grote daden Gods. Door hun enthousiasme, door de Geest gedreven en in één gemeenschap verbonden met elkaar, gingen zij communiceren.[291]

Door de Geest vervuld hoorde iedereen de Gallileeërs in zijn eigen taal spreken (Hand. 2:6). Dit bericht wordt verbonden met het verhaal van de spraakverwarring bij de bouw van de toren van Babel (Gen. 11) en de toenmalige splitsing van de ene taal van de mensen en daarmee de opsplitsing van de mensheid in vele volkeren. In dit verhaal gaat het dan om de nieuwe hereniging van alle volken die elkaar verstaan via de gemeenschappelijke taal van de Geest. Met andere woorden: op Pinksteren wordt de toestand van de oertijd op een hoger niveau hersteld. Volgens een joodse voorstelling werd verwacht dat de voor de oertijd gemeenschappelijke taal van de gehele kosmos (de dieren inbegrepen) dienovereenkomstig voor de eindtijd weer gemeenschappelijke zou worden. Terwijl Lucas, de auteur van

287 Fischer & Markl, 218, waar J. Durham wordt aangehaald.

288 Lundbom, 240-241.

289 *idiai dialektoi.*

290 Strach & Billerbeck, II, 603 vv. Deze tongen verschenen ook op de Sinaï toen de wet aan de volken der wereld werd verkondigd.

291 *B.W.*, s.v. tongen van vuur.

het boek Handelingen, de Geest zag werken, spreekt de evangelist Johannes van het mededelen van de Geest aan de leerlingen: 'Na deze woorden ademde Jezus over hen. "Ontvang de heilige Geest"' (Joh. 20:22). Dat doet denken aan God die de mens de levensadem inblies waardoor de mens een levend wezen werd (Gen. 2:7. Vgl. Ezech. 37:9). Paulus spreekt over Gods liefde die in onze harten is uitgestort door de heilige Geest (Rom. 5:5) en de inwoning van de Geest in de harten (Rom. 8:9,11; 1 Kor. 3:16).[292]

Maimonides en de 'tale Kanaäns' met reine lippen gesproken

De vermaarde joodse denker Mozes Maimonides (1135-1204) werkte in de Arabische, door de islamitische politiek overheerste wereld. De grootmachten van zijn tijd waren islamitisch én christelijk. Hij werd in Cordoba, het Moorse Spanje, geboren, dat een paar eeuwen later zou worden heroverd in de reconquista van de 'allerchristelijkste vorsten' (Ferdinand en Isabella). Karel V bouwde in het al-Hamra in Granada zijn paleis in de voormalige zetel van de islamitische vorsten. Bij de christelijke herovering van Spanje werden niet alleen de moslims verdreven maar ook de joden!

Toen Maimonides zelf eerder al moest uitwijken vanwege een nieuw puriteins 'fanatiek' moslimbewind dat was aangetreden, nam hij echter niet de toevlucht tot 'het christelijke Europa', want dat was voor de joden nog onveiliger. Hij week vanuit het Arabische Westen, het westelijke gedeelte van de Arabische wereld (Maghreb, 'Marokko'), uit naar het oostelijke gedeelte het Arabische Oosten (de Mashrik), dat wij het Midden-Oosten noemen. Hij vestigde zich in Cairo, waar hij de lijfarts werd van de beroemde vorst Saladin, die de kruisvaarders uit Jeruzalem zou verdrijven. Maar Maimonides was behalve filosoof en arts ook een 'arts van zielen'. Voor talloze joden toen (en ook daarna) was hij een gids. Dat waren vooral joden die zich bedreigd wisten in hun identiteit door christenen en moslims. Maimonides vroeg zich af wat te denken van die twee bewegingen, die toch op een of andere manier voortgekomen waren vanuit 'zijn' jodendom. Afschrijven als vijanden? Is er ooit een verzoening met hen denkbaar? Is er een gemeenschappelijke grond voor samenwerking, samenleving en gesprek? Is er een gemeenschappelijke taal? Wat dat laatste betreft was het geen kwestie van 'talenkennis', want die bezat hij zelf in ruime mate. Deze jood schreef zijn beroemde De gids der verdoolden in het Arabisch. En uiteraard kende hij Hebreeuws. Nee, hij wist dat joden, christenen en moslims alle drie de taal van de Schrift, van de openbaring van God aan Mozes en de openbaring

292 Stählin, 38

aan Jezus én wat hem betreft ook de openbaring van God aan Mohammed kenden. Dat valt op te maken uit wat hij schrijft over die relatie tussen joden, christenen én moslims: 'Het gaat het menselijke denken te boven om de plannen van de Schepper te peilen. "Want onze wegen zijn niet zijn wegen, noch onze gedachten zijn gedachten"' (Jes. 55:8). Hij zegt met andere woorden dat hij het eigenlijk ook allemaal niet precies weet. Maar hij gelooft kennelijk dat God zijn onnaspeurlijke weg met alle drie gaat: met joden, christen én moslims. 'Onze menselijke wegen zijn niet zijn, Gods wegen.' Maar hij vervolgt dan wel met: 'Alle zaken die betrekking hebben op Jezus van Nazaret en de Ismaëliet (met wie hij Mohammed bedoelt) die na hem kwam, dienden duidelijk de weg van de koning Messias om de hele wereld voor te bereiden om God eensgezind te aanbidden, zoals geschreven staat: "Maar dan zal Ik de volken andere reine lippen geven, opdat zij Hem dienen zij aan zij (schouder aan schouder)" (Sef. 3:9).' Maimonides wist die gemeenschappelijke taal zelf te hanteren, die taal die alleen met reine lippen kan worden gesproken. Hij zag een gemeenschappelijk visioen voor de toekomst.

De vraag die ook vandaag aan ons gesteld blijft worden, is of joden, christenen en moslims die taal ook kennen, of (opnieuw) kunnen leren en een dergelijk visioen kunnen ontvouwen voor onze verscheurde wereld, waar de botsing van culturen en godsdiensten, met name de clash tussen jodendom, christendom en islam, als de oorzaak van alle ellende wordt gezien. Ida Gerhardt schreef in een bepaald verband: 'En ik geloof dat je, met name in de poëzie, "geen twee talen kunt dienen".'[293] In het midden gelaten wat Ida Gerhardt zelf ermee bedoelde: wil de wereld leefbaar zijn, dan mag het duidelijk zijn welke taal gediend moet worden.

De Arabieren in het noorden en zuiden van Arabië

Het Arabisch Schiereiland wordt vanouds onderscheiden in 'Arabia Felix' in het zuiden, dat 'gelukkig' genoemd wordt omdat het de regen van de moessons uit de Indische Oceaan ontvangt en daardoor vruchtbaar is, en 'Arabia Deserta' in het noorden. Dat correspondeert met de traditionele verdeling van de Arabieren in de zuidelijke Arabieren, die afstammen van Qahtân, geïdentificeerd met Joktan uit de Bijbel (Gen. 10:25-29; 1 Kron. 1:19-23),[294] en de noordelijke Arabieren, die er aanspraak op maken van

293 Koenen, 516.

294 Het gaat om de lijn van Sem die op Abraham uitloopt. Die komt in de volkerenlijst aan de orde als deel van de familie van het menselijke geslacht. De

'Adnân af te stammen, en via hem van Ismaël, de zoon van Abraham.[295] Volgens een populaire traditie was Ismaël de eerste die Arabisch gesproken heeft.[296]

In het zuiden van Arabië was het jodendom sterk vertegenwoordigd. De joden zijn waarschijnlijk naar Arabië gekomen na de verwoesting van Jeruzalem in 70 n.Chr. en na de joodse opstand in 135. De vermaarde Rabbi Akiba zou een reis gemaakt hebben om de daar wonende joden te bezoeken. Het feit dat er over christenvervolging wordt gesproken wijst erop dat het christendom toen ook al een vrij grote betekenis had.[297]

Zowel de noordelijke als de zuidelijke stammen waren verdeeld in 'lieden van het huis'[298] of 'lieden van de geiten',[299] oftewel: bedoeïenen uit de woestijn, de wildernis[300]. 'Arab' betekent bedoeïen. De bedoeïenen van de noordelijke en centrale woestijnen zijn de 'zonen van 'Adnân'.[301] De Arabieren uit het noorden worden beschouwd als 'gearabiseerde Arabieren', terwijl de Arabieren uit het zuiden als de 'ware' Arabieren worden gezien. Zij worden beschouwd als afstammelingen van Sem, de zoon van Noach (Gen. 5:32), die met Noach in de ark was.

De Arabieren uit het zuiden worden ook wel 'de verloren of verre Arabieren' genoemd. Hun identiteit is ondergegaan in die van andere volken, volken die in de Koran uitdrukkelijk worden genoemd: het volk van 'Âd, en Thamûd. De Arabisch profeet Hûd werd tot het volk van 'Ad gezonden, en Sâlih naar het volk van Thamûd. Beide profeten werden echter afgewezen. Volgens de korancommentaren vochten de kinderen Israëls na de exodus uit Egypte in de woestijn tegen overblijvers van de stam 'Ad, die dus traditioneel in het zuiden wordt gelokaliseerd.

Na de dood van de profeet Mohammed in het jaar 632 ontstonden verschillen tussen de emigranten (*muhadjirûn*) die oorspronkelijk in het jaar 622

bijzondere aandacht voor Sem komt in het volgende hoofdstuk, Gen. 11:10-29, aan bod. Brueggemann (1983), 92.

295 De naam 'Adnân komt in Nabatese inscripties uit Noordwest-Arabië voor, en ook in Thamudische. De naam werd meegenomen naar het zuiden via de wierookroute. *E.I.*, s.v. 'Adnân.

296 Kramers, 7.

297 Attema (1949), 7.

298 *ahl al-madar.*

299 *ahl al-wabar.*

300 *badîya.*

301 Glassé, s.v. 'Adnân.

met Mohammed waren meegetrokken uit Mekka naar Medina (Arabieren uit het noorden) en de moslims uit Medina, die 'helpers' (*ansâr*) worden genoemd. De groep 'emigranten' kwam na vestiging in Medina – dat 'stad' betekent, namelijk stad van de profeet Mohammed – in conflict met de inheemse moslims in die stad. Die inheemsen uit Medina waren oorspronkelijk van Zuid-Arabische origine. Later, na de dood van Yazîd I, de zoon van de stichter van de dynastie van de Omajjaden in Damascus, ontstond een twist tussen de Qays, een Noord-Arabische tribale groep, en de Kalb, een zuidelijke tribale groep. Deze twist duurde voort gedurende het gehele Omajjadische kalifaat (tot 750) in Damascus.[302]

Er was in het zuiden van Arabië sprake van sterke invloed van Ethiopië op de christenen.[303] De contacten van Mohammed met de christenen zou je kunnen aflezen aan de 'Ethiopische leenwoorden' die in de Koran worden aangetroffen. Zo worden de 'apostelen' van Jezus *al-hawâriyyûn* genoemd (*Q* 3:45; 5:112; 61:14), de 'hel' aangeduid met *djahannam*, de 'duivel' met *al-shaytân* en wordt voor 'afgoden' het woord at-tâdjût gebruikt. De duivel wordt 'vervloekt' (*râdjîm*) (*Q* 3:31; 15:17, 34; 16:100; 81:25; 38:78) en 'huichelaars' heten *al-munâfiqûn*. God wordt als 'Schepper' *fâtir* genoemd. Verder valt te denken aan de aan het Ethiopisch ontleende woorden voor 'kansel' (*minbar*) en voor 'heilig boek' (*mishaf*). Ook werd de wijdverbreide Godsnaam al-Rahmân in de Koran veelvuldig voor God gebruikt.[304] De titel van het vijfde hoofdstuk van de Koran luidt *'al-ma'ida*, een Ethiopisch woord voor 'de tafel des Heren'.

Als in de Bijbel wordt verteld over de uittocht van het volk Israël uit Egypte, wordt gezegd dat er ook veel 'gemengd volk' met hen optrok (Ex. 12:38). Die meelopers, dat 'samenraapsel' wordt in het Hebreeuws weergegeven met *'arab*, waarmee de Arabieren worden aangeduid! 'De Arabieren zijn dus van het begin af aan met Israël verweven geweest.'[305] 'Dat meetrekkende 'mengvolk' is een bewijs daarvoor dat God universeel vrijheid wil schenken en dat anderen zich bij de weg van Israël mogen en kunnen aansluiten'.[306]

Het woord *'ârab*, als bijvoeglijke naamwoord *'ârâbî,* betekent oorspronkelijk in voor-islamitische Noord- en Zuid-Arabische inscripties 'nomaden van de Syro-Arabische woestijn'. De bewoners van Dedan, nakomelingen

302 Glassé, s.v. Arab'.

303 Zie het hoofdstuk 'De woestijn en de stad'.

304 Attema, (1949), 13-14.

305 Barnard, 57 en de noot aldaar; Köhler, s.v. 'Arab.

306 Fischer & Markl, 141.

van Cham (Gen. 10:7) of van Abraham en Ketura (Gen. 25:3) en Tema, zijn nomaden die van oudsher deelnamen aan de karavaanhandel op de wegen waarlangs wierook werd vervoerd (1 Kon. 10:14-15 = 2 Kron. 9:13-14. Vgl. Jes. 21:13; Ezech. 27:20-21; 38:13). In de profetie van Jesaja over Arabië worden zij toegesproken (Jes. 31:13-17). De oase Dedan, die in de volkerentafel voorkomt, komt bij de profeten tussen 700 en 580 v.Chr. ter sprake. Zo wordt in levendige kleuren geschilderd hoe een aanzienlijke karavaan Dedanieten, waarschijnlijk onderweg langs de grote handelsweg van Gaza naar Medina, overvallen werd door legerscharen die met zwaarden, bogen en pijlen waren uitgerust. De Dedanieten moesten daardoor vluchten naar de opzij van de weg gelegen oase Tema, welker inwoners de profeet oproept om hen met oosterse gastvrijheid tegemoet te treden. Karavanen uit Dedan dreven handel met Tyrus en de Dedanieten werden als aanzienlijke zakenlieden beschouwd (Ezech. 27:13). Ze worden naast de Sabeërs in Zuid-Arabië als een belangrijk handelsvolk genoemd (Ezech. 38:13). De profeet Jeremia waarschuwde de Dedanitische karavanen om het gebied van de noordelijk van hen wonende Edomieten te vermijden vanwege het oordeel dat over Edom zal losbarsten (vgl. Ezech. 25:13).[307] Dedan is de ten zuiden van Edom gelegen hoofdstad van dit volk; dat is nu een oase in de noordelijke Hidjâz.[308]

De hidjra-grammatica

Zoals Abraham wegtrok uit Ur der Chaldeeën en brak met koning Nimrod, de vorst van Assur, Babel én Nineve; zoals Lot wegtrok uit Sodom en Gomorra alvorens deze steden werden 'omgekeerd'; zoals Mozes de exodus van de kinderen Israëls uit Egypte leidde en Jezus die in Jeruzalem[309], zo trok Mohammed weg uit het afgodische Mekka en leidde hij in het jaar 622 zijn gemeenschap naar Medina.

Mohammed kwam met een boodschap die de boodschap van de Bijbel, zowel Tenach (*Tawra*) als het Nieuwe Testament (*Indjîl*), bevestigde. Met name Abraham, Mozes en ook Jezus nemen een belangrijke plaats in zijn boodschap in. Al die exodussen komen ook in de Koran voor.[310] Het gaat

307 Attema (1961), 35-36.

308 *B.W.* s.v. Dedan.

309 Op de berg van de verheerlijking of transfiguratie sprak Jezus met Mozes en Elia over zijn levenseinde: over zijn wegtrekken, zijn uitgang of zoals er letterlijk staat in het Grieks 'zijn exodus in Jeruzalem' (Luc. 9:30-31).

310 Vgl. Wessels (2011), hoofdstuk IV.

steeds om een wegtrekken uit een vijandige wereld met een vreemde taal. In Mohammeds tijd was dat het leiderschap van de afgodische en onrechtvaardige leidslieden van zijn vaderstad Mekka én in de wijdere wereld die van de imperialistische grootmachten van het Oost-Romeinse of Byzantijnse rijk enerzijds en het Perzische anderzijds. De stad Constantinopel, door Constantijn de Grote gesticht en naar hemzelf genoemd, werd als het 'tweede Rome' gezien, en was in het Arabisch bekend als Rûm.

Verteld wordt dat de overgrootvader van Mohammed van de Kaysar een brief ontving met een vrijgeleide voor de kooplieden van Mekka die Syrië wilden bezoeken. Kaysar was in het Arabisch de gebruikelijke naam voor de Byzantijnse keizer. Voor de Ghassânieden en al de bewoners van Noord-Arabië was de Byzantijnse keizer de hoogste heerser, zoals Kisrâ, de koning van de Perzen, dat was voor de Lakhmieden en al de inwoners van het gebied dat zich tot aan de Perzische Golf uitstrekte. Voor latere Arabische dichters zijn Kaysar en Kisrâ nog een gebruikelijk symbool voor macht en rijkdom.

Al komt het woord Kaysar niet voor in de Koran, het wordt wel genoemd in de biografie van de profeet Mohammed, in de overleveringen en in de korancommentaren. De vermaarde Byzantijnse keizer in de tijd van Mohammed was Heraclius. Hij werd 'de grote keizer'[311] of 'koning van het tweede Rome'[312] genoemd. Dat geldt ook voor zijn beide eerste opvolgers, de kaliefen Abû Bakr en 'Umar. De Byzantijnen leden in 614 een nederlaag tegen de Sassanidische Perzen, waarbij de stad Jeruzalem werd ingenomen. In 622 opende Heraclius het offensief tegen de Perzen en in 627 won hij een beslissende slag in Nineve. In 630 wist hij de stad Jeruzalem te heroveren, hetzelfde jaar waarin Mohammed Mekka innam! De Koran zinspeelt op dit laatste gebeuren in het dertigste hoofdstuk dat de naam Rûm draagt: 'De Byzantijnen werden overwonnen in het nabij gelegen gebied (het direct aan Arabië grenzende gebied: Syrië/Palestina), maar zij zullen nadat zij overwonnen zijn, op hun beurt overwinnen. De gelovigen zullen zich daarover verheugen' (Q 30:2-3).[313] Dat wijst duidelijk op de sympathie die de volgelingen van Mohammed destijds voor de Byzantijnse christenen voelden.

Mohammed stuurde zelf een brief aan de gouverneur van Bosrâ in Syrië en via hem aan de keizer Heraclius. Verteld wordt dat de keizer Abû Sufyân, de leider van Mekka, ondervroeg over de nieuwe profeet, en in tegenstelling

311 *kaysar 'azîm.*

312 *malik al-Rûm.*

313 Paret (1971) op. Q 30:2-5, p. 388.

tot Kisrâ, de Perzische koning, geneigd zou zijn geweest tot de islam over te gaan. Alleen vrees voor zijn onderdanen weerhield de keizer de nieuwe godsdienst openlijk te belijden.
In de tijd van de onderhandelingen,[314] waarbij Mohammed probeerde met de toen nog ongelovige Mekkaanse leiders tot een vergelijk te komen om een jaar later een pelgrimstocht[315] naar Mekka te verrichten, vertelt 'Urwa ibn Masûd,[316] die de profeet in zijn kamp had opgezocht, aan zijn Mekkaanse stadsgenoten: 'Ik ben bij Kisrâ geweest in zijn koninkrijk (Perzië) en bij Kaysar in zijn koninkrijk (Byzantium) en de Negus in zijn koninkrijk (Ethiopië), maar nooit heb ik een koning gezien onder een volk zoals Mohammed onder zijn metgezellen.'[317] Voor de Arabieren verpersoonlijkte Kisrâ het Sasannidische koningschap, dat een combinatie van afgunst, ontzag en vrees opriep. Zij noemden de hoofdstad Ctesiphon (Madâ'in Kisrâ). De 'seculariteit' van Kisrâ werd gecontrasteerd met de moslimspiritualiteit. Kisrâ verscheurde de brief van Mohammed waarin deze hem uitnodigde tot de islam.[318]

Het duidelijke Arabisch

Er is een lange moslimtraditie die het Arabisch van de Koran op zichzelf als een wonder beschouwt en als een bewijs ziet van de waarheid van het woord van God. De Arabist Achille Ratti, die later paus Pius de XII zou worden, bracht telkens weer de voortreffelijkheid van een andere grote klassieke taal, het Latijn, naar voren. 'De Kerk, zo heet het in de Apostolische brief van 1 augustus 1922, behoeft een van nature algemene, onveranderlijke taal, die niet de volkstaal is. Aangezien de Latijnse taal van die aard is, is zij van hogerhand bestemd geworden om tot een wonderbaarlijk

314 *in al-Hudaybiyya.*

315 De *hadjdj.*

316 Hij was een leider van Tâ'if, die als eerste van zijn stam een metgezel werd van Mohammed. Hij werd door zijn medeleiders gedood vanwege zijn prediking van de islam.

317 *E.I.*, s.v. 'Kaysar'. 1; Ibn Hisham, 745; Guillaume, 503. De godsdienstige en militaire gronden waarop in de voor-islamitische periode het respect voor de keizer had berust, verdwenen in de eerste eeuwen van de islam. De nieuwe attitude wordt gereflecteerd in aanduidingen voor de keizer als tâghiya, 'tiran', of een uitdrukking als kalb al-Rûm, de 'hond van de Romeinen', gebruikt door Hârûn al-Rashîd in zijn adres aan Niceophorus. Zie *E.I.*, s.v. Kaysar, 2.

318 *E.I.*, s.v. Kisrâ.

hulpmiddel te worden voor de Docerende Kerk.'[319]
Hier wil ik alleen ingaan op het feit dat je ook in de Koran kunt spreken van tweetaligheid in de zin van de tale Kanaäns en de vreemde taal. Met de vreemde taal wordt niet bedoeld dat het niet-Arabisch is, zoals in de Tenach het niet om niet-Hebreeuws gaat.
De betrouwbare Geest van God heeft de Koran in Mohammeds hart in duidelijke Arabische taal geopenbaard, zoals ook de taal in de oude boeken[320] van de vroegere generaties. Was dat voor de Arabische tijdgenoten dan niet een teken voor de waarheid van de openbaring van de Koran en voor het feit dat de geleerden van de kinderen Israëls daarvan kennis droegen? 'Wanneer Wij het (boek) aan niet-Arabieren[321] geopenbaard hadden en als zij hem dan hen in hun eigen taal hadden voorgelezen of voorgedragen,[322] hadden zij er überhaupt geen geloof aan gehecht' (*Q* 26:195-199).[323]
De Koran is de Arabische Koran (*Q* 11:2; 16:103; 20:113; 26:195; 39:28; 41:3; 42:7; 43:3) en niet een vreemdtalige (*Q* 41:44). God heeft de Koran in Mohammeds eigen Arabische taal begrijpelijk gemaakt, met de bedoeling dat hij daardoor de Godvrezenden de blijde boodschap kon brengen en de twistzieke lieden kon waarschuwen (*Q* 19:97. Vgl. 44:58).[324] Daarin deed de profeet Mohammed niet anders dan de profeten vóór hem. Het Boek van Mozes is een richtsnoer en bewijs van goddelijke barmhartigheid die nu door de Koran bevestigd wordt in Arabische tong of taal,[325] om de onrechtvaardigen te waarschuwen en als verblijdend nieuws[326] voor de rechtvaardigen (*Q* 46:12).
Het woord dat gebruikt wordt voor taal is *lisân* ('tong'), de taal waarin het aan Mohammed is geopenbaard. Hij is een boodschapper die naar een volk gestuurd wordt met gebruikmaking van de taal van zijn eigen volk. Voor de Arabieren is dat dus het Arabisch: 'Wij zonden geen boodschapper dan met de taal van zijn volk, zodat hij (het) hun duidelijk moge maken' (*Q* 14:4). Dat gold ook voor de vroegere profeten; ook zij spraken in de taal van hun volk.

319 Kramers, 27.
320 *zubur.*
321 *'adjamîna.*
322 *qara'u.*
323 *E.Q.*, s.v. Arabic language.
324 Paret (1971) op *Q* 19:97.
325 *lisân.*
326 *bushrâ.*

Wanneer gezegd wordt dat de Koran geopenbaard is in duidelijk Arabisch (*Q* 26:195), kun je zeggen dat de Koran de 'tale Kanaäns' gebruikt in de bovengenoemde zin van het woord. Dus een taal die staat tegenover het onzuivere, leugenachtige, vreemde, bedrieglijke. 'Wij weten wel dat zij zeggen: "Het zijn slechts mensen die hem (Mohammed) onderrichten."[327] De taal waarnaar zij verwijzen is een vreemde,[328] terwijl dit een duidelijke Arabische taal is' (*Q* 16:103).[329] Het is goed om in de eerste plaats te letten op het woord 'onderrichten/leren'.[330] Dat wordt in de Koran vaak gebruikt voor God die de engelen, de mensen en de uitverkoren profeten 'leert' (*Q* 55:2; 96:4-5; 2:32 e.a.). Het is onderricht, zoals Hij aan Adam de namen van alles in de schepping leerde (*Q* 2:31). God leert de profeten de Schrift en de Wijsheid, de Thora en het Evangelie, en de mens in het algemeen zijn wetten. God deelt het weten over het verborgene mee. God wordt immers aangeduid als de wetende van het verborgene.[331] Ook van de demonen wordt gezegd dat zij mensen leren, maar dan geen 'ilm ('goddelijk weten'), maar magie, om mensen in verzoeking te brengen.[332]

Wat is nu precies de betekenis van de 'Arabische taal'[333] van de profetische boodschap, tegenover een vreemde taal? De vertaling van het Arabische woord 'adjamî, dat meestal met 'niet-Arabisch' wordt vertaald, kan beter weergegeven worden met 'een onverstaanbare spraak'. Dus de meest begripvolle vertaling is dan 'duidelijke taal', zodat het een pleonasme vormt met het woord mubîn, dat 'duidelijk' betekent. En wat is dan duidelijk? God heeft aan de mensen in deze Koran allerlei parabels[334] gegeven opdat zij zich zouden laten vermanen. God heeft een Arabische Koran geopenbaard waarin niets staat dat van de rechte weg afleidt, waarin 'niets krom is' (*Q* 39:27-28). Vooral de 'mensen van het boek' (joden of christenen) wordt verweten dat zij gelovigen van die rechte weg willen afleiden en op een kronkelweg willen voeren (*Q* 3:99. Vgl. 7:45, 86; 11:19; 14:3). Dat is een verwijt

327 *mu'allamun.*

328 *a'djamî.*

329 *lisânun 'arabiyun mubînun.* Buhl, 164 noemt deze uitspraak onhelder. Mijn uitleg lijkt mij een betere zin geven.

330 *'allama.*

331 *'alim al-ghayb.*

332 Radscheit, 43-44.

333 *lisân of qur'ân 'arabî.*

334 *mathâlin.*

dat ook Paulus maakte toen hij op Cyprus een joodse magiër tegenkwam, een pseudoprofeet: Barjezus ('zoon van Jezus'), die deel uitmaakte van het gevolg van een zekere Sergius Paulus, een weldenkend man. Die magiër probeerde de proconsul van het geloof af te houden. Toen keek Paulus hem strak aan en zei: 'Duivelsjong (bedoeld als een spottende zinspeling op zijn naam), vol listen en streken, vijand van alle gerechtigheid, wil je wel eens ophouden de rechte wegen van de Heer te doorkruisen!' (Hand. 13:9-10).[335]
In tegenstelling tot de kromme weg wijst de Arabische Koran de 'rechte weg', dat wil zeggen de oprechte verkondiging.[336]
Helaas is het nu eenmaal steeds weer het lot van profeten dat zij vijanden hebben die hen met leugens, verzinsels en valse beweringen bestoken (*Q* 6:112). Ook Paulus heeft weet gehad van dergelijke ervaringen. Hij waarschuwt diegenen in het oog te houden die allerlei tweedracht en ergernis veroorzaken die in strijd is met het onderricht dat zij ontvangen hebben. 'Mijd die mensen die argeloze mensen misleiden met hun vrome en mooiklinkende woorden' (Rom. 16:17-18. Vgl. 1 Kor. 1:17, 21; 2:1, 4-5, 13; 2 Kor. 11:6).[337]
Het lange hoofdstuk over Jozef begint in de Koran met de woorden: 'Dit zijn de tekenen van het duidelijke boek.' God heeft deze geopenbaard als een Arabische reciet of voorlezing, en dat geschiedde natuurlijk hardop. De Koran is niet zozeer het gelezen als wel het gehoorde boek. Mohammeds joodse zegslieden meenden dat zij beter op de hoogte waren van de geschiedenis van Jozef dan hij. Daarom wordt nadrukkelijk bij monde van Mohammed gezegd: 'Wij (dat wil zeggen God) vertellen jullie de schoonste vertelling, mooier dan enige menselijke zegsman dat vermag te doen' (*Q* 2:3).[338]
De Koran die geopenbaard wordt aan Mohammed, wordt duidelijk gezien als iets wat al eerder is gezegd tot de boodschappers vóór zijn tijd. Als God hem in een vreemde taal had gesteld dan zou er aanleiding zijn geweest om te zeggen: 'Waarom zijn zijn verzen en details niet zo uiteengezet dat iedereen het verstaan en begrijpen kan? Wat moet dat? Hij is in een vreemde taal terwijl de profeet Arabisch is?' 'Voor diegenen die geloven is het een rechte leiding en een bron van troost of heling. Degenen echter die niet geloven, zijn hardhorend, stoppen hun vingers in de oren' (*Q* 41:41-44). Zij luisteren er

335 'Wie rechtschapen wandelt, wandelt veilig, maar wie kronkelwegen gaat, wordt ontmaskert' (Spr. 10:9).

336 Radscheit, 45-46.

337 Radscheit, 46-47.

338 Paret (1971) op 12:3.

niet naar, kletsen erdoorheen zodra Mohammed die voordraagt (*Q* 41:26).[339] 'De tegenstelling heeft geen betrekking op de niet-Arabische Koran en zijn Arabische verkondiger (...), maar betreft de onverenigbaarheid van duistere en onduidelijke spraak met de profetische aanspraak om op duidelijke tekenen te wijzen.'[340]

Deze Koran is niet uit de lucht gegrepen zonder dat God erachter stond. Deze is veeleer een bevestiging van de openbaring van vóór Mohammed. Daarom mag er ook niet aan getwijfeld worden (*Q* 10:37. Vgl. 3:3; 2:97; 5:48; 35:31; 46:30; 6:92). De Koran bevestigt deze boodschap van Tawra en Indjîl. Zoals de Tenach de 'blijde boodschap van God' brengt – en niet pas de Indjîl, het Nieuwe Testament, zoals dat vaak in de christelijke uitleg werd gesuggereerd – zo brengt Mohammed ook de blijde boodschap. Hij is de blijde verkondiger ervan en de Koran is er de neerslag van. Het blijkt dat er joden en christenen onder Mohammeds toehoorders aanwezig waren. Daarom kan zelfs gezegd worden dat, indien er twijfel bestaat over datgene wat geopenbaard is, de mensen van het Boek die voorheen de Schrift, Tawra en Indjîl, lazen, gevraagd konden worden om inlichtingen over de inhoud van hun openbaring te geven (*Q* 10:94).[341]

De blijde boodschap van Tenach, Evangelie én Koran

De samenhang binnen het Oude en het Nieuwe Testament én de Koran blijkt als er wordt gekeken hoezeer alle drie gekarakteriseerd worden door de blijde boodschap.[342] Steeds wordt in nieuwe perioden van de geschiedenis die blijde boodschap door de profeten verkondigd. Het is verhelderend om daar een aantal voorbeelden van te bekijken.

Het boek Jesaja bevat boodschappen uit verschillende fasen van de geschiedenis van de stammen van Israël. Zijn orakel kan licht werpen op de verbindingen die er lopen tussen de drie boeken, namelijk de betrekkingen tussen de afstammelingen van Isaak, de stamvader van de joden, én Ismaël, de stamvader van de Arabieren.

Eén van zijn orakels betreft Duma, Arabische nomaden die zich in het noordwesten van het Arabische Schiereiland bevinden. Het is een orakel,

339 Vgl. de vertaling van Paret (1962).

340 Zoals Paret zegt, en met hem vele westerse uitleggers. Zie ook: Radscheit, 89 noot 371.

341 Paret (1971) op *Q* 10:94.

342 bashâra, euangelion, bushrâ

een profetie over deze nomaden die verpersoonlijkt worden door hun voorvader Duma,[343] de zoon van Ismaël (Gen. 25:14; 1 Kron. 1:30). Het orakel luidt: 'Uitspraak over Duma: Men roept mij vanuit Seïr: "Wachter, hoe ver is de nacht? Wachter, hoe ver is de nacht?" De wachter antwoordt: "De ochtend is gekomen, de nacht is voorbij. Als u iets wilt vragen, vraag het dan, kom terug"' (Jes. 21:11-12).

Deze dubbele vraag is gericht aan een wachter die de wacht houdt en luistert naar een woord over de strijd die elders wordt gevoerd. De wachter wacht en luistert, hij hoopt dat hij het verlossende woord mag vernemen van de uitslag van die strijd. De vraag is in feite: 'Hoe laat is het?' 'Is de nacht al bijna voorbij?' Waarop het antwoord luidt: 'Het is nog nacht, maar de dag komt spoedig. Vraag het later opnieuw.' Vraag en het antwoord zijn nauw verbonden met de ultieme strijd tegen Babel. Er wordt gewacht op het moment dat Babylon verslagen zal worden. De *nacht* slaat dan op het lange seizoen van onderdrukking onder de heerschappij van Babel en de *morgen* of de nieuwe dag zal verademing en verlossing inhouden. De wachter twijfelt er niet aan dat het goede nieuws spoedig zal komen.

Een andere wachter zal later, aldus de *Tweede Jesaja*, het nieuws van die nederlaag van Babel ontvangen en doorgeven: 'Hoe welkom zijn, op de bergen, de voeten van de vreugdebode die vrede meldt, van de vreugdebode met goed nieuws, die een boodschap van heil laat horen en tegen Sion zegt: "Uw God is koning!"' (Jes. 52:7). God regeert als koning van de wereld in Sion.[344] De nieuwe boodschap die moet worden geproclameerd, wordt uitgeroepen met gebruikmaking van vijf gebiedende wijzen: '*Klim op* een hoge berg, met uw boodschap van vreugde, Sion, *verhef* met kracht uw stem, Jeruzalem, bode van vreugde, *verhef* haar, en *wees* niet bang. *Zeg* tegen de steden van Juda: "Hier is uw God." *Hier is* de Heer GOD' (Jes. 40:9-10).

De essentie van deze toespraak is zo beslissend omdat voor het eerst opzettelijk de term 'evangelie' wordt gebruikt in het Oude Testament. Deze heraut moet het evangelie aankondigen aan de steden van Juda. Die boodschap wordt samengevat in: 'Hier is uw God.' De Babyloniërs construeerden in hun arrogantie een wereld zonder God: 'Is dat niet het Babel dat ik (Nebukadnessar) gebouwd heb?' (Dan. 4:30). Babel met haar hangende

343 Dit kan de zoon van Ismaël zijn (Gen. 25:14; 1 Kron. 1:30). In deze tekst is de naam met Seïr verbonden. De Septuaginta vertaalt beide malen met 'Idumea' (Edom). *B.W.*, s.v. Seïr. Seïr is een plaats van goddelijke openbaring (Deut. 33:2; Recht. 5:4) en van goddelijk gericht (Jes. 21:11; Ezech. 35:3, 7, 15).

344 *KBS*. Vgl. de psalmen over het koningschap van God: Ps. 47; 93; 96-99.

tuinen – één van de zeven wereldwonderen, die in de zesde eeuw v.Chr. gebouwd waren in opdracht van deze Nebukadnessar. Toen al werden ze als een wonder beschouwd. Maar ook voor de ballingen gold dat het voor hen in hun wanhoop leek alsof de wereld zonder God was. De proclamatie in Jesaja 40 weerspreekt zowel de imperiale arrogantie als de wanhoop van de ballingen. 'Kijk, hier is uw God!' Zijn aanwezigheid verandert alles. Niet langer de weg van arrogantie enerzijds en wanhoop anderzijds.[345] De vreugdebode die dat komt aankondigen, is meer dan welkom (Jes. 52:7).
Het Evangelie naar Marcus opent met Jesaja's woorden over de bode van God die nu optreedt in de figuur van Johannes de Doper (Yahyâ), gezonden om de weg te banen: 'Een stem die roept in de woestijn: Bereid de weg van de Heer, maak zijn paden recht' (Marc. 1:2-4), een verwijzing naar Jesaja 52 en een proclamatie van het feit dat God beslissend aanwezig is in het optreden van Jezus, die opnieuw ingaat tegen de arrogantie en wanhoop van een wereld zonder God. 'De tijd is rijp en het koninkrijk van God is ophanden. Bekeer u! Heb geloof in de goede boodschap' (Marc. 1:15).
Zo bevestigt de Koran de goede tijding (bushra), het goede nieuws. Opnieuw zal deze blijde boodschap klinken, nu uit de mond van de profeet, die deze eerdere boodschappen bevestigt. Die blijde boodschap betekent de ommekeer, de transformatie van de wereldgeschiedenis.

De blijde boodschap kent één taal

Er is een traditie van de profeet Mohammed die zegt dat er in Arabië geen plaats is voor twee geloven. Dat is min of meer waarheid geworden na Mohammeds dood. Als je je in de richting van Mekka begeeft – ik deed dat maar eenmaal in mijn leven, in 1974 – dan komt er een punt dat er borden verschijnen waarop staat dat er geen toegang is voor niet-moslims. Dan word je geleid naar een weg die om Mekka heen voert, een weg die in de wandelgang de 'christelijke weg' wordt genoemd. Deze praktijk komt niet overeen met het leven en de praktijk van de profeet Mohammed zelf. De delegatie van christenen uit Nadjrân die hem, onder leiding van hun bisschop, in Medina kwam bezoeken was welkom om in zijn moskee te bidden. In Saoedi-Arabië is er geen grondwet dan de Koran. De Koran verbiedt echter nergens aan joden, christenen of moslims om Mekka te betreden en daar naar het huis van God te gaan dat door Abraham werd opgericht, de vader van hun aller geloof. Waar het steeds weer om draait is welke taal er gesproken wordt bij de joden, christenen en moslims: de tale Kanaäns of een vreemde taal. Wie aan een

345 Brueggemann, Isaiah 40-66, 20-22.

ware gelovige, of hij nu jood, christen of moslim heet, de toegang tot Mekka ontzegt, spreekt een 'vreemde taal'.

IV VREEMDE MACHTEN EN DE GODSDIENST

Anderen vertrouwen op paarden en wagens,
wij op de naam van de HEER, onze God.
(Ps. 120:8)

Het is van de hoogste betekenis dat de Thora, de wet van de theo-politiek, (...) werd toegeschreven aan Mozes en niet aan David, aan de nederige bemiddelaar van het verbond en niet aan de koninklijke stichter van de dynastieke staat.[346]

'De Franse 11 september'

Het geval wilde dat ik juist voor een dag of vier een vakantie geboekt had in Parijs, van 8 tot 11 januari 2015. Wat een moment om juist in die dagen daar te zijn. De eerste krant die ik in Parijs kocht, Le Monde, kopte: 'de Franse 11 september'. Op 11 januari vond de grote mars voor de vrijheid van meningsuiting plaats, de grootste uit de geschiedenis van Frankrijk. Op de vrijdag daarvoor werden vier joden lafhartig vermoord in hun kosjere winkel. Vlak bij die plaats des onheils haalde Ilan Benhanou een klein keppeltje uit zijn zak en gaf het aan zijn vriend: 'Zet jij die ook even op?' Daarna pakte hij, een jonge magere man in een zwart leren jack, zijn mobieltje en begon hij in rap tempo zangerig een Hebreeuwse tekst te declameren. Af en toe haperde hij even. Een blik op zijn schermpje hielp hem om te zien hoe de tekst verderging. 'Dit is de psalm van David', legde een oudere man met een wollen muts later uit. Hij was erbij komen staan en souffleerde de 'voorzanger' af en toe. Hij pakte het door hem meegenomen psalmboekje erbij. 'Kijk, Psalm 14. De psalm tegen de angst. Dit zingen wij joden als er iets ernstigs is gebeurd.'
De naam van de plaats des onheils waar ze stonden is 'Hyper Cachet', in witte letters geschreven op een onheilspellende zwarte achtergrond. In het afgezette gebied getuigden glasscherven van het geweld. 'Terreur is terreur',

346 Levinson, 75.

zei Ilan toen hij zijn mobieltje en het keppeltje weer in zijn zak had gestopt. De man met het psalmboek zei niet langer bang te zijn na de gijzeling van die vrijdag. 'De dader was een ploert, die door de Islamitische Staat was betaald. We moeten niet bang zijn omdat hij zegt te moorden uit naam van de islam. Hij was geen moslim. Hij was een ploert.'[347]

'De psalm tegen de angst'

Psalm 14[348] begint met de woorden: 'De dwaas zegt in zijn hart: "Er is geen God."' Het is een klacht over het misdadige doen en laten van 'dwazen', vijanden van Israël, wellicht de Filistijnen of Babyloniërs. Men heeft wel aan een woordspeling gedacht van nâbal ('dwaas') en Babel![349] De uitspraak van de dwaas: 'Er is geen God' is een citaat uit een eerdere psalm. Daar klinken deze woorden uit de mond van een misdadiger: 'God straft niet. Er is geen God' (Ps. 10:3).[350] Dat bedoelt te zeggen: er is geen God die actief is of helpt. 'Hij geeft niet om vergelding; God zegt mij niets, meer denkt de boze niet' (Ps. 10:4). De goddeloze wordt gekarakteriseerd als iemand 'die mijn volk eet', een realistische metafoor voor onderdrukking en uitbuiting van de lagere klassen: 'Maar zij haten het goede en hebben het kwade lief. Zij stropen hun eigen mensen de huid af en halen het vlees van hun botten. Zij verslinden het vlees van mijn volk. Zij villen hen, zij breken hun botten, zij snijden hen in stukken, als vlees dat de pot in moet, als lappen voor de braadpan' (Micha 3:2-3). 'Er is een generatie die tanden heeft als zwaarden en een gebit als messen, om de armen uit het land te eten, de behoeftigen uit het mensenvolk' (Spr. 30:14).[351]

De maatschappijanalyse van de dwaas miskent de door God gestichte orde van gerechtigheid. Dit denken gaat ervan uit dat de macht en de wil van God zich niet met deze wereld bemoeien. Dat verhindert de wereld en het leven zo te zijn als zij in werkelijkheid zijn. Daarom is de dwaas ook geen wijze die de weg van het leven bewandelt, maar een dwaas die op de weg van het verderf verkeert. Dat wil zeggen dat hij het leven vernietigt en ten slotte zelf aan en in het leven schipbreuk leidt. De dwaas is rijk en machtig, maar misbruikt zijn rijkdom en zijn macht eigengerechtig (vgl. 1 Sam. 25:2-42; Luc. 12:20). Vooral

347 *NRC* vrijdag 16 januari 2015

348 Psalm 14 = Psalm 53.

349 Hossfeld & Zenger (1993), 99-100. Vgl. 1 Sam. 25, het verhaal van David, Nabal en zijn wijze vrouw Abigaïl, die later de vrouw van David wordt.

350 Hossfeld & Zenger (1993), 101-102.

351 Gerstenberger, 219-220.

tegen zwakken en vrouwen is hij gewelddadig (vgl. Gen. 34:7; Deut. 22:21; Recht. 19:23-24; 2 Sam. 13:12-13), en hij is ongevoelig voor en bruut tegenover mensen in nood (vgl. Jes. 32:5-6; Spr. 17:7). Deze uitspraak van de dwaas – 'Er is geen God' – dat zo ongeveer zijn levensmotto genoemd kan worden, en de zin: 'God vraagt niet naar, bekommert zich niet om, grijpt niet in' worden vaak als een uitdrukking van praktisch atheïsme beschouwd (vgl. Ps. 10:11; 28:5; 64:6; 73:11; 94:7; Job 22:13-14).[352] Zowel in de wijsheidsliteratuur als in de profetische overlevering wordt zulk denken over God vooral veroordeeld en bestreden vanwege de fatale gevolgen die het heeft voor de samenleving. Er wordt niet gezegd of bedoeld dat alle mensen misdadige dwazen zijn, maar dat de dwazen door hun gewelddadige afgodische praktijken zo zeer in hun boze wereld verstrikt zijn geraakt dat zij feitelijk niet meer willens en bereid zijn om het goede te doen.[353]

Wijzen en dwazen

Wat is godsdienstig en wat is goddeloos? Volgens Paulus bestaat goddeloosheid hierin dat de wijzen, de intellectuelen, tegen beter weten in de ware God weigeren te erkennen en zich schuldig maken aan afgoderij.[354] 'Zij beweerden wijs te zijn, maar werden dwazen' (Rom. 1:22).

In de antieke wereld werd hoge status verleend aan een wijze, maar tegelijk gold dat nooit iemand er zelf aanspraak op zou kunnen maken wijs te zijn. Socrates werd geacht buitengewoon wijs te zijn, juist omdat hij zelf nooit claimde dat hij dat was. In plaats daarvan verklaarde hij juist dat hij niets wist. Het feit dat mensen 'beweerden wijzen te zijn' klinkt dus ook bij Paulus' lezers als iets belachelijks in de oren. Een dwaas worden is blijkbaar een goddelijk oordeel over mensen in hun ingebeelde superieure wijsheid. Het hoogtepunt van dwaasheid is afgoderij, een manier om de waarheid te onderdrukken: 'De majesteit van de onvergankelijke God hebben zij verruild voor de afbeelding van de gestalte van een vergankelijk mens, en van vogels en van viervoetig en kruipend gedierte' (Rom. 1:23). Paulus maakt in zijn formulering gebruik van wat gezegd wordt in Psalm 106:20-21: 'Een stierenbeeld richtten zij op bij de Horeb, zij bogen diep voor dat metalen maaksel. Zij ruilden hun heerlijke God voor een beeld, voor een beeld van een rund dat gras vreet.' Het beeld van het 'gouden kalf' dat door Aäron

352 Zo ook in de profetieën in Jes. 29:15; Jer. 5:12; 12:4; Ezech. 8:12; 9:9; Sef. 1:12; Mal. 3:14-18.

353 Hossfeld & Zenger (2007), 81-83.

354 *KBS* op Rom. 1:18.

gemaakt werd, is het archetype van afgoderij in de Bijbel (Ex. 34) én in de Koran (*Q* 2:51, 92-93; 4:153; 7:148-150; 20:88-89, 97). De antithese tussen de vergankelijke mens en de onvergankelijke God benadrukt het belachelijke, dwaze niveau van het zelfbedrog.[355]
In de Koran worden vrijwel direct aan het begin drie categorieën ongelovige mensen genoemd: de huichelaars (*Q* 2:8-11), de dwazen (*Q* 2:12-13) én degenen die zich vrolijk maken over God (*Q* 2:4-16). De karakteristiek van deze drie groepen is dat zij menen dat ze het beter weten. Net als Paulus gaat de Koran ervan uit dat zij wel met de goddelijke boodschap bekend zijn, maar die toch niet volgen. Zij doen alsof zij geloven en bedriegen daar de andere, de werkelijke gelovigen mee. Maar in feite bedriegen zij daardoor zichzelf (*Q* 2:8-9). 'Want ofschoon zij God kennen, hebben zij God niet de Hem toekomende eer en dank gebracht. Al hun denken is op niets uitgelopen en hun geest, die het inzicht verwierp, werd verduisterd. Zij beweerden wijzen te zijn, maar werden dwazen' (Rom. 1:21-22).[356] 'Wie kan de religie[357] van Abraham versmaden dan iemand die zelf zijnerzijds dwaas is' (*Q* 2:130).[358]

De mens: kalief of koning
Toen God aan de engelen zijn voornemen om de mens te scheppen bekendmaakte, vonden de engelen dat geen goed idee. 'De mens zal verderf brengen en bloed vergieten op aarde.' Het valt moeilijk te ontkennen dat zij een punt hadden. Des te treffender is het dat God toch zo'n fiducie in zijn project 'mens' had, dat Hij de mens toch schiep. Gods bedoeling is dat de mens – elke mens, dus man of vrouw – 'plaatsbekleder' of kalief van Hem op aarde is of wordt (vgl. *Q* 2:30. Vgl. 38:26; 10:14; 35:39; 6:165).
Na de schepping van de mens verscheen satan op het toneel en bracht de mens in verzoeking om voor het koningschap te kiezen. Dat koningschap hield exact dat verderf en bloedvergieten in. Machthebbers in de wereld hebben dat veelal gedaan, en doen dat nog steeds. De kwaaddoeners en goddelozen richten onheil aan en verstoren het evenwicht in de sociale en politieke verhoudingen. Zij plegen geweld en voeren oorlogen.
In de uitdrukking 'verderf brengen op aarde' wordt in het Arabisch het woord ard gebruikt voor 'aarde'. Het woord betekent, evenals eretz in het Hebreeuws, zowel 'land' als 'aarde'.

355 Jewett, 159-162.
356 Schmitz, 26-28.
357 *milla*.
358 Paret (1971) op *Q* 2:130.

Toen Jozefs broers verdacht werden van het stelen van een bokaal, zeiden zij dat zij niet naar Egypte gekomen waren om verderf te brengen in het land: ‘Wij zijn geen dieven’ (*Q* 12:73).
‘Verderf brengen’ karakteriseert het gedrag van de farao die onder de bewoners van zijn land verdeeldheid zaaide. Een deel van het volk onderdrukte hij, zoals de kinderen Israëls, wiens zonen hij afslachtte, hoewel hij hun vrouwen spaarde (*Q* 28:4). En tegen de Egyptische tovenaars die in dienst van het hof stonden, zei Mozes tijdens een soort wedstrijd met hen: ‘Dat wat jullie tonen is tovenarij. God zal het op niets laten uitlopen, want Hij zal nooit het doen van hen die verderf brengen laten gedijen’ (*Q* 10:81). De ministers van farao beschuldigden op hun beurt Mozes en zijn volk dat zij het juist waren die verderf brachten in het land, omdat zij de afgodische gewoonten van Egypte wilden opgeven (*Q* 7:127)![359]
Voor het afschuwelijke geweld van apocalyptische proporties worden de figuren Gog en Magog, de vijanden uit het noorden, verantwoordelijk gehouden. Zij worden ook in de Bijbel genoemd (Ezech. 38:2-39:15; Op. 20:7-10). ‘De man met de twee hoornen’ die daarachter schuilgaat, is Alexander de Grote. Hem werd gevraagd: ‘Wilt Gij niet een muur tussen ons en hen bouwen?’ (*Q* 18:94). God wil het onheil afwenden. Hij houdt niet van de verderfbrengers (*Q* 2:205. Vgl. 5:64; 28:77). Hij staat veeleer aan de kant van degenen die de orde handhaven of herstellen.[360]

Tegenover verderf brengen[361] staat het doen van goede werken of ‘recht doen’. Wat dit laatste woord in het Arabisch betreft,[362] de naam van de profeet Sâlih, die tot het volk van Thamûd werd gezonden, is daarvan afgeleid (*Q* 7:73-79; 11:61-68; 26:141-159; 27:45-53). Dat brengt goed onder woorden wat een profeet geacht wordt te zijn en te propageren: recht doen.[363] Soms betekent het werkwoord ‘werken voor de vrede’,[364] ‘harmonie brengen’, ‘mensen aanzetten zich met elkaar te verzoenen en tot overeenstemming komen’ (*Q* 2:228; 4:35, 114; 49:9-10). De rechtvaardigen zijn zij die goede daden verrichten (vgl. *Q* 2:220; 4:128; 7:56, 85, 142; 11:46, 90).[365]

359 Izutsu (1966), 211-213.
360 Paret (1971) op *Q* 2:11v.
361 *fasâd resp. ifsâd.*
362 *islâh.*
363 *E.Q.*, s.v. Good Deeds, 340.
364 *sulh.*
365 *Muhammad, al muslih al - a‘zam. E.I.*, s.v. islâh.

Zij die geloven en goede werken doen[366] worden in één adem genoemd. Geloven en goede werken staan niet tegenover elkaar, maar zijn in de Koran – net als in de Bijbel – onlosmakelijk met elkaar verbonden (*Q* 2:82). De 'goede werken' worden samenvattend als volgt omschreven: niemand dan God aanbidden, het goede doen aan de ouders, naaste verwanten, wezen en behoeftigen, vriendelijk spreken met iedereen, bidden[367] en aalmoezen te geven.[368] Het gaat dus om het nakomen van zowel de godsdienstige als de sociale verplichtingen (*Q* 2:83. Vgl. 18:110; 2:277; 21:73; 32:24).
Dus het geloof in de ene God wordt aangeduid als een rechtschapen daad. Het geven van aalmoezen is een van de karaktertrekken van een rechtschapen mens (*Q* 63:10).
Elia, Zacharia, Johannes de Doper en Jezus worden gerekend onder hen die rechtschapen zijn (*Q* 6:85. Vgl. 3:46). Volgens de Koran staat in de Psalmen (en dan wordt verwezen naar Psalm 37)[369]: 'De aarde zal beërfd worden door de rechtschapen dienaren van God' (*Q* 21:105. Vgl. 39:74; 27:21).[370]
God zal op de dag des oordeels[371] uitmaken tot welke partij de mens heeft behoord. Hier wordt het woord dîn gebruikt (!), dat hier dus 'oordeel' betekent en niet 'religie' of 'godsdienst' (zie beneden). God maakt dan dus uit of de mens bij de partij van God, Hizbollah (*Q* 5:56; Vgl. 58:22), of de partij van satan (*Q* 58:19; 4:119) hoort. Hij of zij ging de rechte weg,[372] de weg van God, of de verkeerde. Hij bouwde de aarde en bewaarde haar, of hij bracht verderf en vergoot bloed op aarde.

366 *salihât.*

367 *salât.*

368 *zakât.*

369 Ps. 37:29. Vgl. ook de verzen 9,11, 22 en 34. 'Zalig zijn de zachtmoedigen, want zij zullen de aarde beërven' (Mat. 5:5). 'Voor de uitverkorenen zal er licht, vreugde en vrede zijn, en zij zullen de aarde beërven' (Hen. 5:70); Speyer, 449.

370 'Mozes zei tot het volk: "Vraagt God om bijstand en houdt het geduldig uit. De aarde behoort aan God. Hij geeft haar als erfdeel aan wie Hij wil van zijn dienaren"' (*Q* 7:128). Vgl. 'Uw volk zal alleen nog uit vrome mensen bestaan die het land voor eeuwig bezitten; zij zijn de stek die ik plantte, het werk van mijn handen, een blijk van mijn luister' (Jes. 60:21). Izutsu (1966), 204-206.

371 *yaum al-dîn.*

372 *sîrat al-mustaqîm.*

'Ik ben atheïst'

Wij leven in een tijd waarin in de naam van God en de godsdiensten veel terreur en geweld plaatsvindt. Is het dan ook niet beter om maar atheïst te zijn of te worden, zoals zovelen in het Westen dat al lang zijn? Schuilt het kwaad in onze wereld juist niet in de godsdienst? En dan vooral in de islam, zoals tallozen in het Westen beweren? Is het daarom niet heel goed dat er de spot gedreven wordt met God en zijn profeten? Niet alleen met Mohammed, maar ook met Mozes én Jezus?

Eens werd ik door een privégezelschap van intellectuelen uitgenodigd om een lezing te houden over de relatie tussen joden, christenen en moslims. Omdat het om een kleine groep ging bij iemand aan huis, stelde eerst iedereen zich voor. Wat mij toen opviel, was dat velen aan hun introductie toevoegden: 'Ik ben atheïst.' Nogal een start als je gevraagd bent om te spreken over joden, christenen én moslims, mensen die nadrukkelijk wél geacht worden in God te geloven. Toen ik het woord kreeg, kon ik niet nalaten te zeggen dat vanuit de joodse, christelijke én moslimtraditie gezien de uitspraak: 'Ik ben atheïst' een buitengewoon oninteressante mededeling is. Daar gaat het althans in deze drie godsdiensten niet om. Maar waar gaat het dan wel om? In de drie boeken waarop deze drie tradities teruggaan, gaat het om 'de weg van God', de Thora: de weg die God wijst. Wat die weg inhoudt? Dat is simpel in een paar woorden samen te vatten: recht doen en liefhebben. De rest is bijzaak.

Als enkele Farizeeërs en Herodianen, aanhangers van koning Herodes en dus daarmee van de Romeinse keizer, Jezus een strikvraag stellen – namelijk of ze belasting moeten betalen aan de keizer – leiden zij hun vraag als volgt in: 'Meester, wij weten dat u naar waarheid onderricht geeft over de weg van God (de Thora dus)' (Marc. 12:13-14).

En in de psalm die die joodse jongen in Parijs reciteerde, wordt degene die zegt dat er geen God is niet een 'atheïst' genoemd, maar een 'dwaas'. Dwaas omdat hij denkt dat hij zonder God én zijn gebod kan leven. Omdat hij denkt dat de mens heel goed kan leven zonder recht te doen en lief te hebben.

Veel mensen in de westerse wereld zien het als een teken van grote 'Verlichting' om niet in God te geloven. Vaak bedoelen ze daarmee vooral aan te geven dat zíj in tegenstelling tot godsdienstige mensen niets te maken hebben met wat in naam van God en godsdienst misdaan is en nog steeds wordt. En is het eigenlijk ook niet zo dat voor veel geweld in de wereld vooral godsdienstige mensen verantwoordelijk zijn geweest? Denk maar eens aan onze eigen Nederlandse geschiedenis: tachtig jaar oorlog tussen protestanten en roomsen. En iets dergelijks zie je toch tot in onze tijd in

Noord-Ierland gebeuren? En worden er in het Midden-Oosten geen oorlogen gevoerd tussen moslims en joden, tussen soennieten en sjiieten? Denk maar aan de leider van IS, de Islamitische Staat, die zich als Gods plaatsbekleder op aarde uitgeeft, en op een barbaarse wijze zijn tegenstanders ombrengt door onthoofding of door mensen levend te verbranden. Dan kun je je toch voorstellen dat gezegd wordt: 'Laten we alsjeblieft bewaard blijven voor dat soort geloof in God?' Is het daarom geen grote zegen dat wij in een westerse beschaving leven waar kerk en staat gescheiden zijn? Dat moet toch zo blijven en overal in de wereld worden doorgevoerd?
Vooral in Frankrijk staat die scheiding van kerk en staat hoog in het vaandel geschreven. De staat bemoeit zich niet met de kerk en de kerk niet met de staat. In 2004 werd in Frankrijk een verbod ingevoerd op het dragen van uiterlijke religieuze symbolen: geen hoofddoekjes meer, maar ook geen keppeltjes of kruisjes. Godsdienst wordt louter een privé aangelegenheid van de burger. Zeker, godsdienst mag, maar achter de voordeur. Niemand moet er iets van merken of er last van krijgen. Daardoor worden wij toch behoed voor de grote bedreiging van de islam, die deze scheiding niet kent? Is het dan niet veel beter om ons aan te sluiten bij een 'mars van de republiek', zoals die op 11 januari 2015 in Parijs, dan deel te nemen aan 'de weg van God'?

Geen scheiding van kerk en staat?

Als het om die belangrijke verworvenheid van de scheiding van kerk en staat gaat, wordt vaak de uitspraak van Jezus aangehaald: 'Geef de keizers wat des keizers en Gode wat Godes is' (Marc. 12:17). Dat wordt dan als de christelijke grondslag voor de rechtvaardiging van die scheiding gezien. En dat is dan in tegenstelling tot de islam, die deze scheiding tussen godsdienst en staat niet kent, zo is de algemene en wijdverbreide overtuiging. Een bekende uitspraak in het Arabisch luidt immers: *islâm dîn wa dawla*, wat betekent: 'Islam is godsdienst en staat ineen.' Voorbeelden van die opvatting in recente tijd zijn – zowel in theorie als in de praktijk – het schokkende optreden van de Islamitische Staat in Irak en de Levant (ISI) en de Islamitische Staat in Irak en Syrië (IS).[373] De leider, Abu Bakr al-Baghdâdî, heeft zich in 2014 uitgeroepen tot kalief en ziet zich aan het begin staan van een islamitische heerschappij.[374]

373 Arabisch: *al-dawla al-islamiyya fî al 'Irâq wa sh-Shâm*, met als afkorting: *Da'isj*.

374 Bij het definitieve einde van het Ottomaanse (Turkse) Rijk na de Eerste Wereldoorlog verdween niet alleen de laatste kalief, maar werd ook het kalifaat

Het is niet mijn bedoeling om hier nu nader in te gaan op de vraag hoe de verhouding tussen religie en staat in de geschiedenis van het christendom én de islam tot uiting is gebracht. Het gaat me veel meer om de vraag hoe die relatie tussen godsdienst en politiek vanuit de Bijbel en de Koran verstaan moet worden. Kunnen de woorden van Jezus die ik hierboven heb aangehaald als een basis dienen voor de scheiding van godsdienst en politiek? Zijn dé islamitische godsdienst (*dîn*) en de staat (*dawla*) inderdaad onlosmakelijk verbonden? De woorden islâm en dîn komen beide in de Koran voor, maar betekent 'islam' daar ook hetzelfde als wat vandaag onder 'islam' verstaan wordt? En betekent het woord dîn ook 'godsdienst' in de huidige betekenis van dat woord? Die uitdrukking islâm dîn wa dawla komt trouwens niet in de Koran voor noch in de gezaghebbende moslimtraditie (*hadîth*). Het heeft vooral bekendheid gekregen als slogan van de moslimbroeders. En het is intussen dan ook een 'dogma' van de islamisten geworden.[375]

'Geef de keizer wat des keizers is'

Toen Jezus zei: 'Geef de keizers wat des keizers en Gode wat Godes is' (Marc. 12:17), was Hij toen bezig de verhouding tussen kerk en staat, godsdienst en politiek te regelen? Dat lijkt toch niet erg waarschijnlijk.

Over welke staat ging het toen trouwens? Wel: het wrede Romeinse Rijk, dat volk na volk onderwierp, ook de Franken, de Fransen dus! De veldtocht tegen de Franken wordt beschreven door Julius Caesar in zijn boek 'Over de Gallische oorlog',[376] dat vele gymnasiasten als eerste boek in het Latijn hebben moeten lezen. Dit werk wordt een meesterwerk van politieke propaganda genoemd. Caesar was er namelijk zeer in geïnteresseerd hoe hij bij zijn lezers en sponsoren in Rome overkwam.

In een bekende Franse stripreeks, Asterix en Obelix, gaat het over die tijd van de Romeinse overheersing in Frankrijk. Asterix en Obelix wonen in een dorpje dat er als enige in geslaagd is de invasie door de Romeinen te weerstaan. Dit is gelukt met behulp van een toverdrank die de Galliërs oersterk en daardoor onoverwinnelijk heeft gemaakt. Asterix is een klein mannetje met blond haar en een blonde snor. Hij vertrouwt vooral op de

afgeschaft.

375 Voor deze mensen worden nogal wat benamingen gebruikt: 'fundamentalisten', 'salafisten', 'neo-salafisten'. Op deze benamingen wordt hier verder niet ingegaan.

376 De bello Gallico.

bovenmenselijke kracht van de toverdrank die hij van de druïde krijgt. Maar de harde werkelijkheid van toen zag er natuurlijk geheel anders uit. Julius Caesar heeft het land op een moorddadige wijze onderdeel van het Romeinse Rijk gemaakt. Daarbij heeft hij vele duizenden slachtoffers gemaakt. Datzelfde gebeurde ook met Palestina. Jezus werd geboren toen Augustus keizer was. Tijdens Jezus' openbare optreden was Augustus' opvolger, keizer Tiberius (14-37), aan de macht. Diens zetbaas Pilatus was van het jaar 26 tot 36 n.Chr. de prefect van Juda en koning Herodes Antipas († ca. 39) heerste als koning over Palestina. Hij stichtte de stad Tiberias, genoemd naar de keizer van Rome.

De eerste maal dat het Romeinse imperium in het Evangelie naar Marcus ter sprake komt, is in het verhaal van de genezing van de bezetene in het Overjordaanse, waar de stad Gerasa lag. Die stad was toen afhankelijk van Rome, zoals de meeste steden daar. Deze stad had een joodse bevolkingsgroep, die tot de onderlaag van de samenleving behoorde.[377]

Die bezetene liep dag en nacht tussen de graven rond, zo wordt verteld. 'Toen hij Jezus in de verte zag, rende hij op Hem af, viel voor Hem op zijn knieën, en brulde met luide stem: "Wat wilt U van mij, Jezus, Zoon van de allerhoogste God? Ik bezweer U bij God: doe mij geen pijn." Want Jezus had tegen hem gezegd: "Onreine geest, ga weg uit die man." Jezus vroeg hem: "Wat is uw naam?" En hij antwoordde: "Mijn naam is *Legio*, want we zijn met velen." En hij smeekte Hem, hem niet het land uit te sturen.' (Marc. 5:5-10). En nadat Jezus deze man genezen had, kwamen mensen kijken wat er gebeurd was. Ze zagen toen de man die in de macht van Legio was geweest, bij Hem zitten (Marc. 5:15).

'Legio' is de naam ('legioen') van een afdeling van het Romeinse leger in de keizertijd. Zo'n afdeling bestond uit vijfduizend tot zesduizend soldaten. Het hoofdkwartier van het Romeinse leger in Palestina was het tot Judea behorende Caesarea. Het garnizoen in Jeruzalem was niet zo groot, maar werd tijdens de feestdagen en in onrustige tijden aanzienlijk versterkt.[378] In de uitspraak van deze bezetene – 'Wij zijn *Legio*' – is een ondubbelzinnige verwijzing te zien naar het keizerlijke leger. Deze man die onder de doden leefde, belichaamt de onderdrukte situatie waarin het volk moest leven.[379]

377 *B.W.*, s.v. Gerasa; Dekapolis.

378 *Bijbelse Encyclopedie*, s.v. legioen.

379 Howard-Brook (2010), 404, plus noot 16.

Jezus' eerste openbare optreden begint in Galilea, het gebied waaruit Hij zelf afkomstig was. Hij stond immers bekend als Jezus van Nazaret, een onbelangrijke stad aan de zuidelijke grens van Galilea. Nazaret was de woonplaats van Jozef en Maria, en van Jezus (Luc. 4:24),[380] die hier tot zijn doop door Johannes woonde (Marc. 1:9).[381]
De evangelist Marcus verhaalt van een politieke en theologische samenzwering van Farizeeën en Herodianen tegen Jezus. Herodianen ware partijgangers van het huis van koning Herodes: een politieke, geen religieuze groepering.
De Farizeeën genoten grote steun van de bevolking van Jeruzalem. Flavius Josephus, een Joodse historicus uit de eerste eeuw, rapporteert: 'Zij hebben zulke grote macht over de schare dat wanneer zij iets zeggen tegen de koning of tegen de hogepriesters, zij weldra worden geloofd.'[382]
Jezus waarschuwde zijn discipelen voor het *zuurdesem* van de Farizeeën en van Herodes (Marc. 8:15. Vgl. Mat. 16:6, 11). Dat is een negatief gebruik van het woord. Zuurdesem is gegist deeg van een vorig baksel. Met 'zuurdesem' wordt dus iets van gisteren, van het verleden bedoeld: de oude zuurdesem (Vgl. 1 Kor. 5:7).[383] Er wordt ook huichelarij mee bedoeld (Luc. 12:1).[384]
Vanaf het moment dat Jezus openbaar begon op te treden in Jeruzalem, het politieke en godsdienstige centrum van het land, werd de situatie spannend en ook gevaarlijk. Toen Jezus met zijn leerlingen de tempel binnenging, begon Hij de mensen die daar hun waren en diensten kochten en verkochten weg te jagen; de tafels van de geldwisselaars en de stoelen van de duivenverkopers gooide Hij om. Hij liet niet toe dat iemand iets vervoerde over het tempelplein. Hij leerde hun: 'Er staat toch geschreven: Mijn huis zal een huis van gebed heten voor alle volken? (Jes. 56:7). Maar u hebt er een rovershol van gemaakt.' Toen de hogepriesters en de schriftgeleerden dat hoorden, zochten zij naar een manier om Jezus uit de weg te ruimen. Ze waren namelijk bang omdat het hele volk zo enthousiast was over zijn onderricht (Marc 11:15-19). Die avond verlieten Jezus en zijn leerlingen de stad. Dat deden zij uit veiligheidsoverwegingen.
Al eerder wordt verteld dat die Farizeeën én Herodianen tegen Jezus sa-

380 Vgl. echter Luc. 2:4; Jona 4:44.
381 *B.W.*, s.v. Nazaret(h).
382 Josephus, 13.10.5.
383 *Bijbelse Encyclopedie*, s.v. zuurdeeg.
384 Ook een belangrijke groep tegenstanders van Mohammed worden 'huichelaars' (*munâfiqûn*) genoemd.

menzweerden. Jezus zelf noemde het een *beproeving*, die de 'verzoeking in de woestijn' door satan in herinnering roept (Marc. 1:13), en ook de beproeving door de Farizeeën toen zij Hem vroegen om een teken uit de hemel (Marc. 8:11),[385] of toen zij van Hem wilden weten of een man zijn vrouw mag verstoten (Marc. 10:2). Het antwoord dat Jezus gaf, was bedoeld om de hypocrisie van de vragenstellers aan de kaak te stellen (Marc. 12:15).[386] De Herodianen steunden de keizer van harte, maar de Farizeeën dachten geheel anders over hem. Onder Jezus' eigen aanhangers bevonden zich ook openlijke tegenstanders van de keizer, de zogenaamde 'zeloten' (Marc. 3:18) – 'ijveraars', *'djihadisten'*, zeg maar, voorstanders van actief verzet tegen onderdrukkers, in dit geval dus de keizer.

Nu wilden zij een 'val' voor Hem opzetten door Hem op een woord te pakken (Marc. 12:13). Jezus kwam dus in een heel spannende en gevaarlijke discussie terecht. '*Mag* men belasting betalen aan de keizer? *Moeten* we betalen?' De zeloten waren tegen. Zij waren voorstanders van een gewelddadig optreden. Zij verwachtten van de Messias, de Verlosser, de bevrijding uit de vreemde overheersing. Zij zagen in het betalen van de belasting een verloochening van God. Als Jezus daarmee zou instemmen, dan verloochende Hij volgens de zeloten dat Hij de Messias was. Als Hij zou zeggen dat er geen belasting betaald hoefde te worden, zouden de Herodianen Hem bij de keizer kunnen aangeven.

Nu moet je wel goed opletten hoe de interviewers in deze Bijbelpassage hun vraag inleidden: 'Meester, we weten dat U een waarheidlievend man bent en U door niemand laat beïnvloeden. U kijkt niemand naar de ogen. U geeft naar waarheid onderricht over de *weg van God*.' Uit die woorden kun je opmaken dat zij ervan uitgingen dat Jezus niet bang was en eerlijk uit zou komen voor zijn opvatting. Maar voordat Jezus aan zijn antwoord begon, kwam Hij eerst met een verzoek: 'Laat me eens een denarie zien.'

Dit is de sleutel, de clou van dit verhaal. Jezus vroeg naar de icoon van de keizerlijke munt, en dat heeft *niets* van doen met de vraag naar de verdeling van het gezag tussen 'de kerk en de staat', een gedachte die trouwens volslagen vreemd zou zijn in die tijd. En het heeft ook niets te maken met een 'christelijk' staatsburgerschap in de wereld van de keizer.[387]

385 Ook uit de Koran zijn voorbeelden bekend van hoe de profeet Mohammed door zijn tegenstanders werd gevraagd om een teken.

386 Howard-Brook (2010), 404.

387 Howard-Brook (2010), 404-405.

'Laat me een denarie zien'

Met zijn vraag dwong Jezus zijn gesprekspartners letterlijk om hun hand in hun eigen zak te steken. Hij vroeg hun om Hem een munt te tonen. En prompt kwamen zij met hun denariën op de proppen. Een denarie was een zilveren munt, de meest gangbare in het Romeinse Rijk. De munt stond ook bekend als 'zilverling'. Denk maar aan Judas, die Jezus voor dertig zilverlingen zou verraden (Mat. 26:15). Maar het was niet zomaar een munt. Deze denarie droeg nota bene de beeltenis van de keizer en een opschrift dat een duidelijke boodschap bevatte.

Dat gold indertijd ook voor de Nederlandse gulden. Daarop stond vermeld: 'God met ons'. Maar: 'God is ook met onze Nederlandse euro,' schreef een Nederlandse krant aan de vooravond van de invoering van de euro. 'Nederland, land van dominees en kooplieden, heeft op Europees niveau een nationaal succesje geboekt: de zo degelijke Hollandse gulden mag dan verdwijnen, het randschrift blijft staan op het twee euro muntstuk. Minister Zalm van financiën heeft er wel hard voor moeten lobbyen bij de EU. Tot grote tevredenheid van klein christelijk rechts, dat zich in de Kamer voor het behoud van het randschrift heeft ingezet, slaagde de minister erin om God op de munt te houden.' Waar die tekst 'God met ons' vandaan komt? Die is van de apostel Paulus, nota bene in zijn brief aan de gemeente van Jezus' volgelingen in de hoofdstad Rome: 'Zo God met ons is, wie zal tegen ons zijn?' (Rom. 8:31). Was God met de protestanten en tegen de roomsen? Is God vandaag met onze euro's? Tegen wie? Voor wie? Zo'n opschrift is kennelijk niet zo onschuldig als het lijkt.

Op de zilverling die aan Jezus werd getoond, stond als proclamatie: 'Tiberius, de aangenomen zoon van de goddelijke (keizer) Augustus.' Volgens een recente studie zou keizer Augustus een kruising tussen Mussolini, Hitler en Stalin geweest zijn. Vanuit strikt joods standpunt gezien is dat opschrift een rechtstreekse godslastering. De vragenstellers compromitteerden zichzelf dus als zij met deze munt, voorzien van de keizerlijke beeltenis en proclamatie, op zak liepen. Zij stonden voor Jezus dan wel niet met de mond vol tanden, maar wel met hun handen vol munten. En op dat moment antwoordde Jezus met die beroemd geworden, korte en bondige uitspraak: 'Geef de keizer wat des keizers is en Gode wat Godes is.'

Betekent deze uitspraak dat Jezus een keurige verdeling aanbracht tussen verplichtingen ten opzichte van de keizer en ten opzichte van God? Ten opzichte van de staat en van de kerk? Om Jezus' antwoord goed te begrijpen, moet je wel de geschiedenis van de Joden kennen zoals Jezus en zijn vragenstellers die kenden. De eeuwen door hadden de Joden met vreemde be-

zetters van doen gehad. In Jezus' dagen waren dat de Romeinen, daarvóór de Grieken. Die Grieken hadden zich onder leiding van Alexander de Grote van grote delen van het Midden-Oosten meester gemaakt. Zo hadden zij Jeruzalem veroverd. Daar kwam een groep, de zogenoemde Makkabeeën, tegen in opstand. De aanleiding was dat de Grieken de tempel ontwijd hadden. Zij hadden namelijk op het altaar een varken geofferd.
Een varken is voor joden een onrein dier, zoals trouwens ook voor de moslims. In juli 2013 werd bij de Ar Rahman-moskee in Boskoop een varkenskop neergelegd en met Kerst 2014 werd dat gedaan bij een moskee in Wenen.
Dit varkensoffer was voor de joden onder de Griekse bezetting de laatste druppel, en een groepje opstandelingen onder leiding van Judas Makkabeüs besloot om nu terug te slaan. Joden die volgens de Thora, 'de weg van God' wilden leven, sloten zich bij hem aan. De 'weg van God' betekende voor hem echter 'heilige oorlog'. Uiteindelijk bereikten de Makkabeeën Jeruzalem en na een bloedige strijd behaalden zij de overwinning. Toen ze echter de tempel binnenkwamen, zagen ze dat de hoge menora, de zevenarmige kandelaar, omver was gegooid. Zij zetten die weer overeind, ontstaken die weer en wijdden de tempel opnieuw in. Hogepriester, priesters en het gewone volk vierden toen het feest van de herinwijding van de tempel. Dat feest, Chanoeka, wordt door de joden nog jaarlijks als een lichtfeest gevierd.
Toen de vader van Judas Makkabeüs zich op zijn sterven voorbereidde, hield hij een toespraak waarin hij zijn zonen aanspoorde zich te beijveren voor de weg van God. Die toespraak is van belang om Jezus' antwoord over de belasting goed te begrijpen. De vader van Judas Makkabeüs zei tegen zijn zonen: 'Jullie moeten al degenen die de weg van God (Thora) onderhouden rondom jullie verzamelen, en het kwaad wreken dat aan jullie volk is gedaan' (1 Makk. 2:66-68). Twee dingen dus: 'Wreek de Grieken' én 'Houd je aan de voorschriften van de Thora.' Met deze woorden op zijn lippen stierf hij. Wat wil dit zeggen? Vader Mattathias gaf zijn zonen de instructie de Grieken met gelijke munt te betalen. 'Doe hen aan wat zij ons hebben aangedaan.' Deze uitspraak heeft dus een dubbele drijfveer: de verplichting ten opzichte van de vijanden om hen te wreken én de verplichting ten opzichte van God.
'Geef de keizer wat des keizers is en Gode wat Godes is', is dus als een echo te verstaan van die laatste woorden van die vader van de Makkabese jongens. Op het eerste gehoor kan dit antwoord van Jezus revolutionair klinken: 'Zet het de keizer betaald.' 'Betaal hem met gelijke munt.' Maar is dat wat Jezus bedoelde? Jezus was hier niet bezig college te geven, een peptalk te houden voor de troepen of een of andere politieke bijeenkomst toe te

spreken. Hij stond tegenover vragenstellers met Romeinse munten in hun handen. Je kunt inderdaad concluderen dat Hij bedoelde te zeggen: 'Ja, geef de keizer belasting.' 'Geef de keizer de munten terug die reeds zijn beeltenis dragen, waar je toch al de hele dag mee op zak loopt. Jullie betalen hem op die manier toch al.' Je kunt dus ook zeggen dat Jezus' antwoord antirevolutionair klinkt. Maar gezien de strekking van wat Hij bedoelde, is dat niet het geval. En toch beoogde zijn antwoord een heel ander soort revolutie dan de zeloten in zijn eigen kring, de zich beijverende 'djihadisten' van zijn tijd. En ook een heel andere revolutie dan die van de Makkabeeën indertijd. Ook anders dan Judas de Galileeër, een schriftgeleerde, een opstandeling twee generaties vóór Hem, die net als Hij uit Galilea afkomstig was. Die Judas zette de inwoners daar aan tot opstand. Hij noemde de mensen die belasting aan de Romeinen betaalden lafaards, omdat zij naast God ook stervelingen (zoals de keizer) als hun heer en meester erkenden. Wat het betalen van belasting aan de keizer betreft, is Jezus antwoord klip en klaar: 'Betaal!' Maar het geheimenisvolle en revolutionaire van Jezus' antwoord schuilt in wat Hij precies bedoelde met 'wat des keizers is' en 'wat Godes is', en hoe die twee zich onderling verhouden.
Kort na dit interview zou Jezus worden gevangengenomen en voor de rechterstoel van Pilatus worden gesleept. Pilatus vroeg Hem toen: 'Bent U de koning der Joden?' Jezus was bij Pilatus gebracht omdat beweerd werd dat Hij koninklijke pretenties zou hebben, en dus in feite opstand tegen de keizer predikte. Pilatus zelf leek overigens niet zo erg onder de indruk van die 'schlemiel', deze 'niemand', die opgejaagd door een heel cohort van militairen aan hem werd voorgeleid. Er klinkt dan ook duidelijk een sarcastische spot door in zijn vraag: 'Bent Ú de koning der Joden?' Daarop antwoordde Jezus: 'Mijn koninkrijk is niet van deze wereld' (Joh. 18:36). Valt in dit antwoord toch niet opnieuw een soort scheiding van 'godsdienst en staat' te beluisteren? Veel uitleggers horen Jezus hier zeggen: 'Mijn koninkrijk is in de hemel.' Maar dat is niet wat Jezus zei of bedoelde. Het koninkrijk van God waar Jezus over sprak, is juist wel gegrond in een werkelijkheid van de wereld van toen, zoals zijn woorden ook nu nog relevant zijn voor de concrete wereld van vandaag. 'Mijn koninkrijk is niet van deze wereld' wil zeggen: 'Mijn koninkrijk is niet van de wereld van die zeloten, ijveraars, *djihadisten*, die het Messiaanse rijk door geweld willen vestigen. Dus mijn koninkrijk is ook niet jouw wereld, Pilatus. Het is niet de wereld van de keizers, de wereld van het niets en niemand ontziende netwerk van moord en leugen, van propaganda. Het is niet de wereld van uitbuiting en onderdrukking. Mijn koninkrijk breekt niet door via kruistochten of *djihâd*.' Op het moment dat deze woorden in het Evangelie (volgens Johannes) werden

opgeschreven was al duidelijk geworden dat de opstand met als doel om Gods koninkrijk door gewapende strijd op aarde te vestigen, dramatisch was mislukt. De joodse opstand was zeer bloedig neergeslagen en Jeruzalem en de tempel waren inmiddels al lang verwoest.
'Mijn koningschap is niet van deze wereld' wil niet zeggen dat Jezus' koninkrijk bovenaards is. Zijn koningschap gaat alleen lijnrecht in tegen de heersende gewelddadige opvattingen van de heersers van de wereld, toen én nu! Betekent dit nu dat Jezus passief stond en staat tegenover onrecht en geweld? Accepteert Hij onderdrukking? Juist niet. Jezus heeft nooit geaarzeld om het kwaad waarmee de wereld bloedig doordrenkt wordt, te benoemen. Zijn politiek hield een niet aflatende getuigenis van de waarheid in. Van welke waarheid? Deze: alle grote onrechtvaardige machten, zoals het Romeinse Rijk toen en ook de grote rijken van vandaag, zullen uiteindelijk als zandkastelen in elkaar zakken. Jezus biedt een ander model aan, ontvouwt een visioen dat het overwegen en overdenken waard is. Want wat zei Jezus tegen Petrus (Mat. 26:52. Vgl. Joh. 18:10-11)?[388] 'Als je het zwaard grijpt, maak je geen deel uit van mijn koninkrijk.' Jezus is voor een alternatieve weg in de wereld gekomen. Als deze wereld claimt dat onrecht, geweld en terreur permanente factoren zullen zijn, dan leert Jezus juist het tegenovergestelde. Hij claimt dat deze wereld van geweld wél voorbij zal gaan. Omdat God heeft gezegd: 'Ik zal er zijn voor de onderdrukten, verslaafden, de armen.'[389]

'Geef Gode wat Godes is'

'Geef Gode wat Godes is' is geen oproep om vroom te zijn en je ver te houden van die vuile politiek. Het gaat om het breken met elke verafgoding van de heerschappij van geld, terreur en het cynisme van de machthebbers. Met deze uitspraak roept Jezus op om de verering van en het geloof in deze misbruikers van de macht af te zweren en uitsluitend de ware God te aanbidden. Dat is het revolutionaire van zijn oproep. Dat is de uitdaging die erin verscholen ligt: Hem te volgen in de werkelijke revolutie, tegen de blasfemische aanbidding van de netwerken van geld, leugen en geweld.

388 Vgl. Jer. 15:2: 'Als ze aan u vragen: "Waar moeten we heen?" antwoord dan: "Zo spreekt de Heer: 'Wie voor de dood is bestemd gaat naar de dood; wie voor het zwaard is bestemd, gaat naar het zwaard; wie voor de honger is bestemd, gaat naar de honger; wie voor de ballingschap, gaat naar de ballingschap.'"'
389 Wright, 502-507.

Over keizer Tiberius beweerde de munt waar Jezus op doelde dat hij de zoon van de goddelijke Caesar (Augustus) was. Maar hoe geheel anders dacht de 'Thora', 'de weg van God', daarover. Hoe moest Mozes, de eerste grote bevrijder van Gods volk, het ook alweer tegen de keizer van zijn tijd, de farao van Egypte zeggen? *Hoe moest Mozes, de eerste grote bevrijder van Gods volk, het ook alweer tegen de keizer van zijn tijd, de farao van Egypte, zeggen*? 'Zo spreekt de HEER: *Israël* is mijn eerstgeboren zoon' (Ex. 4:22). In Egypte bestond de voorstelling dat een godheid de farao als zoon adopteerde en zo een bijzondere, beschermende en nauwe betrekking met hem tot uitdrukking bracht. Welnu, de boodschap die hiermee aan het adres van de farao werd gericht was: 'Israël is mijn zoon, mijn eerstgeborene. Dat privilege geldt dus niet voor de persoon aan de top, maar voor de hele gemeenschap.' Voorts geeft 'eerstgeborene' de zeer bijzondere en intieme relatie weer tussen God en het volk. Die relatie wordt hier dus beschreven in het beeld van ouders en kinderen: 'Ik ben immers Israëls vader en Efraïm is mijn eerstgeborene' (Jer. 31:9).[390]
Hier wordt een blijde boodschap tot uitdrukking gebracht. Want hoe zei Mozes het tegen het volk? 'De HEER uw God gaat voor u uit. Hij zal zelf voor u strijden, zoals Hij dat in Egypte voor uw eigen ogen heeft gedaan, en in de woestijn, waar u ervaren hebt hoe de HEER uw God u gedragen heeft zoals iemand zijn zoon draagt, de lange tocht tot hiertoe' (Deut. 1:31-32).
Een hoe zeiden de profeten het na Mozes? 'De HEER uw God tilt u op zoals een vader zijn zoon op zijn arm neemt, hem leert lopen' (Hos. 11:1-3; Jes. 1:2; Jer. 31:20). 'Veertig jaar lang (dus een mensenleven lang) heeft Hij u in de woestijn geduldig gedragen' (Hand. 13:18; Jes. 46:3-4; Jes. 63:9). Zoals een adelaar zijn jong onder zijn vleugels (Ex. 19:4; Deut. 32:11). Of zoals een voedster een zuigeling aan haar borst (Num. 11:12).
Als je vraagt wat vandaag de relevantie is van deze boodschap voor de benarde, beangstigende, bedreigende, schrikaanjagende wereld van terreur, dan klinken nog steeds dezelfde woorden: 'Geef de keizer wat des keizers is en Gode wat Godes is.' Maar hoe anders is de betekenis die er veelal in gelezen en gelegd is. In deze woorden roept Jezus ons op om zijn 'agenda' te volgen. Agenda betekent in het Latijn 'datgene wat gedaan moet worden'. Volg dus de revolutionaire agenda van Jezus' koninkrijk. Die is dus totaal verschillend van die van Judas Makkabeüs twee eeuwen eerder, of die van Judas de Galliër twee decennia vóór Jezus' optreden. Het is een zaak van totale gehoorzaamheid aan en navolging van de God van Israël, en van de

390 Fisher & Markl, 75.

navolging van zijn dienstknecht Jezus. Deze Jezus is geboren om koning te worden. Hij is gekomen om de weg van God te vervullen. Hij is de vleesgeworden Thora en belichaamt het doel ervan zelf: recht doen en liefhebben. Daarin is Jezus een weerspiegeling van de genereuze liefde van God voor de hele wereld. Een afdruk van Gods wezen (Hebr. 1:3). Zijn agenda is totaal geweldloos: 'Weersta de boze niet. Als iemand u op de ene wang slaat, keer hem dan ook de andere toe' (Mat. 5:39). 'In God is geen geweld' (Diognetus). Jezus zelf heeft het aanbreken van het koninkrijk van God, het imperium van gerechtigheid en liefde, als zeer nabij bespeurd. Hij geloofde daar vast en zeker in. Hij heeft het met zijn hele bestaan gepredikt, geleefd en voorgedaan. Er is maar één macht – zeer zacht én zeer sterk – en dat is de overmacht van de liefde.
'De dwaas zegt in zijn hart: "Er is geen God"', zei de psalm uit 'Parijs'. Maar hoe zegt die dwaas, die idioot uit Dostojewski's gelijknamige roman het? 'Die liefde is in staat ijs te smelten, ijstijden te beëindigen en in de woestijnen wouden aan te leggen. De zachtmoedigheid is het meest vruchtbare geweld van de aarde.'[391]

Islam – godsdienst en staat één?

Hoe staat het nu met de verhouding godsdienst en staat, godsdienst en politiek in de Koran? Daartoe moeten de uitdrukkingen in de Koran in hun eigen context verstaan en uitgelegd worden. Wat moeten we verstaan onder 'islam' en 'godsdienst'?
Niet lang vóór zijn dood maakte de profeet Mohammed zijn laatste pelgrimage[392] naar Mekka, die als de 'Afscheidsbedevaart' bekend is geworden. Bij die gelegenheid sprak hij de gedenkwaardige woorden: 'Vandaag (of "heden") heb ik u uw godsdienst vervolmaakt, zodat er niets meer aan ontbreekt' en: 'Ik heb de islam als religie[393] gesanctioneerd' (*Q* 5:3). Deze uitspraak is van groot gewicht, ook omdat zij waarschijnlijk tot de laatste teksten van de Koran behoort, uit Mohammeds laatste levensjaar stamt en dus aangeeft hoe er juist aan het einde van Mohammeds optreden over dit onderwerp gedacht werd. In ieder geval heeft deze uitspraak de eeuwen door zo in de uitleg gefunctioneerd.

Als de Koran hier het woord 'islam' gebruikt, wordt daarmee niet bedoeld

391 Aangehaald door Drewermann, Deel II, 270.
392 *hadjdj.*
393 dîn.

wat nu in het algemene taalgebruik dé islam heet en waar de kranten dagelijks over schrijven.
In de discussie rond terroristische daden, zoals de aanslagen op 11 september 2001, werd door moslims vaak en terecht gezegd dat islam 'vrede' betekent en dat die daders geen moslims waren. Dat is een juiste observatie in die zin dat dit ook datgene is wat de Koran zegt. Maar daar moet wel onmiddellijk bij gezegd worden dat de personen die deze aanslagen pleegden, zichzelf wel 'moslims' achtten en ervan overtuigd waren dat hun daden 'islamitisch' waren of zijn. Zij gingen ervan uit dat hun daden met beroep op de Koran konden worden gelegitimeerd.
Wat bedoelde Mohammed toen hij over de vervolmaking van de islam sprak? Om dat te begrijpen, moeten we kijken naar de grondbetekenis van het werkwoord[394] waar het woord islam van is afgeleid.[395] De stam van het werkwoord (*slm*) betekent: 'zich overgeven aan' (namelijk: aan God). In de mond van Mohammed betekent het: 'behoren tot God of alleen Hem dienen'. Van de drie medeklinkers van de stam van het werkwoord kan het woord *islâm* gemaakt worden, en ook het woord 'moslim'. Maar dat zijn in de Koran stuk voor stuk geen aanduidingen voor dé islam en dé moslims. Het woord *salâm*, dat ook van deze stam gevormd wordt, betekent, net zoals het Hebreeuwse equivalent *shalom*, 'vrede'. Een omschrijvende vertaling van wie of wat een moslim is, luidt dan ook: 'hij of zij die zich vol vertrouwen overgeeft aan God en zo vrede vindt met God en zijn medemens'. Dat is dan ook de islam waar Mohammed bij zijn afscheid van sprak. Het concept 'islam' was oorspronkelijk gebaseerd op de conceptie van de mens als zijnde iemand die zich als dienaar aan God had 'overgegeven'.[396]

Godsdienst van God

De tweede helft van de zin die bij de afscheidsbedevaart wordt uitgesproken luidt: 'Nu ben ik er tevreden mee (of "heb er een welgevallen aan") dat jullie de islam als *dîn*, als godsdienst hebben' (*Q* 5:3).
Met de joden in Medina in gedachten zegt de Koran: 'De godsdienst van God is de "overgave (*islâm*)"' (*Q* 3:19). Het gaat om de overgave aan God. De 'godsdienst' (*dîn*) van God is niet gelijk aan dé islam, maar die godsdienst behoort aan God: de godsdienst van God is: 'de overgave'. De oproep die Mohammed bij zijn afscheid aan joden én christenen van zijn tijd doet – en

394 *aslama*.
395 D.Z.H. Baneth, aangehaald door Cuypers, 77 noot 33.
396 Izutsu (1964), 226.

daarmee ook aan die van de onze – is niet om over te gaan tot zijn nieuwe godsdienst, dé islam, maar in te zien, te verstaan, te geloven dat állen (joden, christenen en moslims) opgeroepen worden zich tot de godsdienst van God te wenden, zich aan Hem over te geven, Hem te dienen en zo zijn godsdienst (*dîn*) te volgen. De uitspraak van de Koran bij Mohammeds afscheidstoespraak is dus geen oproep aan een jood of christen of wie dan ook om zich aan dé islam 'over te geven', zich tot dé 'islam' te 'bekeren', moslim te worden in die huidige zin van het woord. De dîn van God kan, als het goed is, per definitie nooit met dé islam samenvallen.[397]
'Aan Hem (God) behoort alles wat in de hemelen en op aarde is. Aan Hem behoort de godsdienst[398] voor altijd' (*Q* 16:52). Aan de ene kant betekent dat dat de absolute macht aan God is, maar aan de andere kant ook dat van de zijde van zijn schepsel absolute gehoorzaamheid wordt gevraagd. Voor 'godsdienst' wordt hier het beeld gebruikt van een dienaar die zich totaal onderwerpt aan een machtige koning. 'Wanneer jullie over mijn religie (dîni) in twijfel zijn, laat het je dan gezegd zijn: "Ik dien niet hen die jullie naast God dienen"' (*Q* 10:104). 'Zeg: "Mij (Mohammed) werd bevolen God te dienen doordat ik de religie (dîn) geheel op Hem instel"' (*Q* 39:11). Hieruit blijkt dat er een innerlijk connectie is tussen 'godsdienst' en 'dienen' (wat trouwens ook al doorklinkt in het Nederlandse woord 'godsdienst' zelf, dat veelal als vertaling gebruikt wordt voor 'religie'). In zijn oorsprong slaat dîn op de godsdienst van iedere individuele gelovige.[399]

Om te begrijpen wat de dîn Allâh inhoudt, is het van groot belang om te verstaan waar de 'godsdienst van God' tegenover staat. Sayyid Abû-l-A'lâ Mawdûdî (1903-1979) beschouwt de uitdrukking dîn Allâh als tegengesteld aan de 'godsdienst van de koning'.[400] Dat is een belangrijk gegeven zowel in de Bijbel als de Koran. Er zijn 'koningen' in de verschillende rijken van deze wereld die zichzelf als 'de zoon van God' zien of zelfs als God zelf. Nimrod, de vorst van Assur en Babel in de tijd van Abraham, en de farao van Egypte in de tijd van Mozes zijn daar de meest sprekende voorbeelden van. Abraham redetwistte met Nimrod (vgl. Gen. 10:8-9), die beweerde dat God hem het koningschap had gegeven. Toen Abraham tegen Nimrod zei dat het God is die doet leven en sterven, antwoordde de koning hem dat hij

397 *E.Q.*, s.v. Religion.
398 *dîn*.
399 Izutsu (1964), 224-226, 229.
400 *E.Q.*, s.v. Religion.

het zelf was die doet leven en sterven. Daarmee stelde hij zich met God gelijk. Abraham daagde hem toen uit met de woorden: 'Als God de zon in het oosten laat rijzen, waarom laat u de zon dan niet in het westen opkomen, als u God bent?' (*Q* 2:258).

De farao van Egypte vergeleek zichzelf op zijn beurt ook met God. Hij zei: 'Er is geen God dan ik!' (*Q* 28:38). Farao zei tegen Mozes: 'Als u een andere god dan mij neemt, zal ik u zeker gevangennemen' (*Q* 26:29). Over de farao staat verder het volgende in de Koran geschreven: 'Is jou (Mohammed) niet de geschiedenis van Mozes ter ore gekomen? Toen zijn Heer hem in de heilige vallei Tuwâ toeriep: "Ga naar de farao. Hij is tiranniek geworden. Zeg hem nu: 'Bent u van plan oprecht te worden zodat ik u kan leiden tot uw Heer en u hem zult vrezen?'" En Mozes toonde hem de grote wondertekenen. Maar farao loochende die en was ongehoorzaam. Toen verzamelde de farao zijn tovenaars en riep uit: "Ik ben jullie heer, de allerhoogste"' (*Q* 79:15-24).

Tegen zijn eigen stadsgenoten, de ongelovige Mekkanen, moest Mohammed zeggen dat hij van zijn Heer had vernomen dat zij niemand anders dan God mochten dienen: 'Mij werd bevolen mij aan de Heer der mensen "over te geven"' (*Q* 40:66. Vgl. 10:72; 6:71). In dat opzicht staat Mohammed in de lijn van alle profeten vóór hem, bijvoorbeeld Noach, die zei: 'Mij is bevolen dat ik moet behoren tot degenen die zich aan God hebben overgegeven' (*Q* 10:72). En dat gold dus ook voor Mohammed in Mekka: 'Mij werd niet anders bevolen dan de Heer van het door Hem heilig verklaarde oord (Mekka, de plaats van de Ka'ba) te dienen, aan wie alles in de wereld behoort. En mij werd bevolen zelf te behoren tot degenen die zich aan God hebben overgegeven, en de Koran aan de wereld voor te houden' (*Q* 27:91-92). Mohammed moest de eerste zijn van degenen die zich aan God hebben overgegeven[401] (*Q* 39:12. Vgl. 6:14; 6:163).[402]

God heeft Mohammed niets anders geboden dan Hem te dienen door zich als een 'Godzoeker'[403] geheel en al op Hem in te stellen en zich aan de geestelijke en sociale verplichtingen te houden.[404] Dat is de welgegronde, vaststaande, juiste godsdienst[405] (*Q* 98:5. Vgl. 10:104-105). 'Richt dan uw gelaat op tot de godsdienst als godzoeker. Dit is de juiste godsdienst' (*Q* 30:30).

401 *al-muslimîna.*

402 Mozes wordt de eerste van de gelovigen genoemd (*Q* 7:143).

403 *hanîf.*

404 *salât en de zakât.*

405 *dînu l-qayyimati.*

Hanîf is de term voor de getrouwe vertegenwoordiger van de Abrahamitische traditie in de tijd van onwetendheid,[406] de periode die aan de komst van Mohammed voorafging.[407]

De godsdienst van Abraham

Er is nog een andere uitdrukking in de Koran te vinden, namelijk die voor 'godsdienstige gemeenschap': 'de *milla* van Abraham'. De term *milla*, 'religie', zou door de joden in de Hidjâz kunnen zijn geïntroduceerd. Mogelijk is de betekenis weer te geven met 'weg'.[408] Soms wordt het woord *milla* voor 'heidense religies' gebruikt, namelijk die van het volk van Shu'ayb, Jetro. Dat volk wil hem uit hun stad verdrijven als hij niet terugkeert naar hun religie[409] (*Q* 7:88-89). Het woord krijgt een speciale betekenis in de tijd van Mohammeds optreden in Medina, waarbij in de Koran achtmaal over de 'religie van Abraham' wordt gesproken (*Q* 2:130, 135; 3:95; 4:125; 6:161; 12:38; 16:123; 22:78).[410]

'Abraham was zelf een gemeente[411] die zich overgaf aan God' (*Q* 16:120). Hij is het prototype van de gemeenschap van ware, echte moslims. Tot deze 'Abrahamitsche gemeenschap' behoort ook Ismaël.[412] Bij het leggen van de grondslagen van het huis van God, waarmee de Ka'ba in Mekka bedoeld wordt, die door Abraham samen met zijn zoon Ismaël werd gebouwd, bidt Abraham: 'Onze Heer, maak ons beiden tot "mensen die ons aan U hebben overgegeven"' (*Q* 2:128). Abraham droeg de 'godsdienst'[413] over aan zijn zonen: Ismaël, Isaak en ook Jakob (*Q* 2:132). Hieruit blijkt hoezeer de ware godsdienst aangeduid met woorden als dîn en *milla* niet dé islam is. 'De ware moslims' zijn de volgelingen van Abraham, Ismaël, Isaak en Jakob, 'de mensen die zich aan God hebben overgegeven'.

Vlak voor Jakob stierf, zei hij tot zijn zoons: 'Wat zullen jullie dienen na

406 *djahiliyya.*

407 Glassé, s.v. *hanîf.* Vgl. Paret (1971) op *Q* 2:135.

408 Jeffery, 268-269.

409 *milla.*

410 *E.I.*, s.v. *milla.* Met het lidwoord: *al-milla*, maar dat is na-koranisch en betekent de ware religie zoals die geopenbaard is door Mohammed. Soms worden deze woorden gebruikt als ahl-milla, de volgeling van de islamitische religie (Tabari), zoals ook ahl al-dhimma voor niet-moslims wordt gebruikt.

411 *umma.*

412 Paret (1971) op *Q* 16:120, (pagina 294).

413 *milla.*

mijn heengaan?' Zij zeiden: 'Wij zullen uw God dienen. De God uwer vaderen Abraham, Ismaël en Isaak als een enige God. Aan Hem zullen wij onze overgeven' (*Q* 2:133).[414] Abraham was geen jood en geen christen, maar hij was een *hanîf*, 'iemand die zich aan God heeft overgegeven' (een 'moslim') (*Q* 3:67).[415] 'Degene die Abraham het meest nabij stonden, waren diegenen die hem én deze profeet (Mohammed) waarlijk volgden, en die met hem gelovig zijn. God is de vriend van de gelovigen' (*Q* 3:68).

Terecht kan gesteld worden dat 'de islam' een 'godsdienst', een religie is die zich van het individuele heil in de Mekkaanse periode heeft ontwikkeld tot een religie die maatschappelijke en politieke codes inhoudt.[416] Maar toch is dit te sterk geformuleerd als ermee bedoeld zou zijn dat Mohammed hier een nieuw godsdienstig-politiek systeem zou hebben geïntroduceerd, een 'islamitische *sharî'a*' op basis waarvan latere generaties een politieke staat of een republiek zouden kunnen uitroepen als een door Mohammed ingestelde 'islamitische staatsinrichting'. Daar gaat het nog niet over in de Koran. De religie waar het in de Koran om blijft draaien, is 'Gods religie'![417] Het gaat heel nadrukkelijk om de oriëntatie die God aan Mohammed heeft verkondigd en die de profeet in zijn tijd heeft doorgegeven: '"Mij heeft mijn Heer geleid langs een rechtgebaand pad,[418] een vaststaande godsdienst,[419] de godsdienst van Abraham de godzoeker, die niet behoorde tot de afgodendienaars." Zeg: "Mijn gebed en mijn vrome oefeningen en mijn leven en mijn sterven zijn voor God de heer der werelden. Geen genoot heeft Hij. Aldus is mij bevolen en ik ben de eerste van degenen die zich aan God hebben overgegeven"' (*Q* 6:161).

Dit spreken over de *millat Ibrâhîm* introduceert een nieuwe nadruk die centraal wordt in de zogenaamde Medina-periode: de eenheid van God wordt de eenheid van de groeiende moslimgemeente,[420] van degenen die

414 In Gen. 49 vinden we de 'zegen van Jakob'. Vgl. ook Deut. 33: 'De zegen van Mozes'. 'Mozes heeft ons een wet gegeven, als bezit voor de gemeente van Jakob' (Deut. 33:4).

415 *Q* 16:120; 2:135; 6:161; 16:133; 4:125; 10:105; 30:30; 22:31; 98:5.

416 *Dictionnaire*, s.v. religion.

417 *dîn Allâh*.

418 *sîrat al-mustaqîm*.

419 *dînan qiyâman*.

420 *umma*.

zich 'overgeven aan God', de moslim in de eigenlijke zin van het woord. 'Godsdienst'[421] draait niet alleen om het persoonlijke, maar ook om de collectieve verbondenheid en toewijding aan Gods rechte weg. 'Godsdienst'[422] betekent dan religie in de zin van voorgeschreven gedrag in een specifieke gemeente van 'mensen die zich aan God hebben overgegeven' of moslims. Er is slechts één godsdienst, Gods onveranderlijke 'godsdienst' (dus niet de onveranderlijke 'islam', zoals vaak wordt geclaimd, en niet alleen door extremisten).

Weliswaar bestaat die gemeente op aarde in concreto uit verschillende graden van zuiverheid. Dan wordt met name gedacht aan de corruptie van de Schriften door de joden in Medina. Sommigen van de joden verdraaiden de woordelijke inhoud, zodat er een andere draai aan de betekenis kon worden gegeven. Een bekend voorbeeld daarvan is dat joden zeiden: 'Wij horen en gehoorzamen niet' (*Q* 4:46). De joden in Medina dreven de spot met Mohammeds boodschap door gebruik te maken van een Hebreeuwse woordspeling: het Arabische sami'a nâ wa-'asaynâ – 'Wij horen en gehoorzamen' – verdraaiden ze door het uit te spreken als shâma'anû we-'aînâ, dat in het Arabisch klinkt alsof het tegenovergestelde wordt gezegd: 'Wij horen en zijn ongehoorzaam.'[423] Maar dat verdraaien[424] van woorden en hun betekenis is geen privilege van dé joden of van dé christenen, zoals dat later veelal wél is verstaan. Het is echter iets wat zich bij élke toehoorder kán voordoen, ook bijvoorbeeld bij 'nominale' moslims. En dat is wat de tekst bedoelt te zeggen. Of er met de tekst van Schriften zelf is geknoeid, is nog geen punt van discussie in de Koran. Later wordt dat echter wel zo in de relatie tussen de mensen van het Boek (joden een christenen) en de moslims.[425] Dan wordt uitdrukkelijk van verandering of corruptie van de tekst van de Tawra en Indjîl gesproken.

De in de Koran beschreven godsdienst is verbonden met de eenheid van God[426] en is kenmerkend voor de gemeente[427] die zich echt overgeeft aan God. Hieruit wordt vaak geconcludeerd dat de Koran zou zeggen: 'De reli-

421 *dîn*.

422 *dîn*.

423 Stillman, 150. *E.Q.*, s.v. 'Corruption'.

424 *tahrîf*.

425 *E.Q.*, s.v. Corruption.

426 *tawhîd*.

427 *umma*.

gie van Mohammed is gekomen om de godsdienst in zijn oorspronkelijke zuiverheid te herstellen.' Het gaat dan om 'die unieke religie die nu islam heet'. Maar dat wil niet zeggen dat nu per definitie gesteld zou worden dat de moslimgemeenschap en de islam alleen deugen en het jodendom en christendom niet of niet meer. Zo is en wordt het wel vaak uitgelegd, maar de Koran (én de Bijbel) levert slechts kritiek op 'joden', 'christenen' en 'moslims' die van de rechte weg afwijken, en de Koran waarschuwt de volgelingen van Mohammed die in dezelfde val kúnnen lopen als joden en christenen hebben gedaan of doen.[428]

Het draait dus niet om dé islam in de sociologische zin van het woord, die in de plaats zou zijn gekomen van het jodendom en het christendom. Het 'zuivere' jodendom en christendom zijn volgens de Koran namelijk ook 'islam'. De dîn is die milla van Abraham en blijft hét oriëntatiepunt voor de 'nominale' joden en christenen, maar ook voor de 'nominale' moslims. Niet de islam is het criterium, maar de milla van Abraham. Gods dîn is en blijft het criterium voor állen.

428 *Dictionnaire*, s.v. religion.

V. DE VREEMDE KONING: JOZEF IN EGYPTE ROLMODEL VOOR MOHAMMED

Voor Walter Brueggemann is het evangelie geheel en al politiek omdat de Bijbel geheel en al politiek is. En het evangelie is geheel en al persoonlijk omdat de Bijbel geheel en al persoonlijk is. Het persoonlijke is politiek en het politieke is schriftuurlijk.[429]

Inleiding

In het najaar van 2014 verscheen de tetralogie *Jozef en zijn broers* van de Duitse schrijver Thomas Mann voor het eerst in Nederlandse vertaling. Het is een roman over het langste verhaal uit de Pentateuch. Zestien jaar werkte hij aan wat hij als zijn magnum opus beschouwde. Het eerste deel verscheen in 1933, het jaar dat Hitler in Duitsland naar de macht greep. Met dit mythische verhaal uit de joods-christelijke traditie wilde Mann een alternatief bieden voor de totalitaire mythologie waarmee de nazi's hun mensbeeld van *Übermensch* en *Untermensch* legitimeerden.[430] Zijn werk wilde 'een grote sympathie betuiging aan de oude joodse wereld van de patriarchen' zijn.

Thomas Mann zei op 17 november 1942 in een rede onder de titel 'The Theme of the Josephs Novels' voor de Library of Congress in Washington het volgende over het woord 'mythe':

'Het woord "mythe" staat tegenwoordig immers in een kwade reuk – we hoeven alleen maar te denken aan de titel die de "filosoof" van het Duitse fascisme, Hitlers leraar Alfred Rosenberg, zijn boosaardige leerboek heeft meegegeven.[431] Te vaak was in de afgelopen decennia de mythe als middel

429 Samuel Wells in voorwoord van Brueggemann (2011), XII.

430 www.jozefenzijnbroers.nl.

431 Rosenberg, Alfred, *Der Mythus des 20. Jahrhunderts. Eine Wertung der seelisch-geistigen Gestaltenkämfe unserer Zeit* (München/Berlin: Hoheneichen Verlag, 1930).

van obscurantistische contrarevolutie misbruikt, om een mythische roman als "de Jozef" bij zijn eerste optreden te beladen met de verdenking dat de schrijver in deze troebele stroom mee zwom. Men heeft deze verdenking moeten laten vallen, want men werd bij nader toezien een ompoling van de mythe gewaar waartoe men haar niet in staat had geacht. Men zag een proces dat vergelijkbaar is met de manoeuvre in een veldslag waarbij een veroverd kanon wordt omgedraaid en op de vijand gericht. De mythe werd in dit boek uit de handen van het fascisme genomen en tot in de laatste nuance van de taal *gehumaniseerd* – als komende generaties er iets opmerkelijks in ontdekken, zal het dit zijn.'[432]

> 'Men heeft in *Jozef en zijn broeders* een jodenroman willen zien, zelfs alleen maar de roman voor joden. Welnu, de keuze van de oudtestamentische stof was beslist geen toeval. Zonder enige twijfel hield die op geheime, koppig-polemische wijze verband met tendensen van de tijd die me vanuit het diepst van mijn hart tegenstonden, met de vooral in Duitsland ongeoorloofde rassenwaan die een hoofdbestanddeel vormt van de fascistische gepeupelmythe. Een roman te schrijven over en in de geest van het jodendom was in overeenstemming met de tijd, juist omdat dit in tegenspraak leek met de tijd.'[433]

In dit hoofdstuk staat het verhaal van Jozef centraal, waarbij aandacht wordt besteed aan zijn betekenis als regeerder. Dit is een belangrijk aspect binnen het verhaal zelf, maar ook binnen het geheel van de Bijbel. Datzelfde geldt trouwens ook voor de Koran: het verhaal van Jozef is voor Mohammed van grote betekenis geweest in het verstaan van zijn 'politieke' rol. Dromen en hun uitleg zijn cruciaal in de Jozefcyclus, maar het is ook goed om duidelijk te zien hoe die dromen licht werpen op de rol van andere profeten, onder wie ook Mohammed.

The Man Born to Be King

Tijdens de Tweede Wereldoorlog schreef Dorothea Sayers, een bekende Britse schrijfster, een radiodrama over het leven van Jezus, *The Man Born to Be King* ('De Man die geboren werd om koning te worden'). Kort vóór de kerstdagen van 1941 werd de eerste aflevering uitgezonden; de laatste

432 Aangehaald naar de 'Inleiding van de auteur van de Nederlandse vertaling' in: Mann, 18.

433 Mann, 21-22.

was in oktober 1942. Eens in de vier weken was er op zondagavond een uitzending, in totaal twaalf stuks. De volgende titels kwamen voorbij: 'Drie koningen uit het Oosten'; 'De heraut van de koning' (Johannes de Doper); 'De erfgenamen van het koninkrijk'; 'De koninklijke intocht in Jeruzalem'; 'De koninklijke maaltijd' (Het laatste avondmaal); 'De koningen van deze wereld' (Herodes en Pilatus, vertegenwoordiger van de keizer die Jezus 'de koning van smarten' liet geselen, veroordelen en kruisigen). Ten slotte komt Jezus toch tot zijn koninklijke bestemming: Hij is de ware 'koning der Joden'. De boodschap van dit radiodrama kun je samenvatten met de woorden uit de Schrift die aan het slot klinken: 'Die *tekenen* zijn opgeschreven opdat jullie geloven en daardoor leven bezitten in zijn naam' (Joh. 20:31), de naam van Jezus, wiens naam immers betekent: 'God redt, verlost, bevrijdt'.

Er is andere jongeman in de Schrift die geboren werd om koning te worden: Jozef, één van de twaalf zonen van vader Jakob. Als kind droomde hij er al van. En hij werd het ook en wist daardoor niet alleen zijn familie, maar ook de Egyptenaren te redden.
De essentie van zijn kinderdroom werd door zijn broers direct al begrepen: 'Wou je soms koning over ons worden of over ons heersen?' (Gen. 37:8).
De woorden 'koning', 'koninkrijk' en 'regeren' vallen al eerder in de verhalen van de patriarchen. Tegen Abraham werd toegezegd: 'Ik zal u zeer vruchtbaar maken, volken zal ik van u maken, zelfs *koningen* zullen uit u voortkomen' (Gen. 17:6) en hetzelfde krijgt Abrahams kleinzoon Jakob in Betel te horen: 'Ik ben God de Almachtige. Wees vruchtbaar en word talrijk, een volk, een menigte van volken zal uit u voortkomen, en *koningen* zullen uit uw lendenen afkomstig zijn' (Gen. 35:11). Voor het eerst in de Bijbel vallen woorden die met politieke macht te maken hebben. 'Met de droom van Jozef treedt iets nieuws binnen in het bewustzijn van Israël: Niet jullie hebben mij hier gebracht, maar God zelf. Hij heeft mij tot een vader voor de farao gemaakt, tot heer over zijn hele huis en tot heerser over heel Egypte (Gen. 45:8).'[434]
Deze dromen worden gedroomd door de *machtelozen* in de familie. Het zijn dromen die staan voor de verbeelding van nieuwe politieke mogelijkheden die de heersende (oude) politieke orde direct bedreigen en in twijfel trekken.[435] Er komt een nieuwe verbeelding aan de macht, zoals in 1968 op de muren in Parijs geschreven stond.

434 Brueggemann (1983), 301.
435 Brueggemann (1983), 302.

Zowel in de Bijbel als in de Koran speelt het verhaal van Jozef een belangrijke rol. Het lange slotgedeelte van het eerste Bijbelboek (Gen. 37-50) is aan Jozef gewijd en het is überhaupt het uitgebreidste verhaal in de Bijbel over één figuur. Van de Koran geldt hetzelfde. Terwijl in de Koran de verhalen over Abraham, Mozes en Jezus in verschillende hoofdstukken ter sprake komen, is er één heel hoofdstuk, het twaalfde, aan Jozef (*Yûsuf*) gewijd. Dat verhaal wordt 'de allermooiste vertelling' genoemd (*Q* 13:3).
De profeet Mohammed werd eens door joden uitgedaagd om te bewijzen dat hij werkelijk een profeet was en in staat was het verhaal van Jozef te vertellen: 'Vraag Mohammed waarom Jakobs familie van Syrië (Palestina is daar een deel van) naar Egypte verhuisde?' En dat kon de profeet aan deze joden uitleggen, want 'God zou nooit enige profeet zenden zonder hem het verhaal te vertellen van Jozef, zoals Hij die aan onze profeet Mohammed vertelde.'[436]

Jozef als vreemdeling in een vreemd land

Het is opvallend hoe gunstig er in de verhalencyclus over Jozef over Egypte wordt gesproken. Men heeft daarbij ook wel aan de tijd van Salomo gedacht. Toen waren er ook goede betrekkingen met het Egyptische hof.[437] Althans, dat gold voor koning Salomo, die getrouwd was met de dochter van farao. De belangstelling die in het verhaal van Jozef blijkt voor een vreemd land, een vreemd volk en de vreemde hofhouding van de koning zou daar mede uit te verklaren zijn. 'Er is geen andere vertelling in het Oude Testament waar zo direct en levendig het op een verbazingwekkende manier leren kennen van een vreemd land wordt weerspiegeld.'[438] Vreemdelingen zoals Jozefs broers kunnen aan het hof ontvangen worden, maar ook van spionage verdacht. Hun jongste broer Benjamin wordt zelfs gevangengezet. Aan het einde van de Jozefcyclus wordt aan de overleden Jozef typisch Egyptische eerbewijzen verleend, zoals het balsemen van zijn lichaam (Gen. 50:26).
De schildering die van het land en het volk gegeven wordt, draagt het karakter van een eerste ontmoeting. Er is geen sprake van angst voor of veroordeling van het vreemde. Als Jozef bevel geeft voor zijn broers een

436 Vgl. *E.Q.*, s.v. *Jews and Judaism*; Johns, 31.

437 Gerard von Rad plaatste het verhaal in de tiende eeuw, de eeuw van koning Salomo, vanwege de sleutels die die eeuw bood voor de uitleg ervan. Vgl. Brueggemann (1983), 292.

438 Westermann (1982), 18.

maaltijd op te dienen, valt het op dat er een afzonderlijke tafel wordt gedekt voor zijn broers, 'want het is voor de Egyptenaren niet mogelijk om met Hebreeën samen te eten: zij hebben daar een afkeer van' (Gen. 43:32). Een afkeer die toen andersom bij de Israëlieten nog niet bestond.[439]

Na de geschiedenis van de aartsvaders, Abraham, Isaak en Jakob (Gen. 12-36), is de verhalencyclus over Jozef als het ware een 'toevoeging' aan het boek Genesis. Dat is trouwens ook de betekenis van Jozefs naam. Bij zijn geboorte gaf zijn moeder Rachel hem de naam Jozef, daarbij denkend: 'Moge de HEER mij nog een zoon "toevoegen"'(Gen. 30:24).

Voor het eerst wordt een verhaal verteld van iemand die op gewelddadige wijze van zijn eigen familie wordt gescheiden en als slaaf onder vreemden in een vreemd land moet gaan leven. En in dat land wordt hij voor een vermeend vergrijp aangeklaagd en tot gevangenisstraf veroordeeld. Hij ontvangt geen recht en heeft geen advocaat behalve 'de God van zijn vaderen', 'die met hem is'. Dat blijkt uit de vriendelijke wijze waarop mensen voor wie hij moet werken hem tegemoet treden, eerst in het huis van Potifar en dan in de gevangenis. Doordat hij 'genade vindt in de ogen van God' kan hij steeds weer tot een hoge positie opklimmen. Dat God met hem is, wil niet zeggen dat Hij tegen de anderen, de vreemde Egyptenaren, is. Die laatsten worden juist ter wille van Jozef geholpen. Dat kom je veel later opnieuw tegen als Israël als staat is opgehouden te bestaan en het volk in ballingschap in Babel vertoeft. Dan schrijft de profeet Jeremia in een brief aan de ballingen: 'Zet u in voor de welvaart van de stad waarheen God u verbannen heeft, en bid voor haar tot de HEER, want van haar welvaart hangt uw welvaart af' (Jer. 29:7). Voor het welzijn, de *shalom*, van het imperium en zijn hoofdstad moeten de joden in ballingschap werken. Het welzijn van Juda is van dat van Babylon afhankelijk.[440]

Dat God met Jozef is, blijkt in hoe Hij hem alles doet gelukken. Hem worden grote verantwoordelijkheden in het huis van Potifar geschonken, die hij met groot respect aan diens vrouw kenbaar maakt. Dat is ook mede de reden waarom hij haar avances afwijst: 'U weet toch dat mijn meester, nu ik in huis ben, zich nergens meer mee bemoeit en heel zijn bezit aan mij heeft toevertrouwd. Hier in huis is hij niet machtiger dan ik; niets heeft hij mij onthouden dan alleen u, zijn vrouw. Hoe zou ik dan dat grote kwaad

439 Westermann (1982), 18.

440 Brueggemann, Jeremiah, 257. Deze positieve houding ten aanzien van Babel verschilt zeer van de diepe haat op andere plaatsen, ook in het boek Jeremia (bijvoorbeeld in de hoofdstukken 50 en 51).

kunnen bedrijven en zondigen tegen God?' (Gen. 39:8-9). Jozef blijft trouw aan de God van zijn vaderen, de God die met hem is en tegen wie hij niet wil zondigen.[441]

Het 'Jozefdrama' in de Koran

Om deze langste en 'allerschoonste vertelling' van Jozef in de Koran op haar waarde te kunnen schatten en waarderen, moet je het verhaal en met name de *dialogen* goed tot je door laten dringen. Daartoe heeft de intonatie van de sprekende, reciterende stem het beste effect.[442] Het woord 'Koran' betekent dan ook: 'datgene wat gereciteerd/voorgedragen moet worden'. Toen Mohammed als profeet geroepen werd, hoorde hij een stem die hem opdracht gaf: 'Reciteer', 'Draag voor'. In het Arabisch luidt dat: *'iqra* (*Q* 96:1), en daar is het woord 'Koran' van afgeleid. De rol die de voordrager speelt, is cruciaal voor het wél verstaan van het verschil tussen het retorische idioom van het Jozefverhaal in de Bijbel én dat in de Koran. De wijze waarop de *stemmen* van Jozef, Jakob en de broers worden gedeclameerd, onthult de vibratie en spanning van het verhaal. Neem bijvoorbeeld de exclamatie van de waterdrager die Jozef in de put aantrof: 'Wat een blijde boodschap! Hier is een jongeman!'(*Q* 12:19).[443] Of de scène waarin Jozef wordt achtervolgd door de vrouw van Potifar, die later Zulaykha wordt genoemd, onder invloed van het Hebreeuwse *zalikha*: 'Zij liep samen met Jozef zo snel als zij konden naar de gesloten deur, hij om weg te komen, zij om dat te verhinderen. Daarbij scheurde zij zijn hemd van achteren. Plotseling stond haar man daar voor hen. En zij zei, amper zonder adem te halen: "Wie jouw familie kwaad wil aandoen, verdient niets anders dan gevangengezet te worden of een pijnlijke straf te ondergaan"' (*Q* 12:25).[444] De kernachtige stijl van wat zij zegt, brengt zowel haar verwarring als haar schuldgevoel tot uiting.[445]
Het verhaal is gecomponeerd in de snelle bewegende van op elkaar volgende scènes, waarbij de gebeurtenissen steeds worden gecommuniceerd via dialogen.[446] De beschrijving is spaarzaam, verbindingen tussen de ene en

441 Westermann (1982), 66-67.

442 Uitgelegd in een prachtig essay van Antony Johns met als ondertitel: 'Dramatische dialoog. Menselijke emotie en profetische wijsheid' (Johns, 29-55). Vgl. Agten e.a. in verband met het zgn. bibliodrama.

443 Johns, 31; *yâ bushrâ hâdhâ gulâm*!

444 Vgl. de vertaling van Paret (1962).

445 Johns, 33.

446 Johns, 31.

de andere scène minimaal. De uiteenzetting is dramatisch en niet beschrijvend of narratief. Wat de verschillende scènes verbindt, is de stem van God, zowel aan het begin als aan het einde met een schitterende peroratie: 'In het bericht over de boodschappers ligt voorwaar een grond om na te denken voor degene die verstand hebben. En het is geen geschiedenis die uit de lucht gegrepen is. Dit verhaal (zoals ook geldt voor de hele Koran) is veeleer een bevestiging van wat vóór hem daar was en zet alles in bijzonderheden uiteen: een rechte leiding en barmhartigheid voor mensen die geloven' (*Q* 12:111).

Je kunt bij het Jozefverhaal dus van 'een toneelstuk voor stemmen' spreken. Daarin is het verhaal niet uniek in de Koran. Er zijn meerdere treffende voorbeelden van dialogen, zoals die tussen de engel Gabriël (*Djibrîl*) en Maria (*Q* 19:18-32. Vgl. Luc. 1), de moeder van Jezus, of die tussen Abraham en zijn vader (*Q* 19:41-48). De Koran is een mozaïek van stemmen en dat komt in het 'hoofdstuk Jozef' bijzonder helder en uitgesproken naar voren.

Er is steeds de stem van God, of van Gabriël als boodschapper namens God, die een les trekt uit de episode die juist is afgesloten. Nadat Jozef (*Q* 12:33) is aangesteld over de voorraadschuren in Egypte staat er bijvoorbeeld: 'En zo gaven Wij Jozef macht in het land (Egypte) om te wonen waar hij wilde. Wij schenken onze barmhartigheid aan wie Wij willen. En Wij geven degene die recht doen hun loon' (*Q* 12:56-57). Hierdoor kunnen de toehoorders uit deze scène een les trekken met betrekking tot de voorzienigheid van God.[447]

De wijze waarop het gesproken woord gebruikt wordt, geeft een idee van hoe het verhaal aan de toehoorders werd gepresenteerd. Er wordt ook gesuggereerd dat Mohammed zelf het oorspronkelijk ook zo deed. Al-Kisâ'i haalt in zijn boek met verhalen over profeten een traditie aan van hoe Mohammed werd uitgedaagd om het verhaal van Jozef en zijn broers te vertellen, en hoe hij het voordroeg en daarbij zijn stem op de juiste plaats verhoogde en verlaagde.[448]

De Jozefcyclus in de Bijbel: zijn droom en de dromen

Jozef is een meesterdromer. 'Daar komt hij aan, de grote dromer,' zeggen zijn broers (Gen. 37:19). Het dromen heeft Jozef niet van een vreemde. Va-

447 Johns, 32-33.

448 Johns, 34. Vgl. *Al-Kisâ' i, Qisâs al-anbiyâ.*

der Jakob had in Betel immers het droomvisioen gehad van de ladder[449] die hemel en aarde verbindt (Gen. 28:18)?[450]
De hele Jozefcyclus draait om die grote droom van 'regeren'. Verder worden de dromen verteld van de schenker en de bakker met wie Jozef in de gevangenis zit en wier dromen hij weet uit te leggen. Dan zijn er ook nog de dromen van de farao. Al die dromen zijn dienstbaar aan de verwezenlijking van Jozefs eigen grotere droom, en helpen hem stap voor stap op weg naar de vervulling. De schenker zal de schakel vormen met het hof van de farao. Toch blijft Jozef zelf na uitleg van de dromen van de beide dienaren van de farao machteloos en hulpeloos in het gevang achter. Wel had hij de schenker nog gevraagd: 'Als het weer goed gaat met u, denk dan ook eens aan mij en bewijs ook mij een dienst; doe bij de farao een goed woord voor mij en zorg dat ik uit dit huis vandaan kom' (Gen. 40:14). Daarin toont hij zich voor zijn eigen bevrijding afhankelijk van de butler en vraagt hem nederig een goed woordje voor hem te doen en *hem uit de gevangenis te bevrijden* (*sic!*). 'Want ik ben met geweld weggesleept uit het land van de Hebreeën, en ik heb ook hier geen misdaad gepleegd, waarvoor men mij in deze kerker moest opsluiten' (Gen. 40:14-15). Hij heeft hulp nodig voor zijn 'exodus'. Maar de butler denkt niet meer aan Jozef, vergeet hem (Gen. 40:20-23), zoals 'Egypte' Jozef later opnieuw zal vergeten zoals blijkt als er een nieuwe koning aan de macht komt, die Jozef niet gekend heeft (Ex. 1:8).[451]
Toen Jozef nog jong was, waren zijn broers erg jaloers op hem omdat hij door hun vader werd voorgetrokken. Deze schonk hem immers een veelkleurige koningsmantel, die een jong mens toch maar op verkeerde ideeën kon brengen. Jozef droomde toen dat de schoven van zijn broers zich eerbiedig voor de zijne neerbogen. Jozef wist van geen ophouden. En ook de volgende keer dat hij een droom had, moest hij die zo nodig weer aan zijn broers doorvertellen: 'De zon, de maan en elf sterren buigen zich voor mij neer.' Dat werd zelfs zijn vader Jakob te gortig: 'Moeten zelfs ik, je moeder en je broers zich soms voor jou neerbuigen?' Niemand had aanvankelijk enig idee waar die dromen op sloegen, wat het verband tussen droom en werkelijkheid was.
Nadat Jozef als slaaf naar Egypte is verkocht en daar tot grote hoogte is opgeklommen, vindt er vanwege de hongersnood in Kanaän die onverwachte

449 *mi'râdj*. Vgl. *Q* 17:1.
450 Marc Chagall brengt in tal van zijn schilderrijen een 'Jakobsladder' in, als symbool voor die verbinding van hemel en aarde.
451 Brueggemann (1983), 324-325.

ontmoeting plaats tussen Jozef en zijn broers (Gen. 45). Het is een drama dat groter is dan allen die erin figureren. Na een lang kat-en-muisspel van de kant van Jozef, die zijn broers wél herkend heeft en met hen gespeeld heeft, kan Jozef zich niet langer goed houden. 'Laat iedereen weggaan!' roept hij. Daarop verdwijnt de entourage van Egyptische officials door de zijdeur. En zodra dat gebeurd is, barst Jozef in tranen uit, zo luid dat de Egyptenaren het toch horen, ja, dat zijn gejammer zelfs tot in het paleis van de farao doordringt: 'Ik ben het, Jozef! Leeft mijn vader nog?' Hij is het die eerder door zijn broers in de put was gedumpt en daarna als slaaf was verkocht, terwijl zijn broers hun vader hadden doen geloven dat Jozef door een wild dier was verslonden door hem de bebloede 'koningsmantel' te laten zien. Maar nu staat de dood gewaande daar in levenden lijve, in kracht en glorie voor hen! De droom is zijn weg gegaan, zijn jongensdroom van zo lang geleden is werkelijkheid geworden: 'Ik ben... Jozef.'
'Ik ben.' 'Ik ben' is de standaardomschrijving van een onthulling, een openbaring. *Ik ben...* wordt ook van God zelf gebruikt. 'Ik ben: de eerste, Ik ben: de laatste' (Jes. 44:6). 'Ik ben: de Heer er is geen ander' (Jes. 45:6). Als Mozes een braambos in brand *ziet* staan en vervolgens een stem *hoort* die roept: 'Mozes, Mozes', antwoordt hij: 'Hier ben ik.' En als Mozes dan vraagt: 'Wie moet ik zeggen dat mij zendt? Wat is Uw naam?' verneemt hij dat antwoord, aangegeven met vier medeklinker: *JHWH*. Die kun je vertalen met: 'Ik ben… die ik ben.' 'Ik zal zijn die ik zal zijn. Ik zal met jou zijn.'
'Ik ben... Jozef.' Dat is dus meer dan een introductie, meer dan: 'Mag ik me even voorstellen: ik ben Jozef.'
Met die uitspraak – 'Ik ben Jozef. Leeft mijn vader nog' – verandert in één klap de situatie voor alle betrokkenen. Ineens moeten de broers overschakelen naar een werkelijkheid van een dood gewaande broer die leeft en bovenal machtig geworden is. Maar zodra Jozef zich bekend heeft gemaakt, dringt ook het schuldbesef door en worden de broers overvallen door grote angst en vrees. Daar hebben ze ook alle reden toe na alles wat zij hem hebben aangedaan. Zij waren nog ongeruster geworden door wat Jozef met hen in Egypte had uitgespookt vóórdat hij zich bekendmaakte: bijvoorbeeld met de drinkbeker die in Benjamins bagage was gestopt om hem als dief te kunnen vastzetten. Zij weten dat zij des doods schuldig zijn. Juda heeft als woordvoerder van de broers inmiddels openlijk schuld bekend. Nadat die beker in Benjamin zak gevonden werd, had hij het woord genomen: 'Wat kunnen wij tegen onze heer zeggen, wat kunnen wij aanvoeren en hoe kunnen wij onszelf rechtvaardigen? God heeft de schuld van uw dienaren aan het licht gebracht. Wij zijn dus de slaven van mijn heer, wij allemaal, samen met degene bij wie de beker gevonden is' (Gen. 44:16). En toen dacht Juda

niet aan de schuld van de vermeende diefstal, maar de schuld die zij zelf als broers droegen vanwege datgene wat zij Jozef hadden aangedaan. Juda was zelfs bereid geweest om als slaaf bij Jozef achter te blijven, om Benjamin zo in staat te stellen naar zijn vader terug te keren. Het verdriet dat zijn vader anders zou hebben gehad omdat hij weer een zoon zou hebben verloren, zou hij niet hebben kunnen aanzien (Gen. 44:33-34).
En juist die verklaring van Juda is de directe aanleiding dat Jozef zich niet langer meer kan inhouden en de air van machtige heerser laat varen. De emoties worden hem te machtig. Vandaar dat hij eerst de hele hofhouding naar buiten bonjourt, waarmee hij al een signaal afgeeft dat er geen bijltjesdag zal volgen. Hij wil het verleden voorgoed achter zich laten en nodigt zijn broers uit hetzelfde te doen.
'Ik ben Jozef, jullie broer.' Daarmee zegt Jozef impliciet: 'Wees niet bang. Maak jezelf geen verwijten.' De familieband blijkt sterker dan zijn persoonlijke Egyptische successtory. Hij herstelt die familieband niet door een soevereine verklaring af te leggen, in de trant van: 'Weet je wel wie je voor je hebt? Weet je wel wie ik ben!' Hij presenteert zich dan ook niet met de koninklijke naam die hij van de farao gekregen heeft en die hem een volmacht over heel Egypte heeft gegeven (Gen. 41:45): Safenath-Paneach. Nee, hij schreeuwt het in tranen uit: 'Ik ben Jozef, *jullie broer.*' De tranen van Jozef en zijn broers zijn tekenen van verbroedering. De kus, die Jozef zijn broers geeft, is geen kus van verraad, maar de bezegeling van vergeving.[452]

'God heeft het ten goede gedacht'

Dan komt het belangrijkste moment, het hoogtepunt van alles wat gebeurt. Jozef geeft de diepste motivatie voor zijn ongetwijfeld edelmoedige optreden. Hij geeft daar drie redenen voor:
'Gód is het die mij vooruit heeft gestuurd naar Egypte om jullie leven te redden' (Gen. 45:5). 'God zond mij vooruit om jullie voortbestaan op aarde veilig te stellen en velen het leven te redden' (Gen. 45:7). 'Niet jullie hebben mij hier gebracht, maar God zelf' (Gen. 45:8). Op deze basis omarmt Jozef zijn broeders, geeft hun voedsel, verwelkomt korte tijde later hun vader uit Kanaän, schenkt zijn familie een stuk land, en staat hun toe onder zijn bescherming een totaal nieuw leven te beginnen.
Maar de broers weten wel beter, namelijk dat God Jozef niet naar Egypte had gestuurd, maar zij, uit jaloezie, haat en vrees. Jozefs toespraak brengt nu een volledige keer in hun aller lot: de schuld van de broers, het verdriet

452 Brueggemann (1983), 343-351.

van de vader, de wraak van Jozef waren alle een middel voor de ontknoping, de onthulling van wat/wie er werkelijk achter al het gebeurde zat. Het handelen van de Verborgene: 'Gód zond mij vooruit om het leven van jullie én het leven van velen meer te redden.' Jozef maakt zijn broers duidelijk dat niet alleen hun familie maar ook de Egyptenaren zelf hongerlijden! En dat al twee jaar lang, en er zullen nog vijf jaar op volgen. Door de uitleg van farao's dromen en door de bouw van voorraadschuren heeft Jozef ongekende nieuwe vooruitzichten geopend, een uitweg om aan de honger te ontkomen, voor de Egyptenaren én zijn eigen familie. Niet alleen het overleven van de Egyptenaren én de Hebreeërs, maar ook het behoud van alle volkeren is in het vizier. Het doel van God, het plan van God, de hand van God is aan het werk, dwars door de vuile 'handen' van mensen heen: 'Niet jullie hebben mij hier gebracht, maar God zelf. Híj heeft mij tot een vader voor de farao gemaakt, tot heer over heel zijn huis en tot heerser over heel Egypte' (Gen. 45:8). De broers zijn tot dan toe zo bezig geweest met hun eigen complot dat zij niet doorhebben dat ondertussen een ander plan in uitvoering is. Het plan met als doel in deze wereld van honger en dood léven te geven, voor de eigen familie én de wereldfamilie.
Jozef had gedroomd dat hij koning zou worden. Dat was het werk van Gods hand, niet van die van de farao. Niemand anders kan en kon daar credit voor krijgen of nemen. God had de koninklijke macht in handen van de persoon van Jozef gelegd. Kennelijk worden Gods plannen, de dingen die Hij door zijn hand wil bewerkstelligen, in de concrete geschiedenis uitgewerkt door de handen van mensen.[453]
Neemt Jozefs uitleg de vrees van de broers weg? Aanvaarden zij nu de werkelijkheid van de droom? Voor zichzelf, voor de Egyptenaren én voor de wereld? Meteen na de dood van hun vader Jakob slaat de angst hen opnieuw om het hart. Ze zijn bang dat Jozef alsnog wraak zal nemen. Ze werpen zich letterlijk voor hem neer, precies zoals Jozef had gedroomd: 'Beschik over ons, wij zijn uw slaven.' De broers durven de droom niet te vertrouwen.
Meteen hierna volgen de meest indrukwekkende woorden uit het hele verhaal uit Jozefs mond: 'Gij hebt kwaad tegen mij gedacht, maar God heeft het ten goede gedacht' (Gen. 50:20). Dat is het waar heel Jozefs geschiedenis op uitloopt.
Grandioze woorden ter afsluiting van de Jozefcyclus en daarmee van het hele boek Genesis. Want wat hier aan het slot gezegd wordt, grijpt terug naar waar de Bijbel mee opent: 'God zag alles wat Hij gemaakt had, en Hij

453 Brueggemann (1983), 343-351.

zag dat het heel goed (dat het heel tof) was. Het werd avond en het werd ochtend; dat was de zesde dag' (Gen. 1:31). De woorden die Jozef in Genesis 50:20 spreekt, zijn de beslissende climax van zijn geschiedenis. En het is meteen een programmatische bevestiging van de blijde boodschap, je mag gerust zeggen: van de héle Bijbel. De kwade plannen van mensen verijdelen nooit ofte nimmer de plannen van God. Door de menselijke plannen, zelfs de kwade, wordt (ongeweten) zijn plan volvoerd. Het plan voor de wereld, voor het goede, voor het leven. L'chayim.[454]

Aard van het koningschap van Jozef

De hele Jozefcyclus is gericht op de grote droom van regeren. Jozef bestijgt de troon, nota bene in Egypte! Het begint met een koninklijke proclamatie van de farao: 'U zult dus de leiding over mijn huis krijgen en aan uw bevel zal heel mijn volk zich onderwerpen; alleen door mijn koningstroon zal ik uw meerdere zijn.' Daarna zegt de farao tegen Jozef: 'Ik stel u hierbij aan over heel Egypte' (Gen. 41:40-41). Jozef ontvangt de insignes die bij zijn functie horen: de zegelring aan zijn vinger, linnen kleren om aan te trekken en een gouden ketting om zijn hals (Gen. 41:42). Daarna volgt een publieke acclamatie: 'Toen liet hij hem op zijn tweede wagen plaatsnemen en voor hem uitroepen: "Breng hulde!" Zo stelde hij hem aan over heel Egypte' (Gen. 41:43). En daarbij krijgt Jozef een koninklijke naam (Gen. 41:45). Ten slotte wordt Jozefs status bezegeld met een huwelijk met een dochter van een priester te On (Heliopolis), een van de aanzienlijkste families in Egypte.[455]

Maar hoe verhoudt Jozef zich tot het Egyptische rijk? Realiseer je eens hoezeer het Egypte van de farao in de Bijbel steeds verbonden is met de ellende die het volk Israël heeft meegemaakt en de manier waarop Mozes op Gods initiatief de leider werd van de uittocht. Daarbij is het van ongekend belang om te letten op het karakter van de rol van Jozef, die in een bijzonder nauwe relatie tot de farao kwam te staan. Werd hij daardoor niet bezoedeld met 'de macht'? Het verhaal zegt daar meer over dan bij oppervlakkige lezing misschien tot de lezer zou doordringen.

Jozef is dertig jaar als hij bij de farao, de koning van Egypte, in dienst treedt. Hij verlaat na zijn benoeming het paleis van de farao en trekt heel Egypte door. In de zeven jaren van overvloed is de oogst in het land overstelpend groot: 'In de zeven jaren dat er overvloed was in Egypte, verzamelde Jozef

454 Brueggemann (1983), 376.

455 *KBS* op Gen. 41:45.

alle mogelijke levensmiddelen; in elke stad sloeg hij het voedsel op dat de velden rondom die stad opbrachten. Jozef hoopte het koren op als het zand aan de zee; het was zo'n overvloed dat men ophield met meten; er was geen meten meer aan' (Gen. 41:46-49). Jozef blijkt een slimme, misschien moet je toch zeggen een sluwe, heerser te zijn en is de zaak van de farao geheel en al toegewijd. Hij is bereid de belangen van de individuen op te offeren aan het bezit van de kroon. 'Toen er honger was in het hele land, stelde Jozef de hele voorraad koren ter beschikking en verkocht het aan de Egyptenaren naarmate de honger in Egypte nijpender werd. Uit alle landen kwam men naar Egypte om bij Jozef graan te kopen; want de hongersnood woedde hevig in de hele wereld' (Gen. 41:55-56). Dit toont Jozefs handigheid aan als bestuurder. Maar Jozef stelt zich niet op als een belangeloze figuur. En meteen blijkt aan wat voor gevaren een mens zich blootstelt als hij verstrengeld raakt in de belangen van een grote imperiale mogendheid. Het Egyptische rijk dat Jozef namens de farao leidt, biedt weliswaar voedsel, maar vraagt er wel het leven van zijn onderdanen voor terug. Uitbuiting, onderdrukking en slavernij liggen kennelijk direct op de loer. Jozef wordt een factor voor het ontstaan van een situatie waarin zijn volk zich spoedig gaat bevinden. Hij helpt het toneel in te richten waarop later de schreeuw om bevrijding zal opklinken. De bewoners van Egypte worden tot slaven gemaakt en zij raken hun vrijheid kwijt. Jozef krijgt de credits voor zijn sluwheid, maar dat is wel een hoogst twijfelachtig eer.

Het programma dat Jozef aan de farao voorstelt, staat dus niet ver af van de imperialistische politiek van Egypte waarover de kinderen Israëls zich spoedig zullen beklagen (Ex. 5:5-19) bij een farao die Jozef niet gekend heeft (Ex. 1:8).[456] En wat Jozef doet, staat volslagen haaks op wat de Thora later zal vragen: 'Vervalt uw broer tot armoede en kan hij zich niet handhaven, dan moet u hem hulp bieden, zodat hij bij u kan leven, op dezelfde wijze als een vreemdeling of een buitenlander. Uit eerbied voor uw God mag u van uw broer geen rente of toeslag vragen, zodat hij bij u kan blijven leven. Leen hem geld zonder rente en geef hem te eten zonder toeslag. Ik ben de HEER uw God; Ik heb u uit Egypte geleid om u Kanaän te geven en uw God te zijn. Als een vreemdeling die bij u woont rijk wordt en uw broer vervalt tot een zo grote armoede dat hij zich aan hem of aan iemand van diens familie verkoopt, dan heeft hij daarna recht van verlossing' (Lev. 25:35-38, 47-48). Als je Jozefs optreden in Egypte volgt, word je getroffen door de parallel met wat er in Kanaän zal gebeuren ten tijde van de koningen. Salomo zal

456 Brueggemann (1983), 356.

nota bene voor de 'heilige taak' van het bouwen van de tempel in Jeruzalem arbeiders uit heel Israël ronselen voor het verrichten van herendiensten. Dat zijn dus slaven (!), in totaal dertigduizend man. 'Hij stuurde maandelijks een ploeg van 10.000 man naar de Libanon, zodat ze een maand op de Libanon waren en twee maanden thuis. Die arbeiders stonden onder leiding van Adoniram, het hoofd van de herendiensten. Verder had Salomo 70.000 lastdragers en 80.000 steenhouwers in het gebergte, afgezien van zijn hoofdopzichters die de leiding van het werk hadden, 3.300 man die toezicht hielden op het werkvolk. De koning gelastte grote blokken kostbare steen te houwen en op maat te kappen voor de fundamenten van de tempel' (1 Kon. 5:27-31). Adoniram kreeg die positie al tegen het einde van de regering van koning David (2 Sam. 20:24). Dat wil dus zeggen dat deze door de Thora veroordeelde politiek al door koning David werd ingezet! Het is dan ook niet zo verwonderlijk dat steeds meer mensen Adoniram gingen haten. Als hij later onderhandelaar is van Salomo's opvolger, koning Rehabeam, wordt hij door het volk gestenigd (1 Kon. 12:18). Rehabeam wil het nog bonter maken dan zijn vader: 'Als mijn vader u een zwaar juk heeft opgelegd, dan zal ik het nog zwaarder maken; als mijn vader u gemarteld heeft met zwepen, dan zal ik het doen met schorpioenen' (1 Kon. 12:14). Hij wil de politiek van koning Salomo dus in een nog ergere, nog strengere vorm voortzetten.

Jozef als dromenuitlegger in de Koran

Naast de droom die Abraham ontvangt en waarin hij de opdracht krijgt om zijn zoon te offeren (*Q* 37:102) wordt er in de Koran het meest uitgebreid over dromen gesproken in het hoofdstuk Yûsuf, dat met recht een 'droomverhaal' genoemd kan worden.[457] Jozef wordt voorgesteld als een dromer en iemand die dromen uitlegt.[458] Als Jozef zijn vader vertelt dat hij gedroomd heeft dat elf sterren, de zon en de maan zich voor hem hebben neergeworpen, raadt Jakob hem aan om deze droom niet aan zijn broers te vertellen, omdat hij begrijpt dat deze droom jaloezie bij zijn broers zal oproepen. Daarna zegt Jakob: 'Zo zal uw Heer u uitkiezen en u leren geschiedenissen te duiden[459] en de genade aan u en de stam van Jakob te voleindigen, zoals Hij dat vroeger gedaan heeft aan uw beide voorvaderen Abraham en Isaak' (*Q* 12:5-6).Zodra Jozef in de gevangenis is beland, komt hij in aanraking

457 Vgl. *E.Q.*, s.v. Dreams and Sleep.

458 Qurtubi presenteert Jozef als de beste droomuitlegger op aarde.

459 *tawîl.*

met twee medegevangenen die een droom hebben gehad en hem om uitleg vragen (*Q* 12:36). 'Ik zal jullie die uitleg geven voordat het eten gebracht wordt' (*Q* 12:37), en dat doet hij ook inderdaad (*Q* 12:41). De een heeft gedroomd dat hij zichzelf wijn zag schenken, de ander hoe hij op zijn hoofd brood droeg en hoe de vogels daarvan aten. 'Geef mij de uitleg ervan!' zegt hij. Waarop Jozef zegt: 'Jullie, mijn beide medegevangenen! Wat de ene van jullie betreft, hij zal spoedig zijn heer wijn te drinken geven. Wat de ander aangaat, hij zal gekruisigd worden en de vogels zullen van zijn hoofd eten. De zaak waarover jullie mij inlichtingen vragen is reeds beslist' (*Q* 12:41). Wel vraagt Jozef aan degene van wie hij verwacht dat hij gered zal worden: 'Denk aan mij bij uw Heer!' Maar satan maakt dat hij Jozef vergeet, waardoor Jozef ettelijke jaren in de gevangenis blijft (*Q* 12:42). En dan volgt onmiddellijk daarop de droom waardoor de farao verontrust wordt. Opvallend genoeg wordt deze man in dit verhaal 'koning' en niet 'farao'[460] genoemd! Deze zegt: 'Ik zag zeven vette koeien die werden gegeten door zeven magere, en zeven groene aren en zeven andere die verdord waren.' 'O gij aanzienlijken', zo richt hij zich tot zijn ministers, 'geef mij uitleg over mijn visioen indien jullie mijn droom kunnen verklaren.' Maar zijn raadgevers noemen het 'verwarde dromen' en bekennen dat zij niet deskundig genoeg zijn om de dromen uit te leggen (*Q* 12:44). Pas op dat moment herinnert die ene geredde medegevangene zich Jozef. Hij zegt tegen de koning: 'Ik zal u de uitleg mededelen. Stuur mij naar Jozef.' In de gevangenis aangekomen spreekt de schenker Jozef als volgt aan: 'Jozef, gij waarachtige' (*Q* 12:46).[461] Het is goed om een moment stil te staan bij de manier waarop de schenker Jozef aanspreekt. Bij de uitleg van de Koran moet je je altijd bewust zijn van de nauwe verbondenheid die er bestaat met zowel de Tawra als de Indjîl, als ook met verdere joodse bronnen, zoals de pseudepigrafen, de *haggada* en de *midrash*. Deze aanspreektitel is daar een illustratie van. De rabbijnse en pseudepigrafische bronnen geven Jozef frequent de titel de 'rechtvaardige'.[462] In de *haggada* en in de joodse liturgie wordt Jozef voortdurend zo genoemd.[463] Deze titel kreeg hij ongetwijfeld vanwege zijn deugdzame overwinning over de listen van de vrouw van zijn meester Potifar,[464] zo-

460 *fir 'awn*.
461 *siddîq*.
462 *tsaddîq*. Vgl. Maimonides, 250, 364.
463 Paret (1971) op *Q* 12:46.
464 In de Koran wordt hij *al-Azîz* genoemd.

als dat beschreven wordt in 4 Makkabeeën 2:2.[465] In de kabbalistische literatuur wordt Jozef nauwelijks zonder deze titel aangeduid. In de *midrash* wordt onder tsaddiq iemand verstaan die liefdadigheid bewijst. Daaraan wordt nog toegevoegd dat alleen Jozef en Noach die onderscheiding hebben gekregen omdat zij mens en dier van voedsel voorzagen in een tijd van honger en nood.

Moslimschrijvers geven in navolging van de joodse gewoonte Jozef ook die titel tsaddîq mee, en dan in de Arabische betekenis van het woord: 'de betrouwbare'.[466] De eerste opvolger van de profeet Mohammed, Abû Bakr, ontving ook deze bijnaam, 'de betrouwbare'.[467] Verdere gestalten uit de heilsgeschiedenis die in de Koran dit epitheton ontvangen zijn Abraham (*Q* 19:41) en Idrîs (*Q* 19:56).[468] Ook Maria krijgt deze titel, in vrouwelijke vorm (*Q* 5:75).[469] Welnu, de schenker zegt tegen Jozef, die nog steeds in de gevangenis verkeert: 'Jozef, gij waarachtige. Geef mij informatie over de zeven vette koeien die door de magere opgevreten zijn en de zeven groene aren en de zeven aren die verdord zijn!' (*Q* 12:46). Dan volgt de uitleg van Jozef: 'Jullie zullen zeven jaren krijgen waarin jullie zoals gewoonlijk zaaien. Wat jullie dan oogsten, laat dat in de aren, behalve een kleine hoeveelheid die jullie zullen eten. Daarna zullen zeven zware jaren komen, die zullen verteren wat jullie bewaard hebben. Dan zal een jaar komen waarin de mensen regen zullen krijgen en waarin jullie weer zullen persen' (*Q* 12:47-49).

Aan het einde van het hoofdstuk wordt gezegd dat Jozefs droom werkelijkheid is geworden: 'Jozef verhief zijn ouders op de troon.' Dat wil zeggen dat zowel zijn vader als zijn moeder Rachel in dit verhaal nog in leven zijn.[470] Jozef zegt: 'O vader! Dit is de uitleg van mijn droomgezicht van vroeger. Mijn Heer heeft gemaakt dat het nu bewaarheid is geworden. Hij heeft het steeds goed met mij bedoeld.'[471] Die laatste uitdrukking kun je als een parallel zien van de kernzin uit het slot van het Jozefverhaal in Genesis: 'Jullie hebben kwaad tegen mij gedacht, maar God heeft het ten goede gedacht'

465 Speyer, 202-203.

466 Ginzberg, 328-329 noot 3.

467 *as-siddîq*.

468 Beide keren ook met de titel 'profeet', *al-nabî*.

469 *saddîqa*. Een aantal vrouwen uit de Bijbel krijgen deze titel. Aldus Howovitz, aangehaald door Paret (1971) op *Q* 5:75.

470 In de Bijbel wordt beschreven dat zij stierf na de geboorte van haar tweede zoon, Benjamin (Gen. 35:16-20).

471 *wa ahsana bî*.

(Gen. 50:20). 'God had het goede met mij voor,' zegt Jozef in het slot van het verhaal tegen zijn vader: 'toen Hij mij uit de gevangenis liet komen en nu Hij u uit de steppe gebracht heeft nadat de satan tussen mij en mijn broers verwijdering gebracht had. Mijn Heer vindt middelen en wegen voor dat wat Hij wil. Hij is de Wetende en de Wijze' (*Q* 12:100). En dan eindigt hij met de bede: 'Heer! Gij hebt mij (in Egypte) heerschappij gegeven en Gij hebt mij geleerd geschiedenissen te duiden. Gij Schepper van hemel en aarde! Gij zijt mijn beschermer in deze wereld en de toekomende. Laat mij als iemand die zich aan God heeft overgegeven (moslim) sterven en neem mij op onder de rechtvaardigen' (*Q* 12:101).

Jakob en zijn twee zonen Jozef en Benjamin in de Koran

Het verhaal van het leven van Jakob is primair verbonden met de rol die hij speelt in het verhaal van Jozef. Zoals vaker in de Koran worden veel namen van Bijbelse personen niet gegeven. Dat is niet omdat zij niet bekend zijn, maar juist omdat zij bij het gehoor als bekend worden verondersteld. Van de achttien *dramatatis personae* wordt in deze *sûra* alleen Jozef bij name genoemd. De naam van Jakob klinkt dus ook niet. Hij wordt steeds als 'vader' aangeduid.

Een andere belangrijke persoon in het verhaal over Jozef is Benjamin. De nauwe relatie tussen de twee broers is een leidmotief in de Jozefvertelling in de Koran. Elke verwijzing naar Benjamin speelt een belangrijke rol in de ontwikkeling van het verhaal, paradoxaal genoeg niet door iets wat hij zegt of doet, maar door zijn relatie tot zijn broer Jozef.
Het is door Benjamin dat Jozef greep krijgt op en macht gaat uitoefenen over zijn broers: 'Toen Jozef zijn broers van het rantsoen voorzien had, zei hij: "Breng me de volgende maal een broer van u (namelijk Benjamin) bij uw vader vandaan"' (*Q* 12:59). Het is volgens de Koran de jaloezie van de broers ten opzichte van de beide zonen van Rachel, en dus niet alleen ten opzichte van Jozef, die de gebeurtenissen aanstuurt (*Q* 12:8).
Wanneer de broers uit Egypte zijn teruggekomen bij hun vader en tegen hem zeggen: 'Ons wordt niet opnieuw koren gegeven tenzij Benjamin mee terugkomt naar Egypte' (*Q* 12:63), is er sprake van een *déjà vu* als de broers hun vader vervolgens verzekeren: *'Wij zullen goed voor hem zorgen.'* Als zij namelijk helemaal aan het begin van de geschiedenis hun vader vragen om Jozef te mogen meenemen, zeggen zij: 'Vader! Waarom vertrouwt gij Jozef ons niet toe? Wij zijn hem toch oprecht toegedaan. Stuur hem morgen met ons mee opdat hij zich kan vermeien en spelen' (*Q* 12:12). In dat geval was hun belofte vals en de schade die Jozef treft reëel. Hij werd door hen in de

put geworpen en daarna verkocht en in ballingschap weggevoerd. Wanneer de broers in deze latere scène Jakob om toestemming vragen om Benjamin met zich mee te nemen naar Egypte – omdat zij anders geen koren zullen krijgen – geven zij hem een identieke verzekering: *'Wij zullen goed voor hem zorgen.'* Dat geeft Jakob de gelegenheid om hun het verwijt te maken: 'Kan ik hem jullie toevertrouwen meer dan zijn broer jaren geleden?' (Q 12:64). Jakob ziet het niet zitten en zal Benjamin niet mee laten gaan, tenzij de broers voor God beloven dat zij zijn jongste zoon bij hem terug zullen brengen (Q 12:66). Hier is sprake van een dubbel ironie. De eerste keer logen de broers, maar nu spreken zij de waarheid. Jakob was (met tegenzin) bereid geweest om hun eerste belofte te geloven, maar deze tweede keer lag dat anders. De tweede ironie is de volgende: toen zij eerst tegen Jakob logen, zeiden zij dat Jozef door een wolf was gedood en klaagden zij hypocriet: 'Gij gelooft ons zelfs niet als wij de waarheid vertellen.' Zoals Jakob *toen* die leugen moest aanvaarden, kan hij *nu* de waarheid of oprechtheid van hun woorden niet geloven. De angst voor het kwaad dat Jozef volgens hem zou kunnen treffen, was in het eerste geval reëel geweest, maar het kwaad dat Jakob vreesde voor Benjamin geschiedde niet.[472]

Voordat de broers teruggaan naar Egypte geeft Jakob zijn zonen het bevel dat ze niet allemaal door dezelfde poort de stad binnen mogen gaan (Q 12:67), kennelijk met de gedachte dat ze anders door het 'boze oog' getroffen zouden kunnen worden.[473] De voorstelling die hier achter schuilgaat is afkomstig uit een joodse *midrash* en doelt inderdaad op het binnengaan van de Egyptische hoofdstad, en niet algemeen over het land als zodanig. Steden hebben immers poorten, en landen niet.[474]

Als de broers samen met Benjamin in Egypte zijn aangekomen, neemt Jozef Benjamin terzijde en zegt tegen hem: 'Waarlijk, ik ben je broer' (Q 12:69). Wanneer Jozef zijn beker in Benjamins zadeltas heeft gestopt (Q 12:70, 76), wordt deze vervolgens 'ontdekt' (Q 12:76) en zeggen de broers daarover: 'Wanneer hij steelt is dat niet verwonderlijk, want een broer van hem heeft reeds vroeger gestolen' (Q 12:77). Ook in een joodse bron vinden we een dergelijke reactie van de verontwaardigde broers: 'En de broers stonden daar en sloegen Benjamin op zijn schouder en zeiden tegen hem: "Jij dief, jij zoon van een dievegge. Jij hebt ons beschaamd, jij bent de zoon van je moeder."' Wat dit laatste betreft, wordt door de broers gezinspeeld op Rachel,

472 Johns, 34.

473 Speyer, 214.

474 Paret (1971) op Q 12:67.

die de *terafim*, de huisgoden die het huis van haar vader Laban moesten beschermen, stiekem had meegenomen (Gen. 31:19). Omdat er over een man uit de familie gesproken wordt, kan ook aan Jakob zelf gedacht zijn. Hij had immers de zegen van zijn broer Esau gestolen (Gen. 27:36).[475]
Opnieuw wordt Jakob met het verlies van een zoon geconfronteerd als Benjamin in Egypte wordt vastgehouden. Toen Jakob geloofde dat hij Jozef had verloren, riep hij uit: 'Voor mij is het *geduld* het beste' (*Q* 12:18). Ondanks deze nieuwe smart na zo vele jaren van verdriet is Jakob toch in staat in dezelfde bewoordingen te reageren als weleer: 'Voor mij is het geduld het beste',[476] waaraan hij toevoegt: 'Misschien zal God ze mij tezamen (dus Benjamin én Jozef [!]) weer terugbrengen' (*Q* 12:83). Dus Jakob heeft de hoop dat Jozef nog leeft nooit opgegeven. En dan wendt hij zich van zijn zonen af en zegt: 'Hoe verdriet het mij om Jozef!' Zijn ogen worden verblind door louter smart en wenen. Letterlijk staat er dat zijn ogen er wit van worden (*Q* 12:84). Daarop zeggen de broers: 'Gij zult niet ophouden over Jozef te spreken totdat gij er ten slotte ziek van wordt en omkomt' (*Q* 12:85). Jakob antwoordt: 'Ik klaag mijn gram en mijn treurnis alleen aan God. Ik weet vanwege God wat jullie niet weten' (*Q* 12:86). Volgens de *haggada* heeft God aan Jakob geopenbaard dat Jozef nog leefde.[477] 'O mijn zonen. Gaat heen en doe onderzoek naar Jozef en zijn broer. En wanhoop niet aan de bemoediging van God. Niemand wanhoopt aan de bemoediging van God dan de ongelovige lieden' (*Q* 12:87).[478]
Als Juda, een van de broers, een pleidooi houdt en daarin vraagt of een van de broers de plaats van Benjamin mag nemen omdat hij een grijze, oude vader heeft (*Q* 12:78), antwoordt Jozef: 'Het zij verre dat een ander genomen zou worden dan die waarbij ons eigendom gevonden is' (*Q* 12:79).
Benjamin is degene die ervoor zorgt dat er iets verandert in de harten van zijn broers. Jakobs bevel om naar Jozef en zijn broer te zoeken (*Q* 12:87) leidt tot de ontknoping van het verhaal wanneer Jozef zijn identiteit onthult. Voordat hij zich bekendmaakt, stelt Jozef zijn broers de volgende vraag: 'Weten jullie niet meer wat jullie in jullie dwaasheid met Jozef en zijn broeder (Benjamin) hebben gedaan toen jullie onwetenden waren?' (*Q* 12:89). Zij antwoorden dan: 'Ben jij dan waarlijk Jozef?' Waarop Jozef bevestigt: 'Ja, ik ben Jozef' (*Q* 12:90).

475 Speyer, 216.
476 Johns, 35-36.
477 Speyer, 218.
478 Johns, 39-40.

Het hemd van Jozef

Aan het begin van het verhaal zeggen de broers van Jozef dat hij *en zijn broer Benjamin* meer geliefd zijn bij hun vader dan zij, terwijl zij toch met zovelen zijn. Dat noemen zij een duidelijke *dwaling* (*Q* 12:8). Het woord *dwaling* wordt opnieuw gebruikt als Jakob blind is geworden vanwege zijn verdriet om het gemis van Jozef (*Q* 12:84). Als Jozef zich aan zijn broers bekendmaakt (*Q* 12:90), vraagt Jozef hun zijn mantel naar Kanaän mee te nemen en die over het gezicht van zijn vader te leggen, opdat diens gezicht terug zal keren (*Q* 12:93). Zodra de karavaan zich met het hemd van Jozef op weg begeeft vanuit Egypte, verklaart Jakob reeds: 'Ik bespeur de geur van Jozef, als jullie niet zouden beweren dat ik geschift ben' (*Q* 12:94). Volgens de traditie spreekt Jakob deze woorden op het moment dat de karavaan nog acht nachten van hem verwijderd is.[479] Jakobs huisbewoners reageren dan met: 'Bij God, gij vervalt weer in uw oude *dwaling*!' (*Q* 12:95). Maar bij deze gelegenheid blijkt Jakobs geduld gerechtvaardigd. De brenger van de goede boodschap[480] is volgens de commentaren Jakobs zoon Juda (*Yahûdha*),[481] die het hemd over Jakobs gelaat werpt, waardoor Jakob zijn gezichtsvermogen terugkrijgt.

De reuk[482] van Jozefs hemd wordt in Jakobs verklaring met de geest of de adem van God[483] verbonden. Hij zegt namelijk: 'Ga, mijn zonen, en wanhoop niet aan de geest van God. Niemand wanhoopt aan de geest van God dan het ongelovige volk' (*Q* 12:87).

Bepaalde exegetische tradities zeggen dat Jozefs hemd door Gabriël uit de hemel gebracht werd. Jozef droeg, zo wordt verder verteld, het hemd in een zilveren amulet rond zijn nek en had het bij zich toen hij in de put werd geworpen. De geur van de hemel die in het hemd bleef hangen, gaf hem de macht om zieken te genezen.[484]

Na zijn bemoedigende woorden tegen zijn zonen, zegt Jakob: 'Heb ik niet gezegd dat ik op grond van wat God mij geopenbaard heeft, weet wat jullie niet weten?' (*Q* 12:96). In het verhaal komen verschillende vormen van het woord 'weten' vele malen voor, om daarmee de 'kennis' van God te belich-

479 Van Ibn 'Abbâs († 686-8). *E.Q.* s.v. Smell.

480 *al-bashîr.*

481 *E.Q.*, s.v. Smell.

482 *rîh.*

483 *rawh Allâh.*

484 *E.Q.*, s.v. Smell.

ten, de kennis die God geeft aan een profeet, in dit geval aan de profeet Jakob. Het is een kennis die aan anderen verborgen is gebleven.[485]
Dat de blinde Jakob weer ziende wordt, wordt door de *midrash* in verband gebracht met wat Jakob tegen zijn zonen zegt vlak vóór zij samen naar Egypte vertrekken. 'Ikzelf zal u naar Egypte vergezellen en ik zal u ook weer terugbrengen. Jozef zal uw ogen sluiten' (Gen. 46:4). Er wordt wel gezegd dat de heilige Geest zich gedurende de afwezigheid van Jozef niet openbaarde. De rabbijnen brengen de blindheid van Jakob ook in verband met het ontbreken van geestelijke verlichting.
Er wordt wel verondersteld dat Mohammed bekend was met de geschiedenis van Tobias. In die geschiedenis is ook sprake van de terugkeer van de zoon die in opdracht van een engel gal van een vis in de ogen van zijn blinde vader moest strijken. Hierdoor zou zijn vader weer kunnen zien. 'Toen zij Nineve naderden, zei Rafaël tegen Tobias: "Je weet in welke toestand je vader zich bevond toen wij vertrokken. Laten wij vooruit reizen en thuis alles in orde maken voordat je vrouw aankomt. Zorg dat je de gal van de vis bij de hand hebt." Ze reisden dus door, gevolgd door de hond. Intussen zat Anna langs de weg uit te kijken naar haar kind. Op een gegeven ogenblik zag zij hem aankomen en ze meldde zijn vader: "Daar komt je zoon aan en ook de man die met hem meegegaan is." Rafaël zei tegen Tobias: "Ik ben er zeker van dat je vader zijn zicht weer terugkrijgt. Strijk de gal op zijn ogen. Zodra ze gaan steken, moet hij in zijn ogen wrijven tot de witte vlekken verdwenen zijn en dan zal hij jou zien." Anna was inmiddels toegesneld; ze viel haar zoon om de hals en riep uit: "Ik zie je, mijn kind! Nu kan ik sterven." En beiden weenden. Tobit ging naar de deur en viel. Zijn zoon liep naar hem toe, ving zijn vader op, streek de gal op zijn ogen en zei: "Moed houden, vader." Zodra zijn ogen begonnen te steken wreef Tobit ze uit en als vliesjes vielen de *witte vlekken* uit de ooghoeken. En zodra hij zijn zoon zag, viel hij hem om de hals en zei wenend: "U bent gezegend, God, en gezegend is Uw heilige naam tot in eeuwigheid en gezegend zijn al Uw heilige engelen. U hebt me beproefd, maar U schenkt me weer genade, nu ik mijn zoon Tobias *zie*"' (Tob. 11:1-8).[486]
Als Jakob samen met zijn vrouw Rachel bij Jozef in Egypte komt, zegt Jozef: 'Gaat Egypte binnen, zo God wil (*in sha' Allâh*) in veiligheid' (*Q* 12:99).
Er wordt wel verteld wat iemand eens meemaakte toen een reciteerder van deze passage buitengewone kleur gaf aan het voordragen van de frase *in*

485 Johns, 35; vgl. *E.Q.*, s.v. Face; Vision and Blindness; Clothing.
486 Speyer, 219-220.

shâ' Allâh. Het zorgde voor de versnelling van de polsslag van de recitatie op dit punt, alsof hier de climax ligt van het hele hoofdstuk. Dat zou gebaseerd kunnen zijn op het feit dat hij zich er bewust van was dat er een parallelle frase in een ander hoofdstuk van de Koran staat, namelijk in *sûrat al Fath* (Q 48:27), het gedeelte over de inname van de stad Mekka door Mohammed. Daar wordt aan Mohammed zelf verzekerd: 'Gij zult de gewijde moskee binnengaan, *in shâ' Allâhu âminîn* ("Indien de Here het wil in veiligheid").' Zo kan het bevel aan Jakob om de poort van Egypte binnen te gaan als een prefiguratie worden gezien van het bevel aan Mohammed. Voor Mohammed was dat de verzekering dat hij de stad Mekka ook eens op die manier zou binnengaan.[487]
In de zegen die Jakob aan het einde van zijn leven uitspreekt over zijn zonen wordt voorrang gegeven aan Juda én aan het huis van Jozef (zijn beide zonen, Efraïm en Manasse) (Gen. 49).[488] In de Koran valt een echo van die zegen te horen als Jakob tegen zijn zonen zegt: 'Wie zullen jullie dienen als ik er eenmaal niet meer ben?' Zij zeiden: 'Uw God en de God van uw vaderen: Abraham, Ismaël en Isaak als een enige God. *Aan Hem geven wij ons over*' (Q 12:103).[489] Deze passage roept de toenmalige en huidige hoorders en lezers niet op om 'moslims' te worden in de huidige zin van het woord, maar om de godsdienst van Abraham te volgen of blijven volgen en zich alleen aan God 'over te geven'. 'Zeg: "Wij geloven in God en dat wat als openbaring tot ons gezonden is en wat aan Abraham, Ismaël, Isaak, Jakob en de stammen (van Israël) gezonden is, en wat Mozes en Jezus en de profeten van hun Heer gekregen hebben, zonder dat wij bij een van hen een onderscheid maken. *Aan hem geven wij ons over*"' (Q 2:136).

De listen van mensen en de list van God in het verhaal van Jozef
In het twaalfde hoofdstuk van de Koran gaat het van de proloog tot en met de epiloog over listen: die van de broers, die van de vrouwen, de list van Jozef en de listen van God.
In het begin van het hoofdstuk raadt vader Jakob de jonge Jozef aan zijn koningsdroom niet aan zijn broers door te vertellen opdat zij geen list tegen hem zullen beramen. Want 'de satan is voor de mensen een openlijke vijand' (Q 12:5). Jakob haalt de satan erbij om aandacht te vragen voor de bron van de list: een verzoeking waaraan de broers zijn geneigd te bezwijken. De

487 Aldus verteld door Johns, 38-39.
488 *KBS* op Gen. 49:1.
489 *E.Q.*, s.v. Jacob. Vgl. *E.Q.*, s.v. Polytheism en Atheism'; Monotheism.

broers hebben allemaal kwade plannen met Jozef, jaloers als zij zijn vanwege de liefde van hun vader voor Jozef en zijn broer, net zoals Kaïn dat was omdat God Abels offer wel, maar het zijne niet aanvaardde. De broers willen hun vader laten denken dat zij het goede met Jozef voorhebben. Maar hun werkelijke bedoeling is van hem af te komen, zich van hem te ontdoen. 's Avonds komen zij huilend terug en liegen de boel bij elkaar: 'Een wolf heeft hem te grazen genomen.' Daarbij tonen ze hun vader Jozefs hemd met 'leugenachtig bloed' (*Q* 12:16-18).[490]

In de scène met de vrouw van Potifar verklaart Jozef dat zij wilde dat hij zich aan haar overgaf. Maar hij weet aan haar te ontkomen, waarbij hij wel zijn hemd achterlaat, dat van achter is gescheurd (*Q* 12:25). Iemand van de huishouding legt getuigenis af door te zeggen: 'Als zijn hemd van voren gescheurd is, dan vertelt zij de waarheid, maar als het van achter is gescheurd, dan liegt zij' (*Q* 12:26-28). Als dat laatste het geval blijkt te zijn, verklaart de gouverneur: 'Dat is een van de listen van u, vrouwen! Uw listen zijn verschrikkelijk. Jozef, laat de zaak rusten! En gij, vrouw, bid God om vergeving voor uw schuld' (*Q* 12:28). Jozef verklaart zich overigens later niet vrij van zwakheid, want elke ziel is tot het kwade geneigd, uitgezonderd degene aan wie God zijn barmhartigheid betoont: 'Voorzeker, mijn Heer is Vergevend, en Barmhartig' (*Q* 12:53).
Dit laatste voorbeeld wordt vaak aangehaald om 'de' vrouw voor te stellen als een verleidster, onder de noemer: 'Dé list van vrouwen'. Bepaalde moslimexegeten zeggen dan ook dat de listen van vrouwen groter zijn dan die van mannen, omdat die van vrouwen vaak subtieler en efficiënter zijn. Sommigen gaan zelfs zo ver dat zij de listen van vrouwen groter achten dan die van de duivel, omdat de Koran zegt dat 'de listen van de duivel altijd zwak zijn' (*Q* 4:76). In vergelijking daarmee zijn die van vrouwen juist enorm. Maar deze uitleg wordt terecht door anderen bestreden als een hardnekkig vooroordeel. Dat zwakke van de satan staat tegenover Góds macht, niet tegenover die van vrouwen. Die uitspraak over satan wordt door God gedaan, terwijl die mening over vrouwen uit de mond van Potifar komt, die niet namens God spreekt![491] Op een gegeven moment wordt er in de stad over de relatie tussen Jozef en de vrouw van Potifar gepraat. De vrouwen in de stad zeggen: 'De vrouw van de gouverneur probeert haar slaaf te verleiden. Hij heeft haar hart met liefde doorboord. Wij zien haar inderdaad openlijk

490 *Dictionnaire*, s.v. ruse.
491 *Dictionnaire*, s.v. ruse féminine.

dwalen' (*Q* 12:30). En als de vrouw van de gouverneur het listig gepraat van die vrouwen hoort, nodigt zij hen uit, bereidt voor hen een maaltijd en geeft ieder een mes. Dan zegt ze tegen Jozef: 'Kom te voorschijn.' Als de vrouwen hem zien, bewonderden zij hem zozeer dat zij zich met die messen in hun handen snijden en zeggen: 'God zij verheerlijkt. Dit is geen mens, dit is een edele engel' (*Q* 12:31). Zulaykha (de vrouw van Potifar) zegt daarop: 'Wel, dit is de persoon over wie jullie mij veroordeelden. Ik probeerde hem werkelijk te verleiden, maar hij heeft zijn onschuld bewaard. Maar als hij niet doet wat ik hem beveel, wordt hij zeker gevangengenomen en zal hij tot diegenen behoren die gering worden geacht' (*Q* 12:32). Jozef reageert hierop door te zeggen: 'O mijn Heer, in de gevangenis gezet te worden is mij dierbaarder dan datgene waartoe zij mij uitnodigt te doen. Wanneer Gij niet haar list van mij afwendt, zal ik mij tot haar neigen en ben ik een dwaas.' God verhoort Jozefs gebed en wendt haar list van hem af (*Q* 12:33-34).
Als Jozef geruime tijd in de gevangenis heeft gezeten en daar de dromen van de schenker en de bakker heeft uitgelegd, herinnert de in eer herstelde schenker zich Jozef plotseling weer als de koning een droomuitlegger nodig heeft. Jozef wordt door de koning van Egypte naar het hof geroepen, maar als de bode van de koning bij hem aankomt, zei hij: 'Ga terug naar uw heer en vraag hem hoe het met de vrouwen is gesteld die zich in de hand gesneden hebben. Voorzeker mijn Heer kent haar sluwheid' (*Q* 12:50). En dan volgt de bekentenis die Jozef van zijn schuld ontslaat: 'De koning zei tot de vrouwen van de stad: "Wat was toen met u aan de hand toen jullie Jozef tegen zijn wil zochten te verleiden?" Zij zeiden: "God beware. Wij weten geen kwaad van hem." De vrouw van de gouverneur zei: "Nu is de waarheid aan het licht gekomen. Ik was het die hem zocht te verleiden. Het was hij die de waarheid sprak." Jozef zei: "Dit is, opdat hij moge weten dat ik niet in het geheim trouweloos tegen mijn meester gehandeld heb en dat God de list van verraders niet laat slagen"' (*Q* 12:51-52).

Als Jozefs broers vanwege de honger in Kanaän naar Egypte komen, maakt Jozef gebruik van een list om zijn broer Benjamin in de gevangenis te krijgen. Nu blijkt dat niet alleen mensen listen beramen, maar ook God zich ervan bedient. Jozef verzint weliswaar de list om zijn eigen bokaal in Benjamins voorraadzak te laten stoppen. En dan doorzoekt hij eerst de zakken van de andere broers, voordat hij aan die van zijn jongere broer begint. Maar als hij de beker in de zak van Benjamin vindt, staat er in de Koran: 'Zo wenden Wij (dat is God) voor hem een list aan.' Zoals de broers aan het begin van het verhaal een lage list tegen hun broer Jozef smeedden, zo smeedt Jozef hier een list tegen hen door zijn eigen drinkbeker in de zak van zijn jongere broer te leggen. Maar uiteindelijk blijkt het God te zijn die dit listige plan verzon (*Q* 12:76).[492] Zo wendde God een list aan! Jozefs list wordt dus op Gods rekening geschreven. God is in staat de slimme plannetjes van mensen te overtreffen.[493]

Hoe zullen zijn broers hierop reageren? Het was allemaal begonnen met de jaloezie van de broers over de liefde die hun vader had voor Jozef, terwijl zij met zovelen waren (*Q* 12:8). Die jaloezie werd de aanleiding voor hun complot tegen Jozef. Maar de arrestatie van Benjamin heeft een dramatische uitwerking op hen. Opnieuw zien zij zich geplaatst tussen hun vader en een jongere broer die onder hun hoede is gesteld en van wie hun vader zielsveel houdt. Maar nu stellen zij het belang van hun vader boven hun eigen belangen. Zij pleiten bij Jozef om Benjamin te laten gaan en doen een beroep op zijn medelijden: 'Onze kleine broer heeft een grijze oude vader. Neem daarom één van ons in zijn plaats! Zoals wij zien zijt gij een rechtschapen man' (*Q* 12:78). Maar Jozef weigert. Dan trekken de broers zich terug uit het onderhoud en overleggen fluisterend welke uitweg ze zouden kunnen vinden om hun broer te redden, ter wille van hun vader. Net zoals zij eens een middel zochten om van Jozef af te komen (*Q* 12:80). En in plaats van Benjamin als verloren op te geven – zoals zij dat wel met Jozef hadden gedaan – weigert de oudste van hen (Juda) om Egypte te verlaten en de negen andere broers naar Kanaän te laten terugkeren om het slechte nieuws aan hun vader te brengen. Dit was dus de uitkomst van Jozefs list, het plot dat God voor Jozef had gemaakt (*Q* 12:76). En Jozef voert dit tot het uiterste als hij blijft weigeren om iemand in de plaats van Benjamin te nemen. Wat schuilt er achter Jozefs weigering? Hij wil erachter te komen of de broers Benjamin achter zullen laten, omdat ze kunnen denken dat hij schuldig is. Zullen ze hem achterlaten en teruggaan naar hun vader. Zullen ze hun vader opnieuw het verlies van een zoon aankondigen? Dus de test was: zullen zij handelen zoals zij indertijd bij Jozef hebben gehandeld of zijn ze in de tussentijd veranderd?[494]

Bij de conclusie van het verhaal is opnieuw sprake van een list: 'Dit behoort tot de verhalen van de Verborgene. Wij openbaarden het u (o, Mohammed). Gij (Mohammed) waart niet bij hen (de broers van Jozef), toen zij beslisten wat zij wilden doen en een list tegen hem verzonnen' (*Q* 12:102).

492 Paret (1962) gebruikt in zijn vertaling het woord 'überlisten'.

493 Johns, 36.

494 Johns, 36-38. Johns noemt hier het commentaar van Gerhard von Rad op Genesis als toepasselijk op dit punt.

Als de jonge Jozef thuis aan het begin van het verhaal droomt dat de zon, de maan en elf sterren zich voor hem neerbuigen, berispt zijn vader hem met de woorden: 'Wat moet dat met die droom van jou? Moeten ik, je moeder en je broers zich soms voor jou tot op de grond neerbuigen?' (Gen. 37:9-10). Het is dan treffend en veelzeggend voor de veranderde gezindheid van Jozef dat hij in Egypte zijn beide ouders naast zich op de troon zet en zegt: 'Vader, dit is de uitleg van mijn droomgezicht van vroeger. Mijn Heer heeft de droom waarheid laten worden en laten uitkomen' (*Q* 12:100). En dan eindigt Jozef met een gebed: 'Heer! Gij hebt mij (in Egypte) het koningschap gegeven en mij geleerd om de afloop van de geschiedenissen uit te leggen.[495] Gij, Schepper van hemel en aarde! Gij zijt in deze en de toekomende wereld mijn vriend. Laat mij als iemand die zich aan God heeft overgegeven ('moslim') sterven en neem mij dan aan onder de rechtschapenen' (*Q* 12:101).

Jozef als rolmodel voor de profeet Mohammed
Het is mogelijk om Jozef als rolmodel te zien voor de profeet Mohammed. Er zijn parallellen te trekken tussen wat Jozef ondervond van de zijde van zijn eigen broers in Kanaän en wat Mohammed ondervond van zijn stamgenoten in Mekka. Er werden Mohammed beperkingen opgelegd bij zijn activiteiten in Mekka, tot aan het huis van Arqam († 674) toe. Deze man behoorde tot één van de voornaamste families van de 'Quraysh en was woonachtig in het laagste gedeelte van de stad Mekka. In het huis van deze jonge metgezel van Mohammed, op de heuvel van al-Safâ nabij de Ka'ba, vonden de eerste bijeenkomsten van de volgelingen van Mohammed plaats. Dat huis was het centrum van de jonge gemeenschap tot na de bekering van 'Umar ibn al-Khattâb, de latere tweede kalief of opvolger van Mohammed. Een bekend biograaf Ibn Sa'd vertelt dat veel bekeringen juist in dat huis plaatsvonden.[496] Voorts valt er een parallel te trekken tussen het feit dat Jozef in Egypte – en dus in ballingschap – onderkoning wordt van dat land en Mohammeds leiderschap in Medina na zijn emigratie.[497] Dit verband tussen Jozef en Mohammed valt ook op te maken uit wat Jozef zegt tegen de twee medegevangenen die hem om uitleg van hun dromen hebben gevraagd: 'Inderdaad ik verliet de godsdienst[498] van mensen die niet in God geloofden en de komende wereld verwierpen' (*Q* 12:37). Datzelf-

495 ta'wîl door Paret (1971) op *Q* 4:59 uitgelegd als 'afloop'.
496 *E.I.*, s.v. al-Arkam; Glassé, s.v. Arqam.
497 *hidjra*.
498 *milla*.

de had Abraham vóór hem gedaan en dat zou Mohammed na hem doen door te emigreren naar Medina. Als datering van de openbaring van deze sûra over Jozef wordt het jaar 619/620 genoemd.[499] En het wordt als een niet onwaarschijnlijke coïncidentie beschouwd dat de koranverzen die spreken van profetische regeerders zoals David en Salomo in juist dezelfde periode zijn geopenbaard![500]

Net als Jozef werd Mohammed afgewezen door zijn stamverwanten. Hij werd verbannen uit zijn thuisland Mekka. Maar wat zijn vijanden als kwaad bedoelden heeft God ten goede gekeerd. Hij werd gerechtvaardigd en verwierf de positie van een wijze en rechtvaardige heerser. Net als Jozef.

Mohammed en dromen

Mohammeds optreden ging met dromen gepaard, al vonden zijn tegenstanders die ongeloofwaardig. De Mekkanen die onrecht pleegden, fluisterden onder elkaar: 'Is dat geen mens als wij? Willen jullie je met tovenarij bezighouden?' (*Q* 21:3). Zij vonden Mohammeds prediking een 'warboel van dromen' (*Q* 21:5) en gebruikten daarbij de uitdrukking die ook de ministers van de koning van Egypte in de mond namen toen zij de droom van de farao over de vette en magere koeien en de groene en dorre aren karakteriseerden. Dat terwijl Jozef wél een zinvolle uitleg kon geven van die droom. Datzelfde gold dus voor de prediking van de profeet Mohammed. Wat voor de ongelovige Mekkanen een warboel leek, bleek juist wél een diepe betekenis te hebben. Daarom is het goed om stil te staan bij een aantal dromen van Mohammed. Laten we eerst kijken naar de droom die de profeet een jaar vóór zijn emigratie van Mekka naar Medina had: de droom over de de nachtelijke reis naar Jeruzalem (en hemelreis). Daarna zullen we kijken naar de droom voorafgaande aan de strijd te Badr, de droom over het sluiten van een verdrag met zijn Mekkaanse tegenstanders, vijanden aan de rand van het heilige gebied waar Mekka ligt, en tenslotte die over de opening[501] van de stad Mekka voor de 'overgave aan God'.

De nachtelijke reis

Al een jaar vóór de eigenlijke emigratie[502] van Mohammed van Mekka naar Medina in 622 maakt hij in de geest een 'exoduservaring', een 'verlossing-

499 Bell & Watt, 110.
500 Johns, 44.
501 *fath.*
502 *hidjra.*

servaring' mee, een visioen[503] (*Q* 17:60). Dit visioen zinspeelt op een nachtelijke reis[504], en hemelreis[505], waarbij Mohammed in een oogwenk werd verplaatst van Mekka naar Jeruzalem: 'Geprezen zij Hij die zijn dienaar bij nacht liet reizen van de gewijde bedeplaats (de Ka'ba in Mekka) naar de verste bedeplaats,[506] wier omgeving God gezegend heeft' (*Q* 17:1). Dat laatste is steeds een aanduiding voor 'Palestina', het heilige of beloofde land in de Koran. De bekendste 'nachtelijk reis' uit de geschiedenis is de exodus onder leiding van Mozes uit Egypte. Maar al eerder wordt gewag gemaakt van een nachtelijke reis, namelijk die van Abrahams neef Lot (Lût), die in de nacht uit de steden van onrecht, Sodom en Gomorra, wegtrok, vóórdat deze worden 'omgekeerd'.

In de klassieke levensbeschrijving van Mohammed wordt verteld over Mohammeds reis door de zeven hemelen, waarbij hij naar de goddelijke presentie opstijgt. Op het eerste niveau ontmoet hij Adam. Als hij dan steeds verder opstijgt, ontmoet hij respectievelijk: Jezus samen met Johannes de Doper, Yahyâ, zijn neef van moederszijde, dan Jozef, wiens gelaat schijnt als de volle maan, verder Idrîs of Henoch, Aäron en Mozes en ten slotte in de zevende hemel Abraham.[507]

De dag van de scheiding der geesten

In maart 624, dus twee jaar na de hidjra of exodus uit Mekka naar Medina, vond bij een klein stadje, Badr, de eerste grote strijd uit Mohammeds carrière plaats. Badr lag 150 kilometer ten zuidwesten van Medina, op het knooppunt van een weg naar Medina en de karavaanroute van Mekka naar Syrië.[508] Deze strijd vond plaats kort na het moment dat Mohammed in Medina had gebroken met de joodse stammen en de gebedsrichting[509] was veranderd van Jeruzalem, de richting waarin de joden sinds de ballingschap gewoon waren te bidden (Dan. 6:11; Tob. 3:11. Vgl. 1 Kon. 8:44, 48; Ps. 5:8; 28:2; 138:2; 55:18), naar Mekka (*Q* 2:142-150). De maand waarin de

503 *ru'yâ.*

504 *isrâ'.* Paret (1971) op *Q* 17:60. Paret acht dit onwaarschijnlijk (302). Hij verwijst naar een relatie met *Q* 8:43, de slag bij Badr, en *Q* 48:27, de tocht naar al-Hudaybiyya.

505 *mi'râdj.*

506 *al-masjdid al-aqsa.*

507 Guillaume, 186.

508 *E.I.*, s.v. Badr.

509 *qibla.*

strijd plaatsvond is de maand Ramadan. De volgelingen van Mohammed waren 305 in aantal, onder wie 74 emigranten,[510] dus de mensen die samen met Mohammed uit Mekka waren geëmigreerd. De overigen waren 'helpers',[511] zoals de aanhangers van Mohammed in Medina genoemd werden. De 'troepenmacht' van de Mekkanen bestond daarentegen uit ongeveer duizend man. De moslims behaalden een spectaculaire overwinning. Deze victorie wordt verstaan en uitgelegd als Gods bevestiging van de zaak van de moslims. De dag waarop de twee legerscharen elkaar ontmoetten, wordt dan ook wel als een kairos-moment beschouwd (*Q* 3:13): 'de dag van de onderscheiding'.[512] Het is verleidelijk om bij deze aanduiding te denken aan joodse invloeden omdat in een verslag over de overwinning van koning Saul (Tâlût) op de Ammonieten, de nakomelingen van Lot (Lût), deze overwinning ook 'de dag van de *furqân*' wordt genoemd (1 Sam. 11:13).[513] Het woord *furqân* wordt ook gebruikt om de Schrift aan te duiden: Koran (*Q* 25:1; 2:181), maar ook de Tawra (de Thora) (*Q* 21:49; 2:50), en de Indjîl (het Evangelie) (*Q* 3:2).[514] 'De dag van de *furqân*' bij de strijd in Badr slaat op de onderscheiding die wordt gemaakt tussen de goede en de kwade partij. De strijd werd dus beslecht in de maand Ramadan, de maand waarin wordt herdacht dat de eerste openbaring van de Koran aan Mohammed plaatsvond! In dat verband bezien, krijgt het woord dan de betekenis van: redding, bevrijding.[515] Op die dag redde God de kleine groep moslims van een bijna zekere nederlaag, en daarmee vond er niet alleen een beslissende breuk tussen goed en kwaad plaats, maar tegelijk daarmee een beslissende scheiding van wegen.[516]
Voorafgaande aan die strijd te Badr kreeg Mohammed een droom. Daarin zag hij dat zijn Mekkaanse tegenstanders maar met weinigen waren, wat een enorme bemoediging voor de moslims inhield. Uiteindelijk zou blijken dat zijn tegenstanders driemaal zo talrijk waren; de moslims werden immers geconfronteerd met een grote overmacht: 'Maar als God die tegenstanders als talrijk had laten schijnen, zouden jullie het hebben opgegeven en er met elkaar over getwist hebben. Maar God bevrijdde jullie. Dat ge-

510 *muhadjirûn.*
511 *ansâr.*
512 *yaum al-furqân.*
513 Jeffery, 226.
514 Jeffery, 225-226.
515 Jeffery, 228.
516 *E.Q.*, s.v. 'Badr' en 'Criterium'. Vgl. Glassé, s.v. Battle of Badr.

schiedde opdat God vervulde wat Hij van te voren al (in zijn wijsheid) had bepaald' (*Q* 8:43-44). Dit moet in samenhang met een ander vers gelezen worden: 'God had jullie reeds geholpen in Badr toen jullie onbetekenend waren. Vrees dus God opdat gij gelovig en dankbaar wordt' (*Q* 3:123).
De overwinning te Badr werd mogelijk door een teken[517] van God, waarbij Hij het volk een bedrieglijke voorstelling gaf van het aantal tegenstanders. We hebben hier dus te maken met een openbarende droom (*Q* 8:43) en een soort van verschijning die plaatsvond op het strijdtoneel als de vervulling van die droom: 'Er is voor u een teken van twee legers die elkaar in de strijd troffen: een leger dat streed op de weg van God (om Gods wil te doen), en een andere leger dat hen voor tweemaal zo groot aanzag als zij zelf waren, terwijl zij in werkelijkheid in getal veel sterker waren. God versterkt met zijn hulp wie Hij wil. Dat is een les voor degenen die inzicht hebben' (*Q* 3:13).[518] Er wordt door de uitleggers over getwist wie het nu waren die elkaar voor dubbel in aantal aanzagen. Hoe dit ook zij, de overwinning wordt toegeschreven aan een goddelijk teken.[519] Een dergelijke 'verschijning' kreeg ook Jozef toen hij op het punt stond om voor de verleiding van de vrouw van Potifar te vallen. Dat zou zijn gebeurd als er geen teken[520] van God was geweest die het boze van hem had afgewend (*Q* 12:24). Hier wordt in de uitleg aan een verschijning van zijn vader gedacht.[521]
Toen Mohammed voorafgaande aan de strijd God om hulp riep, verhoorde God hem: 'Ik zal u met duizenden engelen ondersteunen die achter u staan, bereid om in de strijd in te grijpen.' God gaf deze aankondiging om Mohammed en zijn medestanders te ondersteunen. Hij liet hun deze blijde boodschap[522] toekomen om hun harten daardoor gerust te stellen (*Q* 8:9-10).[523] Het is treffend om in dit verband te denken aan de geschiedenis van de confrontatie tussen Jezus en zijn tegenstanders. Toen Jezus in Getsemane was, kwam Judas, een van zijn twaalf discipelen, met een grote groep mensen, bewapend met zwaarden en knuppels, op Hem af. Ze waren gestuurd door de hogepriesters en oudsten van het volk en overmeesterden Hem. Toen trok een van Jezus' volgelingen zijn zwaard en sloeg de knecht

517 âya.

518 *E.Q.*, s.v. Dreams and Sleep, 550-551.

519 *E.Q.*, s.v. Apparition.

520 *burhân*.

521 *E.Q.*, s.v. Apparition.

522 *bushrâ*.

523 Paret (1962). Vgl. Paret (1971) op *Q* 8:9v (184).

van de hogepriester het oor af: 'Toen zei Jezus tegen hem: "Steek je zwaard weer op zijn plaats. Want allen die naar het zwaard grijpen, zullen door het zwaard omkomen. Of denk je dat ik mijn Vader niet te hulp kan roepen? Dan zal Hij me dadelijk bijstaan met meer dan twaalf legioenen engelen"' (Mat. 26:52-54).

De droom van de overwinning

Het achtenveertigste hoofdstuk van de Koran draagt als titel Al-Fath. Deze verwijst naar Mohammeds verovering van Mekka in januari 630. Het was 'de opening', namelijk voor de 'overgave' van de stad Mekka aan God.[524]
In maart van het jaar 628 had Mohammed een droom (vgl. *Q* 48:27) waarin hij zichzelf de riten van de kleine pelgrimage[525] zag voltrekken in het toen nog bezette Mekka. Hij besliste toen om die reden een expeditie naar Mekka te ondernemen om daarmee te laten zien hoezeer hij het prestige van hun heiligdom, de Ka'ba, respecteerde. Hij trok uit met veertienhonderd volgelingen, de meesten van hen hadden kamelen bij zich om te offeren. De Mekkanen beseften echter dat zij als zwakkelingen beschouwd zouden worden als zij Mohammed Mekka zouden laten binnentrekken, ook al was het alleen als pelgrim. Daarom stuurden zij een cavalerie van tweehonderd man om zijn weg te blokkeren. Deze blokkade ontliep Mohammed door langs een ongebruikelijke en moeilijke route te reizen, totdat hij al-Hudaybiyya, een middelgroot dorp aan de rand van het 'heilige gebied', bereikte. Gezanten werden uitgewisseld. Zij kwamen tot een overeenstemming, waarbij onder meer werd afgesproken dat Mohammed zich voor het moment zou terugtrekken, maar het volgende jaar zou terugkomen om de kleine bedevaart te maken. De stad zou dan gedurende drie dagen worden geëvacueerd. Na het sluiten van het verdrag werden hun kamelen geofferd en keerden de volgelingen van Mohammed inderdaad naar Medina terug. Een jaar later voltrok Mohammed deze rite samen met een gevolg van tweeduizend man.
Het verdrag dat voor tien jaar was bedoeld, duurde slechts tien maanden. Toen vond de triomfantelijke intocht van Mohammed in Mekka plaats in de maand Ramadan van het jaar 630.[526] Kort na het sluiten van het verdrag over de pelgrimage naar Mekka in het volgende jaar werd het vers geopen-

524 Het eerste hoofdstuk van de Koran heet *sûrat al-fâtiha*, oftewel 'openingshoofdstuk'.

525 *'umra*.

526 *E.I.* s.v. *'al-Hudaybîya'*. Watt (1967), 232 (1953), 46-52.

baard: 'God heeft het droomgezicht[527] dat Hij aan zijn gezant Mohammed heeft laten zien werkelijk waar gemaakt. Zeker zult gij, zo God het wil, het gewijde bedehuis,[528] de Ka'ba, betreden' (*Q* 48:27).[529]
De moslims waren aanvankelijk blij om die droom te horen, omdat zij geloofden dat zij nog in datzelfde jaar Mekka zouden binnengaan. Maar dit verdrag van al-Hudaybiyya werd door de moslims als vernederend ervaren. Later legde Mohammed aan zijn volgelingen uit dat het verdrag in feite een succes was geweest. Dit wordt gezegd nadat een duidelijk succes heeft plaatsgevonden (*Q* 48:1) en God heeft beloofd om Mohammed aan een machtige overwinning te helpen (*Q* 48:3. Vgl. 110). 'God is het die de "Godsvrede"[530] in het hart van de gelovigen heeft doen neerdalen, opdat zij zich in hun geloof nog meer zouden laten versterken. God alleen heeft de heerscharen van de hemel en aarde tot zijn beschikking. Hij is alwetend en wijs' (*Q* 48:4).
Na de verovering van Mekka liet Mohammed zijn optreden en gedrag duidelijk inspireren door het voorbeeld van Jozef toen hij zijn machtspositie als onderkoning van Egypte had verworven en zijn broers weer ontmoette in Egypte. Jozef zei tegen zijn broers: 'Jullie zullen vandaag niet worden uitgescholden. God heeft jullie vergeven. Niemand is zo barmhartig als Hij' (*Q* 12:92): 'Ik ben Jozef, jullie broer' (Gen. 45:5). Er wordt verteld dat Mohammed op de dag na de inname van Mekka de twee pilaren van de deuren van de Ka'ba nam en tegen de leiders van de stad zei: 'Wat denken jullie dat ik zal doen tegen jullie?' Zij antwoordden: 'Iets goeds, edele broeder, en zoon van een edele broeder, en gij hebt de macht.' Hij zei: 'Ik zeg tegen jullie wat mijn broeder Jozef zei: "Geen verwijt wordt vandaag tegen u gemaakt."' En er wordt verteld dat toen Abû Sufyân, de leider van het verzet tegen Mohammed, zijn 'overgave' aan God bekendmaakte, 'Abbas zei tegen hem: 'Als jij naar de boodschapper gaat, reciteer dan voor hem: "Hij heeft vandaag geen verwijt gemaakt tegen u." En Abû Sufyân deed dat. De boodschapper zei: "Moge Gods barmhartig zijn voor jou en voor hem die jou dat leerde."'[531]

527 *ruyâ*.
528 *masjdid al-harâm*.
529 *E.Q.* s.v. Dreams and Sleep, 551.
530 *sakîna*. Vgl. Hebr. *schechina*.
531 Aldus al-Zamaksharî in zijn uitleg van dit vers. Aangehaald door Johns, 42.

VI. DE WOESTIJN EN DE STAD

De zelfopenbaring van JHWH vindt eerder plaats in afgelegen gebieden (dorre woestijn) dan in de gevestigde en gesettelde cultus van de stad. Zelfs de wijze van Zijn verschijning (op de Sinaî) weerspiegelt het onbedwingbare karakter van de woestijn meer dan het decorum dat men met een lang gevestigde stedelijke religie verbindt die geworteld is in vertrouwde tradities.[532]

Inleiding

De islam is een ideologie die 'uit de woestijn voortkomt en alleen woestijnen kan voortbrengen omdat ze de mens geen vrijheid gunt', aldus Geert Wilders.[533] Rabbijn Raphael Evers reageerde op deze verklaring van Wilders door te zeggen dat het jodendom de woestijngodsdienst bij uitstek is. Het is ontstaan in de Sinai-woestijn. En daar is Evers trots op.[534]

In de historische evolutie van de mensheid zijn woestijnen bijzondere plaatsen geweest voor de ontwikkelingen die een wezenlijke component uitmaken in de wording van de grote zogenoemde monotheïstische religies: het geloof in de éne God. Er wordt in het jodendom, de islam en het christendom wel gesproken van de mystiek van de woestijn. *De woestijn: het geografische kader van de religieuze ervaring*, zo luidt de titel van een artikel.[535] De woestijn is een plaats van persoonlijke religieuze ervaringen. Het is de regio

532 Levinson, 22.

533 Geert Wilders deed deze uitspraak aan het einde van een proces dat tegen hem werd gevoerd en waarbij hij als verdachte gelegenheid kreeg als laatste te spreken. www.trouw.nl/tr/nl/4324/Nieuws/article/detail/1847306/2011/02/12/Woestijn-Islam-komt-uit-de-steden.dhtml

534 Zie het in de vorige noot genoemde artikel in *Trouw*.

535 Namelijk van Xavier de Planhol, 'Le désert, cadre géographique de l'expérience religieuse' in: *Les Mystiques du désert dans l'islam, le judaïsme, et le christianisme. Papers delivered at a conference of the Association des Amis de Sénanque*, 28 July-3 August 1974. Twee van De Planhols werken zijn *Les nations du Prophète. Manuel géographique de politique musulmane* (Paris: Fayard, 1993) en *Minorités en islam. Géographie, politique et sociale* (Paris: Flammarion,1997)

van wilde dieren, kwade geesten, demonen van allerlei soort, de plaats van beproevingen en van initiaties. Het is ook de plaats waarheen mensen worden verbannen. De woestijn is een leerschool en kan tot zelfkennis leiden. Als een terrein van strijd leidt de woestijn tot de ontdekking van je eigen wezen of identiteit.[536]

In dit hoofdstuk gaat het om de vraag hoe de woestijn zich verhoudt tot de stad van de mens. Kaïn wordt de stichter van de eerste stad genoemd (Gen. 4:17). Hij is het eerstgeboren mensenkind van Adam en Eva, de door God geschapen eerste mensen. Kaïn wordt vervloekt en verbannen van de grond die zijn mond heeft geopend om uit zijn hand het bloed van zijn broer te ontvangen! 'Een zwerver en vagebond zult gij zijn op de aarde!' Daarom ging hij wonen in het land Nod, wat 'land van omzwerving of verbanning' betekent. Dit land ligt ten oosten van Eden. *Ten oosten van Eden* (*East of Eden*), zo luidt ook de titel van de roman van John Steinbeck uit 1952, die gebaseerd is op Genesis 4: 11-16.

Hagar en Ismaël in de woestijn en bij de bronnen (Berseba en Mekka)

Hagar was de tweede vrouw van Abraham. Hij huwde haar op instigatie van zijn vrouw Sara, omdat zij geen kinderen kon krijgen. Zij gaf haar Egyptische slavin aan hem om uit haar kinderen te ontvangen die dan als van haar zouden gelden (Gen. 16:1-3). Volgens de joodse (en de islamitische) exegese ontving Sara Hagar van de farao toen zij met Abraham Egypte verliet. Wellicht was zij zelfs de dochter van de farao.[537] Uit die verbintenis werd de oudste zoon van Abraham, Ismaël, geboren (vgl. *Q* 14:37). Later kreeg Sara ook een zoon, Isaak.

Omdat joden, christenen en moslims hun lichamelijke en geestelijke afstammelingen tot deze beide zoons herleiden, heeft deze geschiedenis een grote betekenis gekregen. In de verschillende verhalen spelen woestijnen als die van Sinaï en Paran[538] een rol.

Zodra Hagar bemerkte dat zij zwanger was, begon zij haar meesteres Sara hooghartig te behandelen. Toen Sara zich daarover bij Abraham beklaagde, gaf hij haar toestemming met Hagar te doen wat zij wilde. Vanaf toen maakte Sara Hagars leven zo onaangenaam dat Hagar van haar wegvluchtte. Een engel van God trof Hagar aan bij een waterbron. De engel gaf haar

536 Eliade, s.v. Deserts and Retreats.

537 Genesis Rabbah 45:3. Noegel & Wheeler, s.v. Hagar.

538 Er lag een stad Paran nabij de berg Sinaï, waar Mozes de strijd tegen de Amalekieten gevoerd zou hebben. Wheeler (2006),117.

de opdracht naar haar meesteres terug te gaan en haar te dienen, maar verzekerde haar wel dat haar nakomelingen zeer talrijk zouden worden, niet te tellen: 'U bent nu zwanger; u zult een zoon baren en hem de betekenisvolle naam Ismaël ('God hoort') geven; want de HEER heeft u verhoord in uw ellende. Een wilde ezel wordt hij, zijn hand gaat omhoog tegen allen, en allen verheffen de hand tegen hem; al zijn broers trotseert hij!' Toen gaf Hagar de HEER die tegen haar gesproken had een naam: 'El-Roï'. Want, dacht zij, ik heb God werkelijk gezien, en ik leef nog! Vandaar dat de waterbron waar zij zat vanaf dat moment 'de put van Lachai-Roï' wordt genoemd (Gen. 16:7-14).

Hoewel Hagar een Egyptische was, leefde zij toch samen met de eerste patriarch en matriarch van Israël, Abraham en Sara. Maar Sara noch Abram noemde haar ooit bij haar naam! Zij spraken alleen over en met haar in haar ondergeschikte positie van slavin. De verteller en Gods boodschapper noem(d)en haar echter wél constant bij name: 'Hagar, slavin van Sarai, waar komt u vandaan en waar gaat u naar toe?' (Gen. 16:8). Zij was voor de HEER niet eenvoudigweg een *vreemdeling* in slavendienst, maar een menselijk wezen dat behoefte had aan goddelijke bescherming. Terwijl zij door Sara hard werd bejegend, bleek hoe God haar nabij was in de wildernis (Gen. 16:7). De belofte aan haar gegeven loopt parallel aan die aan Abraham: 'Ik wil mijn verbond met u sluiten en u zeer talrijk maken' (Gen. 17:2). 'Toen riep de engel van de HEER voor de tweede maal uit de hemel tot Abraham en zei: "Bij mijzelf heb Ik gezworen – godsspraak van de HEER – omdat u dit gedaan hebt en mij uw zoon, uw enige, niet hebt onthouden, zal Ik u overvloedig zegenen en uw nakomelingen even talrijk maken als de sterren aan de hemel en de zandkorrels aan het strand van de zee. Uw nakomelingen zullen de poort van hun vijand bezitten"' (Gen. 22:15-17). Gods boodschappers gaven orakels over de namen van Abrahams kinderen: Hagar zou haar zoon 'Ismaël' noemen en de naam van de zoon van Sara zou 'Isaak' worden.[539]

De bron die Hagar ontdekte, wordt geïdentificeerd met de bron van Berseba, een oase in Zuid-Palestina, waar Abraham, Isaak en Jakob mee verbonden waren. Alle drie de aartsvaders hebben bij die bron gewoond (Gen. 26:32-33).

In Berseba sloot Abraham een verbond met Abimelech, een koning van de Kanaänitische stadstaat. Deze laatste had tegen Abraham gezegd: '"U moet mij en het land waar u gastvrijheid geniet dezelfde welwillendheid

539 Howard-Brook (2010), 269-270.

bewijzen die ik u bewezen heb." En Abraham zei: "Dat zweer ik!" Abraham beklaagde er zich bij Abimelech over, dat zijn knechten zich een waterput hadden toegeëigend. Abimelech zei: "Ik weet niet wie dat gedaan heeft; u hebt er mij nooit over gesproken en ik heb er tot nu toe niets over gehoord." Daarop haalde Abraham schapen en runderen, bood die Abimelech aan, en zij sloten een verbond met elkaar. Maar Abraham zette zeven lammeren apart. Toen vroeg Abimelech: "Wat betekenen die zeven lammeren die u apart hebt gezet?" Hij antwoordde: "Deze zeven lammeren moet u van mij aannemen; zij moeten als bewijs dienen dat ik deze put gegraven heb"' (Gen. 21:23-31. Vgl. 26:32-33). Zo komt het dat deze plaats Berseba, 'zeven bronnen' heet.[540] Abraham verkreeg waterrechten en noemde die put Seba, vandaar de naam Berseba.[541] Dat was nodig omdat zonder die watergerechten het leven in de woestijn niet mogelijk was. 'Abraham plantte in Berseba een tamarisk en riep daar de naam aan van de HEER, de God van eeuwigheid' (Gen. 21:33).

Toen Sara Hagars zoon Ismaël eens zag lachen om Isaak[542], vroeg zij Abraham om de slavin en haar zoon te verjagen. Ismaël hoorde de erfenis niet te delen met haar zoon Isaak, was haar argument. Omdat Ismaël ook zijn zoon was, vond Abraham die eis ongepast. Maar God gaf Abraham te verstaan dat hij Sara's eis niet als ongepast moest beschouwen: 'Luister naar alles wat zij u zegt: want zij die van Isaak afstammen, zullen gelden als uw nageslacht. Maar ook de zoon van de slavin zal Ik tot een volk maken, omdat hij een kind van u is' (Gen. 21:8-13).

Toen voldeed Abraham aan Sara's verzoek. De volgende dag voorzag hij Hagar van brood en een zak water en zette het kind op haar schouder en stuurde hen weg. Maar Hagar verdwaalde in de woestijn van Berseba (Gen. 21:14). Opnieuw blijkt dat de engel van de HEER Hagar volgde in de woestijn.

'Met grote ironie spreekt Genesis van een Egyptische en haar zoon die zich in de woestijn bevinden ten gevolge van de onderdrukkende hand van Israëls matriarch (Sara), om alleen gered te worden door God.'[543] Vier van de zevenmaal dat het woord 'woestijn/wildernis' (Hebr. *midbar*) in het boek

540 *Ar. bi'r al-sab'a.*

541 Het wordt ook wel met 'eed' vertaald. Die vertaling is gebaseerd op het feit dat Abraham zeven lammeren schonk aan Abimelech als bewijs dat hij de put gegraven had, waarop beiden een eed zwoeren (Gen. 21:27-31).

542 Een woordspeling op zijn naam (Yitchaq).

543 Aldus Howard-Brook (2010), 269-270.

Genesis gebruikt wordt, is dat in relatie tot Hagar en Ismaël (Gen. 16:7; 21:4, 20 en 21. Vgl. Gen. 14:6; 36:24; 27:22. Dit verhaal staat in ieder geval haaks op het latere verhaal van de veroordeling van vreemde vrouwen en hun nakomelingen door Ezra, de hervormer van na de ballingschap. En het staat ook lijnrecht tegenover wat Nehemia, de stadhouder van Jeruzalem ten tijde van Ezra, hierover zegt. Met Howard-Brook zouden we kunnen zeggen: 'Weg van de ogen van het heersende (dominerende) volk (in dit geval Abraham en Sara), maar niet uit het oog van de lezers, is God met degenen die verbannen worden vanwege hun vreemdelingschap, en Hij zegent hen en hun kinderen.'[544]

In Genesis 21:15-20 lezen we hoe het Hagar en Ismaël verder vergaat: 'Toen de waterzak leeg was, legde Hagar het kind onder een struik en ging op een boogschot afstand zitten, want zij dacht: "Ik kan mijn kind niet zien sterven." Ze bleef daar zitten en weende luid. God hoorde het wenen van de jongen, en de engel van God riep uit de hemel tot Hagar: "Wat is er, Hagar? Wees niet bang, want God heeft in zijn verblijf het wenen van uw kind gehoord. Sta op, neem de jongen en houd hem goed vast, want Ik zal een groot volk van hem maken." Toen opende God haar ogen, zodat zij een waterput zag; zij vulde de zak weer met water en gaf de jongen te drinken. En God beschermde de jongen.'

Ook de moslims zijn van mening dat Ismaël nog een kind was toen hij de woestijn in werd gedreven (vgl. Gen. 21:14-15). Zij zijn echter van mening dat de plaats die hier beschreven wordt, Mekka is. Daar aangekomen stonden Hagar en Ismaël op het punt te sterven van de dorst. Hagar beklom toen de heuvel al-Safâ om water te zoeken, maar ze vond niets. Toen ging zij naar al-Marwa, maar ook daar was geen water. Toen zij vervolgens op de al-Safâ terugkeerde en rondkeek, kon zij Ismaël niet meer vinden. Na zevenmaal zonder succes naar hem gezocht te hebben, zei zij: 'O Ismaël. Jij bent gestorven waar ik jou niet kan zien.' Toen vond zij hem, en hij schrapte de grond met zijn voeten, zo'n dorst had hij. Toen riep Gabriël naar haar: 'Wie ben je?' Zij antwoordde: 'Hagar, moeder van de zoon van Abraham.' Gabriël zei: 'Aan wie vertrouwde hij je toe?' Zij zei: 'Hij vertrouwde ons toe aan God.' Hij antwoordde: 'Hij heeft jou aan iemand toevertrouwd die voldoende is.' De jongen schraapte de grond met zijn vinger en de bron van Zamzam borrelde op.[545] Het feit dat Hagar op zoek was naar water liep dus

544 Aldus Howard-Brook (2010), 269-270.

545 Brinner, 70-71.

uit op de wonderbaarlijke verschijning van de bron van Zamzam. Daarbij wordt duidelijk vermeld dat zij zevenmaal tussen al-Safâ en al-Marwa heen en weer had gerend voordat het water verscheen (en dat wordt herhaald door de pelgrims als zij de *hadjdj* verrichten). De engel vertelde Hagar dat ze niet hoefde te vrezen, omdat Mekka de plaats zou zijn waar Abraham samen met zijn zoon Ismaël het huis van God zou bouwen, een verwijzing naar de Ka'ba.

De islamitische verslagen van wat er in Genesis 21:22-34 staat beschreven, vertonen dus grote parallellen met de traditie rondom Abrahams vestiging van de Ka'ba in Mekka (*Q* 2:125, 127). In beide verhalen wordt verwezen naar de waterbron die het leven van Ismaël redt (vgl. Gen. 21:17-21). Verschillende bronnen die door de rabbijnen bij elkaar zijn gevoegd – die van de patriarchen en die van Mozes en de Israëlieten – vertonen parallellen met de manier waarop Abrahams bron in Berseba in de islamitische exegese wordt beschreven. In die uitleg vindt de episode bij Berseba onmiddellijk na het vertrek van Abraham en Sara uit Egypte plaats (Gen. 12:10-20). Door deze episode meteen te laten volgen op de geschiedenis van de farao die Sara in zijn harem had opgenomen terwijl hij niet wist dat zij al getrouwd was met Abraham, benadrukt de islamitische exegese de verbinding tussen Abraham en Mozes. Farao's verdrijving van Abraham en Sara is analoog aan Mozes' oproep aan de farao om het volk van God in vrijheid te laten gaan. In beide gevallen resulteert farao's 'bezit' van Israëlieten (Sara/het volk) in plagen. En beide farao's geven de vertrekkende partij (Abraham en Sara/het volk Israël) dure geschenken mee bij hun vertrek (exodus) uit Egypte.[546]

Ismaël in de woestijn: Paran en Mekka

Toen Ismaël groot was geworden, woonde hij in de woestijn Paran en zijn moeder koos hem een vrouw uit Egypte (Gen. 21:21). De 'wildernis van Paran' wordt door de moslimgeleerde en geograaf Yâqût (1179-1229) opgevat als een van de namen voor Mekka in de Thora. Hij oppert de mogelijkheid dat het gebied ten zuiden van Berseba lag en dus geassocieerd werd met de Idumeërs.[547] Dit gebied, de *Hidjâz*, wordt dus wel geassocieerd met de woestijn van Berseba, de locatie waar Ismaël en Hagar door Abraham en Sara naar toe werden gestuurd en waar zij verdwaalden (Gen. 21:14). Hoewel het gebied in de tijd van de koningen van Israël onder de controle

546 Wheeler, Moses, 74.

547 Wheeler, Moses,157 noot 70.

van de stam Juda stond, heette het gebied Idumea, een in de Hellenistische tijd gevormde naam voor Edom. Idumea (het zuiden van Palestina) was deel van het rijk van koning Herodes, de Romeinse provincie met de naam 'Arabia'. Idumea was etnisch gesproken Arabisch, zoals ook de staat Nabatea, die daarna kwam. Nabatea omvatte een deel van het gebied rondom Berseba. Het hele gebied ten zuiden van Berseba, inclusief het gebied dat in de Bijbel bekend staat als Paran, wordt vanaf de tweede eeuw als Arabië beschouwd. De associatie van zowel Paran (*Farân*: een gearabiseerd Hebreeuws woord) als Berseba met Arabische volken is een onderdeel van de joodse wereldvisie gedurende de eeuwen die leidden tot het begin van de islam in de zevende eeuw.[548]

Er wordt verteld dat Abraham Ismaël in Mekka ontmoette. Ismaël woonde daar op de plaats van het toekomstige heiligdom, de Ka'ba.[549] 'Eens ging Abraham bij de moeder van zijn zoon op bezoek, die in het land van Farân verbleef. Hij reed erg snel op een magisch paard, Buraq. Maar God weet het 't beste.' Wahb b Munabbih legt de woorden *Tal Farân* hier uit als 'de buitenwijken van Mekka'.[550]

Bij een later bezoek bouwden Abraham en Ismael de Ka'ba (*Q* 2:125, 127). De afstammelingen van Ismaël, onder wie Mohammed zelf, woonden in het noorden van het Arabisch Schiereiland. Volgens de traditie werden Hagar en Ismaël later in Hidjr Ismâ'îl begraven, in een omsloten gebied nabij de Ka'ba.

Abrahams gebed voor de inwijding van de Ka'ba

Het boek Jubileeën, een joods pseudepigraaf boek, geeft een hervertelling van het boek Genesis en de eerste twaalf hoofdstukken van het boek Exodus. De geschiedenis wordt ingedeeld in perioden van 49 jaar, dat wil zeggen zevenmaal zeven zogenaamde 'jaarweken'. Volgens dit boek bad Abraham vaker voor zijn zonen: 'Mijn God, Uw goedheid en vrede zij over Uw knechten en over het zaad van zijn zonen, opdat er voor U een uitverkoren volk zij en een erfenis voor alle volken der aarde van nu tot in de dagen der geslachten van de aarde in alle eeuwigheden' (Jub. 22:7vv).[551]

De Koran vertelt hoe Abraham het volgende bad: 'Maak deze streek (waarmee Mekka is bedoeld) veilig en houd mij en mijn zonen (Ismaël en Isaak)

548 Firestone, 65, 205 noot 17.

549 Wheeler, Moses, 80.

550 Aldus Ibn Kathîr in zijn commentaar, aangehaald door Firestone, 205 noot 18.

551 Speyer, 167. Vgl. Charles, 45.

ervan af dat wij afgoden dienen' (*Q* 14:35). 'Onze Heer. Ik heb nakomelingen van mij, mijn zoon Ismaël en diens moeder Hagar, doen wonen in een vallei zonder veldgewas bij Uw gewijde Huis' (*Q* 14:37).
God wilde het huis (de Ka'ba in Mekka) tot een plaats van inkeer voor de mensen en tot een oord van zekerheid of veiligheid maken. 'Maak van de plaats[552] van Abraham een gebedsplaats!' (*Q* 2:125). Aan Abraham en Ismael werd de verplichting opgelegd om Gods Ka'ba te reinigen voor diegenen die de ommegang (*tawâf*) maakten, zich vooroverbogen of zich neerwierpen. En toen zei Abraham: 'Heer maak dit tot een veilig oord' (*Q* 2:126). En toen Abraham samen met Ismaël de funderingen van het Huis optrok, bad hij: 'Onze Heer neem het van ons aan! Gij zijt het die alles hoort en weet. En maak, Heer, dat wij beiden mensen zijn die zich aan U overgeven en maak de mensen uit ons nakomelingschap tot een gemeente van mensen die zich aan U overgeven' (*Q* 2:127-128).
De heiligheid van deze plaats wordt nog verhoogd doordat het de voetafdrukken van Abraham draagt, die daar verschenen toen hij de Ka'ba bouwde. In een traditie wordt gezegd dat Abraham deze plaats beklom om het volk op te roepen de pelgrimage naar Mekka te ondernemen.[553] 'Waarlijk, het eerste huis dat voor de mensen werd geplaatst is dat in Bakka[554], tot zegen en rechte leiding voor de mensen in de hele wereld. Het is de plaats van Abraham. Wie daar binnengaat, is in veiligheid. Tegenover God zijn de mensen verplicht de bedevaart naar het huis te maken in zoverre zij daartoe de mogelijkheid vinden' (*Q* 3:96-97. Vgl. 28:57; 29:67).[555]

De Godsverschijningen op drie bergen

Aan het einde van het boek Deuteronomium ('tweede wet' [Thora]) wordt in de zegen van Mozes van *drie heilige bergen* gesproken: Sinaï, Seïr en Paran: 'De HEER is van de Sinaï gekomen, uit Seïr stralend over hen opgegaan, van het Parangebergte in luister verschenen' (Deut. 33:1-2). Dit is een poëtische beschrijving van de openbaring op de berg Sinai (Ex. 19:18-20).[556]

Het zuidelijke gedeelte van het schiereiland van de Sinaï wordt 'het land van

552 maqâm.
553 *E.I.*, s.v., makâm Ibrâhîm.
554 Bakka wordt met Mekka geïdentificeerd.
555 Speyer 167-168.
556 *KBS* op Deut. 33:2.

de berg'[557] genoemd (*Q* 52:1; 95:2).[558] *Tûr*, dat 'berg' betekent, wordt in de Koran uitdrukkelijk gekoppeld aan de Sinaï. *Sînîn* slaat ook op de berg Sinaï. Bijna alle keren dat het voorkomt is dit in relatie tot het rondtrekken van de kinderen Israëls in de Sinai-woestijn. In de buurt van de berg was de wadï[559] waar God met Mozes sprak (*Q* 20:12; 79:16. Ex. 3). Aan de noordzijde van de berg, nu de berg van Mozes geheten,[560] is de wadî Shu'ayb, of de vallei van Jetro, waar het Catharinaklooster staat. De monniken van het klooster bewaren een brief van Mohammed die hen bescherming garandeert. Binnen de muren van het klooster bevindt zich ook een moskee.[561]

De Sinaï is de berg waar God een verbond sloot met zijn volk (Deut. 5:2-3) en waarvandaan Israël zijn reis naar het beloofde land voortzette (Deut. 1:6-7; *Q* 23:20. Vgl. 95:2).

Seïr is primair het gebied van Edom, ten westen van Aqaba. De Edomieten zijn nakomelingen van Esau, de broer van Jakob (Gen. 36:11-15).[562] Net zoals Sinai is het een plaats van goddelijke openbaring en van gericht. De profeet Ezechiël richtte een profetie tegen Seïr. Edom profiteerde van de val van Jeruzalem door zelf het land binnen te vallen. 'Omdat u eeuwenlang de Israëlieten vijandig gezind bent geweest en ze hebt overgeleverd aan het moordende zwaard in de tijd van hun rampspoed, toen aan hun ongerechtigheid een einde gemaakt werd, werd het woord van de HEER tot mij gericht: "Mensenkind, richt u tot het gebergte van Seïr, profeteer ertegen en zeg: 'Zo spreekt de HEER God: Gebergte van Seïr, Ik keer mij tegen u! Ik strek mijn hand tegen u uit en maak van u een verlaten woestenij. Van uw steden zal Ik een puinhoop maken en zelf zult u een woestenij worden; *u zult erkennen dat Ik de HEER ben*'"' (Ezech. 35:5, 1-4).[563] 'Erkennen dat God de HEER is', is een van de meest karakteristieke uitdrukkingen van de profeet Ezechiël. Deze erkenning zal volgen op de aangekondigde straf over individuen (*Q* 13:9; 14:8) of het volk (*Q* 6:7; 7:4; 12:16; 22:16) of de vervulling van Gods beloften aan het volk of aan de vreemde naties (*Q* 16:62; 20:42, 44; 34:27; 36:23; 37:14, 17; 39:7). De erkenning houdt de aanvaarding in van Gods soevereiniteit en heiligheid.[564]

557 bilâd al-Tûr.
558 *E.I.*, s.v. 'Sînâ'.
559 wâdî Tuwâ.
560 Djabal Mûsâ.
561 *E.I.*, s.v. Al-Tûr.
562 Amalek wordt de kleinzoon van Esau genoemd! (Gen. 36:12).
563 *KBS* op Ezech. 35:5.
564 *KBS* op Ezech. 610.

De berg Paran is een specifieke piek of een specifiek berggebied in de wildernis van Paran, de voornaamste woestijn van het oostelijke gedeelte van het centrum van het Sinai-schiereiland. Als Paran, Seïr en Sinai samen worden genoemd, gaat het waarschijnlijk om drie afzonderlijke berggebieden in de zuidelijke woestijn die alle drie met Gods verschijningen verbonden zijn.[565] Volgens islamitische tradities wordt met Paran de ver verwijderde woestijn bedoeld, de wildernis waarin later Mekka werd gesticht. Dit wordt ondersteund door de gedachte dat Mohammed door een directe schakel met Ismaël verbonden is.

De lessen van de steden die zijn ondergegaan

Een typerende trek van de Koran is dat er daarin vaak gewezen wordt naar steden en culturen die zijn ondergegaan en door mens en dier verlaten zijn. Het zijn 'verlaten plaatsen'[566], ja, woestijnen geworden. Die ondergang kan plotseling zijn geschied, zoals bij de doorbraak van de Mârib-dam. Mârib was de hoofdstad van een van de koninkrijken in het oude Zuid-Arabië, nabij de ineengestorte dam.

In de Bijbel wordt het koninkrijk Seba genoemd (1 Kon. 10:1-4; Job 1:15; 6:19; Jes. 60:6; Ezech. 27:22), dat na vier eeuwen gekoloniseerd te zijn geweest door Abessinië, in de zesde eeuw voor Christus het hoogtepunt van zijn ontwikkeling bereikte. De laatste koningen van Seba waren overgegaan tot het jodendom. De heerschappij van de laatste koning, Dhû Nuwâs, wiens naam Yûsuf bekend is uit inscripties uit die tijd, duurde 38 jaar. Bij de christenvervolging onder Dhû Nuwâs zouden sterke nationale en anti-Abessinische gevoelens hebben meegespeeld. Na zijn eerste optreden tegen hen vielen de Abessiniërs het land binnen en vluchtte Dhû Nuwâs zelf de bergen in. Toch wist hij opnieuw aan de macht te komen. Er volgde een heftiger vervolging van de christenen in de stad Najdrân en drie andere plaatsen. Tijdens die vervolging werd in een brief, in het Syrisch geschreven, door Simeon van Beth Arsham aan de abt van Gabbûla het verzoek gedaan om met name aan de bisschop van Alexandrië door te geven wat er gebeurde. Hiermee hoopte hij te bewerkstelligen dat deze de koning van Ethiopië zou aansporen zo spoedig mogelijk in te grijpen. Ook vroeg hij de abt om zich tot de rabbijnen in Tiberias te wenden om ten gunste van de christenen op Dhû Nuwâs in te werken. Simeon had naar de pen gegrepen om de mensen wakker te schudden en ze in beweging te laten komen om iets voor hun medegelovigen te doen.

565 Lindbom, 919-920.

566 *uman khâiya.*

In het *Boek van de Himyarieten* uit die tijd, dat over die vervolgingen handelt, is het grondthema: God beloont ieder naar zijn daden en komt daarom ook met zijn straf over de kwade daden. Dat laatste slaat op de inval van de Abessiniërs, die de christenen bevrijdden, de kerken herbouwden en Dhû Nuwâs en de zijnen ombrachten.[567]

Na de Abessijnse bezetting was er een korte Perzische overheersing die voorafging aan de heerschappij door de islam. Belangrijk voor het volk was de rol van de handel waarop hun rijkdom was gebaseerd (vgl. 1 Kon. 10:1). De belangrijkste handelsweg was de wierookroute, die leidde van de zuidoostkust naar het noorden.[568]

Op deze geschiedenis van de christelijke martelaren in Nadjrân wordt in de Koran gezinspeeld.[569] De biograaf van Mohammed heeft dit verband in ieder geval gelegd. De passage uit de Koran die hierop betrekking heeft, luidt: 'Vervloekt zijn de mensen van de groeve, van het rijkelijk met brandstof gevoede vuur, wanneer zij aan de rand van de vuurgroeve zitten en getuige zijn van wat zij de gelovigen aan hebben gedaan. En zij hebben hen alleen gestraft, omdat ze geloofden in God, de Machtige, de Prijzenswaardige' (*Q* 85:4-8).

Hier wordt door Mohammed een voorbeeld uit het verleden aangehaald om te demonstreren hoe ook in het verleden de ongelovigen werden gestraft voor wat zij de gelovigen hadden aangedaan. Daarom gaat daar ook aan vooraf: 'Vervloekt werden de mensen die dit anderen aandeden' en wordt verder ook gezegd dat God zal ingrijpen (*Q* 85:12. Vgl. 44:16) zoals Hij ook ingreep door de 'stormwind' die Sodom trof, met uitzondering van het geslacht van Lot (*Q* 54:36).

Het onderwerp van de zin 'En zij hebben hen alleen gestraft, omdat ze geloofden in God, de Machtige, de Prijzenswaardige' slaat op de te hulp geroepen Abessiniërs (*Q* 85:8. Vgl. 5:59; 7:126). In *Het boek van de Himyarieten* wordt verhaald dat een aantal mensen in een brandend kerkgebouw werden aangetroffen en anderen opzettelijk in een vuurzee werden geworpen. Een Griekse bron maakt melding van een geweldige brandstapel waarop 427 mannen en vrouwen in de vlammen omkwamen. Ook is sprake van een moeder en haar kind die beiden in een kuil gevuld met vuur werden gegooid en daarin stierven.

Het is of Mohammed wil zeggen: 'Wees op uw hoede! Zo zal het u eventu-

567 Attema (1949), 10-11; *E.I.*, s.v. Dhû Nuwâs.

568 *B.W.*, s.v. Saba, Sabeeërs.

569 Paret (1971) laat weten dat er ook andere interpretaties zijn, zie 505-506 op *Q* 85:4-7.

eel ook kunnen vergaan, als u mij en mijn aanhangers aantast. Let op dit voorbeeld!' En tevens zegt hij tegen zijn aanhangers: 'Er daagt zeker hulp, denkt aan het verleden!'
Het is treffend dat Mohammed christenen uit het verleden op één lijn stelde met hem en zijn aanhangers. Hij was ervan overtuigd dat joden én christenen en hijzelf hetzelfde voorstonden en verkondigden.[570]

De Mârib-dam was ooit gebouwd voor irrigatiedoeleinden. Toen deze in het jaar 580 brak, nadat hij een lange periode verwaarloosd was, was dat een onvoorstelbare en onherstelbare catastrofe. Het gebeuren maakte een diepe indruk op de Arabieren van Zuid-Arabië en markeerde het einde van een tijdperk dat terugging tot de tijd van de legendarische koningin van Seba, die in de joodse en islamitische traditie de naam Balqîs of Bilqîs heeft gekregen (1 Kon. 10:1-13). In het Nieuwe Testament wordt zij door Jezus 'koningin van het Zuiden' genoemd (Luc. 11:31-32). Zij zou ook de echtgenote van koning Salomo zijn geworden,[571] en het kind dat uit deze relatie zou zijn voortgekomen werd de stichter van het Ethiopische vorstenhuis dat met de negus Heile Selassie zou eindigen.
De Koran verwijst naar deze grote catastrofe en geeft er tevens een verklaring voor.
De Sabeeërs hadden in hun woongebied een teken[572] waarop zijn acht hadden moeten geven. Met dit teken wordt hier specifiek de doorbraak van de dam bedoeld. Dat was in feite in de tijd van Mohammed nog niet zo lang geleden. Mohammed moet toen het gebeurde ongeveer tien jaar oud geweest zijn! Het woord 'teken'[573] betekent ook 'vers' en wordt gebruikt voor de aanduiding van de verzen van de Koran. De Koran bestaat uit 114 hoofdstukken en circa 6200 verzen. Het woord *'âya'* zelf komt 383 maal in de Koran voor.
Voorbeelden van zo'n *teken* in de Bijbel is de vierde plaag die Egypte kreeg te verduren. Mozes moest 's ochtends vroeg naar de farao gaan, op het tijdstip dat deze gewend was naar de rivier te gaan. Daar moest Mozes tegen hem zeggen: '"Zo spreekt de HEER: laat mijn volk gaan om mij te vereren. Want als u mijn volk niet laat gaan, laat Ik steekvliegen komen over u, over uw hovelingen en uw onderdanen. Uw huizen, de huizen van alle Egypte-

570 Attema (1949), 10-13.
571 Glassé, s.v. Sabâ.
572 âya.
573 Jeffery 72-73. Vgl. Num. 2:2.

naren en de grond onder hun voeten zullen van de steekvliegen vergeven zijn. Maar voor het land van Gosen, waar mijn volk woont, zal Ik op die dag een uitzondering maken; daar zullen geen steekvliegen zijn. Zo zult u weten dat Ik, de HEER, in uw land aanwezig ben, want Ik zal onderscheid maken tussen mijn volk en uw volk. *Morgen zal dit teken zich voordoen.*" En zo deed de HEER. Zwermen steekvliegen drongen het paleis van de farao binnen, de huizen van zijn hovelingen en heel Egypte. Het land was van de steekvliegen vergeven' (Ex. 8:16-20.Vgl. *Q* 7:130-134; 27:12; 43:47-50).[574]
Âya betekent 'teken', 'waarschuwing' of 'bedreiging', maar ook 'wonderteken'. Dat zijn allemaal tekenen waar mensen acht op dienen te slaan. Koranverzen kondigen wonderen aan die God geeft om zijn macht, wijsheid en oordeel te tonen. Dat kunnen bijvoorbeeld wonderen van de natuur zijn, zoals de regen die het leven in stand houdt: 'Uit de hemel doet Hij water neerdalen waarmee Hij de aarde levend maakt nadat zij dood was. Daarin zijn waarlijk tekenen te herkennen voor lieden die verstandig zijn' (*Q* 30:24).[575]
Maar deze tekenen blijven niet beperkt tot de natuur. Er zijn ook de bijzondere werken van de profeten en boodschappers waardoor God zijn schepping leidt. Als echter deze tekenen onopgemerkt blijven of, erger nog, worden verworpen, zullen deze tekenen die ingebed zijn in de natuur, de acties van de profeten én de openbaring zelf verschrikkelijke demonstraties van Gods toorn inhouden voor degenen die tekortschieten of er niet in slagen om uit te leggen wat die tekenen werkelijk te zeggen hebben. De Koran staat vol van verhalen van individuen en gemeenschappen die gebeukt en geslagen worden vanwege hun verwaarlozing of ontkenning van de heldere tekenen die de barmhartige God aan zijn schepping schenkt.[576]
Welnu, het teken dat het volk van Seba ontving en waar het geen acht op sloeg was dat er op de plaats waar het volk woonde twee tuinen[577] waren: één aan de rechter- en één aan de linkerzijde van de vallei. God gaf de mensen dit te verstaan en vroeg hun dankbaar gebruik te maken van de voorzieningen die zij ontvingen. '"Het is een welvarend land en uw Heer is vergevensgezind." Maar de Sabeeërs wenden zich af van de gehoorzaamheid aan God, waarop God een vernietigende overstroming over hen bracht. De twee vruchtbare tuinen werden vervangen door twee tuinen met bit-

574 Vgl. Deut. 4:34; Joz. 4:6; Ps. 78:43; 1 Sam. 10:7.
575 Vgl. de perikoop *Q* 30:20-27 als geheel. Verdere voorbeelden: *Q* 16:67; 42:32.
576 *E.Q.*, s.v. Portents.
577 Vgl. *Q* 18: 32-44.

tere vruchten. Zo vergold God hun omdat zij ondankbaar waren. En God vergeldt niemand behalve de ondankbaren' (*Q* 34:15-17). Een ongelovige is iemand die ondankbaar is. Hij is een *kâfir*. Dat woord kennen wij in een verbasterde vorm in het Nederlands als 'kaffer'.[578]

In zijn *De oude geschiedenis van de joden* vertelt Flavius Josephus over Mozes' Ethiopische veldtocht. Op het eind werden de Ethiopiërs allemaal bij elkaar gedreven naar Seba, de stad waar toen de koning van Ethiopië zetelde. 'Ze gingen over tot een belegering. De stad was vrijwel onneembaar. Ze was namelijk aan alle kanten omgeven door de Nijl, en dan zijn er ook nog twee andere rivieren (...), die de oversteek bemoeilijken. De stad ligt als het ware op een eiland. Ze is omgeven door een sterke muur, de rivieren vormen voor de vijand een groot obstakel, evenals de hoge dijken middenin, die maken dat de stad niet overstroomd raakt wanneer het water massaal en met geweld komt opzetten. Zelfs wanneer men er in geslaagd is de rivieren over te steken, maken die dijken het nog onmogelijk de stad in te nemen.'[579]

De gelijkenis van de hovaardige rijke

Er wordt in de Koran een verwante gelijkenis verteld over *twee mannen en twee tuinen*: 'Vertel hun de gelijkenis van twee mannen. Aan de één hadden wij twee tuinen gegeven met wijnstokken, omgeven met palmen. Daartussen waren akkers aangelegd. Beide tuinen droegen rijkelijk vruchten. Tussen beide tuinen liet God een rivier ontspringen.' Het gold in het binnenland van Arabië als ongeveer het schoonste bezit dat iemand zich kon indenken om een tuin met palmen en wijnranken en stromend water te hebben.[580] De eigenaar kreeg een goede opbrengst uit zijn tuin. De gelukkige man werd echter hebzuchtig en begint te pochen. Hij zei tegen zijn gesprekspartner, kennelijk een landloze collega: 'Ik heb meer vermogen en meer kinderen en bedienden dan jij.' Hij ging zijn tuin binnen en beging onrecht tegen zichzelf. Hij zei: 'Ik geloof niet dat deze tuin van mij ooit zal ophouden te bestaan. Ik geloof ook niet dat het uur van het gericht binnenkort zal plaatsvinden. En wanneer ik eens voor mijn Heer gebracht wordt, zal ik als oord van inkeer iets nog beters krijgen dan deze tuin van mij.' Zijn metgezel antwoordde hem: 'Geloof jij niet in degene die jou uit aarde, uit een druppel sperma, geschapen heeft op aarde en daarop als een

578 Vgl. Ex. 16:25; Amos 9:14; Luc. 10:7-8; 1 Kor. 15:32.

579 Josephus, Boek II, 249-250, pagina 290.

580 Paret (1971) op *Q* 18:32 en op *Q* 17:91.

man heeft gevormd? Ik echter beken: "Hij is God, mijn Heer." En ik geef Hem geen partner naast Hem. Waarom heb jij toen je naar je tuin ging niet gezegd: "Slechts Gods wil geschiede. Er is geen macht buiten God." En wanneer je denkt dat ik minder vermogen en kinderen heb dan jij,[581] zo zal God mij misschien iets beters geven dan jouw tuin is, en een afrekening van de hemel over hem sturen, zodat jij op een morgen slechts nog een kale plaats aantreft. Of zijn water zal op een morgen weggesijpeld zijn, zodat je die niet meer naar boven kunt halen.' En met de oogst uit de tuin van de rijke man was het inderdaad plotseling over en uit. Toen draaide hij in de morgen zijn handpalmen om uit berouw over alles wat hij aan de tuin uitgegeven had, terwijl die tuin er verwaarloosd uitzag. En hij zei: 'Had ik maar niemand naast God gesteld.' Hij had nu geen scharen die hem zouden kunnen helpen. En hij vond geen hulp bij anderen. In dit laatste stadium kon hij slechts nog om de bijstand van de enige ware God bidden. Door Hem wordt de mens het beste beloond en vindt hij de beste uitweg, aldus de Koran (*Q* 18:32-44).[582]
In een *midrash* wordt een gelijkenis van een koning verteld die een tuin vol vijgen, druiven en granaatappelen bezat. Na lange afwezigheid vond hij er alleen nog maar distels en struikgewas. Slechts één enkele roos was nog voorhanden. Met deze bloem troostte hij zich over zijn verlies.
Ook in een Syrische bron komt het motief van de twee tuinen voor en wordt verteld hoe een hardvochtige man al zijn bezittingen, zijn tuinen en akkers als staf verliest.[583]

De tegenstanders van Mohammed weigerden in hem te geloven zolang hij geen bron uit de aarde zou doen voortkomen (Ex. 17:1) of een tuin zou doen opschieten, met dadelpalmen en wijnranken en in het midden daarvan wa-

581 Het hebben van mannelijk nageslacht behoort tot de meest begerenswaardige 'goederen' van deze wereld (Paret [1971] op *Q* 18:34, pagina 313). 'Schoon is voor de mensen de liefde tot wat zij begeren: vrouwen, zonen, grote hoeveelheden goud en zilver, paarden en kuddedieren en akkerland. Dat zijn de geneugten van het huidige leven. Maar de uiteindelijke winst ervan is bij God' (*Q* 3:14. Vgl. 18:46; 17:6; 23:55-56; 26:88; 68:14; 74:12-13; 9:69; 57:20; 19:77. 'Vermogen, zonen, tuinen en beken' (*Q* 71:12). 'Vee, zonen, tuinen, bronnen' (*Q* 26:132-134. Vgl. 42:20).

582 *E.Q.*, s.v. Parable, 10. Als een parallel verhaal kun je denken aan de gelijkenis van de hebzuchtige boer in Luc. 12:13-21.

583 Speyer, 434 noemt hier de *Annecdota Syrica*.

terstromen (*Q* 17:90-91. Vgl. 28:8; 2:266; 36:34; 23:19; 16:11; 13:4). Daarop antwoordde Mohammed: 'Wat denken jullie wel? Ben ik iets anders dan een gewone, menselijke boodschapper?' (*Q* 17:93).

De ongelovige stad

In een parabel (*Q* 36:13-27) wordt verteld over bewoners van een stad tot wie twee boodschappers kwamen. Maar die twee werden voor leugenaars gehouden. Toen werd nog een derde gestuurd, waarop de burgers reageerden: 'Jullie zijn slechts gewone mensen zoals wij, en de Erbarmer heeft ons niets geopenbaard. Jullie zijn niets anders dan leugenaars.'

De bewoners zien in het verschijnen van deze boodschappers een slecht voorteken: 'Als jullie niet met jullie geklets ophouden, zullen wij jullie zeker stenigen.' Dat overkwam ook de apostel Paulus na zijn prediking in Lystra in Klein-Azië. Daar ontstond godsdienstige onrust toen er mensen uit Antiochië kwamen die het volk in de stad voor zich wisten te winnen. 'Zij stenigden Paulus en sleepten hem buiten de stad in de veronderstelling dat hij dood was' (Hand. 14:19. Vgl. 2 Kor. 11:25; 2 Tim. 3:11).

Toen kwam van verafgelegen zijde van de stad een man aanrennen. Hij riep: 'O burgers! Volg deze gezanten toch! Volg die lui die geen loon verlangen en het bij het rechte eind hebben. Waarom zou ik niet Hem dienen die mij geschapen heeft, en die tot Wie wij eens zullen worden teruggebracht? Moet ik in zijn plaats andere goden dienen wier voorbede niet helpt, mij niet kunnen redden, wanneer de Barmhartige nood over mij wil laten komen? Dan zou ik werkelijk in dwaling verkeren. Ik geloof in uw Heer. Luister toch naar mij!'

Kennelijk werd deze man daarna omgebracht, want daarna wordt tot hem gezegd: 'Treed het paradijs binnen.' Hij zei: 'O, wisten mijn stadgenoten nu maar dat mijn Heer mijn zonden heeft vergeven en mij onder hen heeft opgenomen die de eer ten deel is gevallen om in zijn nabijheid te mogen zijn.'[584]

Er zijn tradities die de stad uit deze parabel met de stad Antiochië verbinden en zelfs de naam van drie boodschappers geven. Eén daarvan noemt die boodschappers leerlingen van Jezus: Simon, Johannes én Paulus.[585] En de gehoorzame burger wordt Habib genoemd, waarbij wordt gezegd dat hij inderdaad gedood werd door steniging.[586]

584 Vertaling van Paret (1962).

585 *E.Q.*, s.v. Apostle.

586 *E.Q.*, s.v. Parable, 10-11.

De stad Mekka uit de eerste periode van Mohammeds optreden (610-622) is een voorbeeld van zo'n ondankbare en dus ongelovige stad: 'En God heeft een gelijkenis van een stad gegeven die zich verheugde op zekerheid of veiligheid en rust, terwijl zij overal vandaan in haar onderhoud werd voorzien. Toen de stad ondankbaar was voor de weldaden van God liet Hij honger en vrees over haar komen als straf voor wat haar bewoners hadden misdaan. En het was toch een gezant uit hun eigen midden (Mohammed) die tot hen was gekomen. Maar zij hielden hem voor een leugenaar en daarom trof de straf hen, omdat zij onrecht deden' (*Q* 16:112-113).

Het lot van de steden

Dergelijke dramatische gebeurtenissen als die van de doorbraak van de Mârib-dam en de hierboven genoemde gelijkenissen roepen allerlei vragen op. Al in de vóór-islamitsische Arabische poëzie wordt er stilgestaan bij ruïnes[587]: 'Waar zijn degenen die vóór ons waren toch gebleven?'[588] Het antwoord dat in de poëzie op die vraag wordt gegeven is de verwijzing naar de wisselingen van de seizoenen en de noodzaak om plaatsen zoals kampeerplekken te verlaten als er gebrek aan water is of er door natuurrampen verwoesting is aangericht. Maar in tegenstelling tot die Arabische poëzie worden diezelfde vragen in de Koran van een andere uitleg voorzien en wordt er een specifieke *historische* oorzaak aan de rampen gegeven. Meer dan eens nodigt de Koran de hoorders uit om rond te trekken door landen en zichzelf te overtuigen van het tragische einde dat volken in het verleden getroffen heeft: 'Reist rond op aarde en ziet hoe het einde is van de misdadigers' (*Q* 27:69. Vgl. 30:42). 'Reist op aarde en zie hoe het einde was van degenen die vóór hen waren. De meesten van hen waren afgodendienaars' (*Q* 30:42. Vgl. 3:137). De verwoesting van de plaatsen wordt daarbij toegeschreven aan goddelijke vergelding die de vroegere bewoners vanwege hun ondankbaarheid en ongeloof troffen. Zij hebben het over zichzelf afgeroepen. Riep de heidense poëzie op tot berusting, zich schikken in de overweldigende macht van het lot of het fatum, de oriëntatie van de Koran is daarentegen vermanend. De boodschap die erin klinkt is dat zelfs de sterkste volken worden vernietigd als zij de waarschuwingen van hun gezanten in de wind slaan. Die boodschap is dringend omdat de vergelding voor de deur staat. Maar tegelijkertijd wil zij ook benadrukken dat er nog tijd is om in dit leven aan dit lot te ontkomen door de boodschappers te gehoorzamen![589]

587 *athâl.*

588 *Ubi sunt qui ante nos fuerunt?*

589 *E.Q.*, s.v. Geography.

Al zeer vroeg kreeg de profeet Mohammed de opdracht om hiervoor te waarschuwen: 'Sta op en waarschuw' (*Q* 72:2), om te beginnen zijn eigen naaste verwanten (*Q* 26:214). Dat markeert het begin van zijn openbare optreden. Dat zou drie jaar hebben geduurd, vanaf het moment dat hij zijn eerste openbaring had ontvangen. 'Aan hem (Mohammed) hebben Wij (God) een Arabische Koran geopenbaard, om de bewoners van de moeder van de steden, de metropool Mekka, en diegenen die in de omgeving daarvan wonen te waarschuwen' (*Q* 42:7). En dat is een prediking van het gericht. Een deel van de mensheid gaat naar het paradijs, een deel naar de hel. Die prediking is karakteristiek voor de vroege boodschappers die hun eigen gemeenschappen moesten waarschuwen voor het specifieke lot dat hun te wachten stond. Zo was het lot van het volk 'Ad van de profeet Hud de *bliksemslag* die het volk trof. Datzelfde gold voor het volk Thamûd, waarheen Sâlih als boodschapper werd gestuurd. Denk ook aan de *stormwind* of zandstorm over het volk van Lot (*Q* 54:34) of de *pijnlijke bestraffing* (de zondvloed) waarvoor Noach zijn volk waarschuwde (*Q* 71:1).
Mohammed waarschuwde zijn stadsgenoten voor de catastrofe, de dag van het gericht (*Q* 40:14), voor het vlammende vuur (*Q* 92:14). Tenminste één keer wordt gezegd dat die dag van straf nabij is. De profeet verenigde een combinatie van visie, schriftverstaan en politieke actie in zich.[590]
Mohammed stond in een lange traditie van de waarschuwers. Het was door de barmhartigheid van God dat Mohammed een waarschuwing bracht aan een volk waar naartoe vóór zijn tijd nog niemand gekomen was om het te waarschuwen (*Q* 28:46. Vgl. 32:3). En uiteindelijk zal er geen gemeenschap[591] bestaan die niet wordt gewaarschuwd.
'Waarschuwen' is een wezenlijk onderdeel van de taak van een profeet (*Q* 6:19. Vgl. 7:2; 42:7; 46:12). Maar het is ook van essentieel belang te weten dat dit waarschuwen nooit losstaat van de blijde boodschap die de profeten brengen (*Q* 6:48. Vgl. 18:56).
Wat de profeten van Abraham tot en met Mohammed in de woestijn hebben ervaren, ontvangen en gehoord, hebben zij in hun tijd verkondigd. Zij traden op als *waarschuwers* die vertelden dat God ten gerichte zou komen, omdat God wilde dat de zaken in de wereld steeds recht zouden worden gezet. Tegelijkertijd waren zij ook *brengers van een blijde boodschap*. Die twee opdrachten kunnen niet los van elkaar gezien worden. Zo moet ook Mohammed *de gehele mensheid* waarschuwen én een blijde boodschap brengen (*Q* 34:28).

590 *E.Q.*, s.v. Warner.
591 *umma*.

Profeten wijzen de weg die gegaan moet worden, ze verwijzen naar 'de rechte weg' (*Q* 1:6-7),[592] zoals gebeden wordt in het openingshoofdstuk van de Koran. Daarin bevestigt de Koran de *Tawra*, de Schriften van Mozes (*Q* 53:36), zoals Jezus de wet kwam vervullen (Mat. 5:17) en de Thora bevestigde (*Q* 61:6). Trouwens, zoals al eerder gezegd: de Koran bevestigt zowel de *Tawra* als de *Indjîl* (*Q* 3:50; 5:46).

Dé stad

Er is een prachtige illustratie te geven van de boodschap die in de woestijn is ontvangen en grote relevantie heeft voor de stad. Deze is te vinden in het negentigste hoofdstuk van de Koran, dat als titel 'de stad'[593] heeft meegekregen, wat slaat op de stad Mekka. Het is een hoofdstuk uit de Mekkaanse periode van Mohammed (610-622).
Deze in de woestijn ontvangen boodschap heeft naast Mekka ook alle andere plaatsen waar mensen wonen, dorpen of steden, voor ogen. Ook onze landen en steden. Hieronder vindt je de Nederlandse vertaling van dit hoofdstuk uit de Koran.

De Stad (*al-Balad*)
1. Ik zweer bij deze stad.
2. En jij, mens, bent vrij in deze stad.
3. En (ik zweer) bij de vader en wat hij verwekte.
4. Voorwaar, Wij (God) hebben de mens tot gezwoeg geschapen.
5. Denkt de mens nu echt dat niemand macht over hem heeft?
6. Hij zegt grootsprakig: 'Ik heb (voor het één en ander) veel bezit verkwist.'
7. Denkt hij dat niemand hem ziet?
8. Hebben Wij hem geen twee ogen gegeven?
9. Een tong en twee lippen?
10. En hebben Wij hem niet twee wegen gewezen.
11. Was hij maar de steile weg ingeslagen.
12. En hoe kun je weten wat de steile weg is?
13. (Wel, de steile weg bestaat in:) het vrijlaten van een slaaf,
14. of het geven van voedsel op een dag van hongersnood,
15. aan een verwante wees

592 *sîrat al-mustaqîm.*
593 *al-balad.*

16. aan een arme behoeftige die niets te eten heeft.
17. Als hij zo handelt, behoort hij tot degenen die geloven en elkaar tot geduld en tot barmhartigheid aansporen.
18. Zij zijn de mensen van de rechterzijde.
Maar degeen die niet in Onze openbaringen geloven, zijn mensen van de linkerzijde. Over hen is een omhullend vuur.

In de Koran worden verschillende woorden gebruikt voor 'stad'.
Qarya, meervoud *qurâ*, in de dualis *al-qaryatan*, wordt gebruikt om de twee steden Mekka en Tâ'if (*Q* 43:31) aan te duiden.[594] Het woord wordt gebruikt om de woonplaats, 'een plaats waar mensen elkaar ontmoeten' aan te geven. Het kan het best worden afgeleid van de wortel *qr*, in het Fenicische *qart*, zoals die nog terug te vinden is in de naam van de stad Carthago.[595] In het Hebreeuws kun je denken aan de plaats Qirjath-Arba, de oudere naam voor Hebron, of aan Qiryat Ye'arîm (Joz. 18:15). Als het woord 'stad' in het enkelvoud wordt gebruikt, slaat het op steden als Mekka (*Q* 47:14), Medina (*Q* 2:5), Sodom (*Q* 11:74-83; 21:74; 25:42; 29:28), Nineve (*Q* 10:98) of een kuststad (*Q* 7:163).[596] De aanduidingen 'moeder van de steden'[597] en de 'metropolis' (*Q* 6:91; 42:5) slaan op Mekka. Deze laatste aanduiding is waarschijnlijk al vóór-islamitisch en wijst op de leidende positie die Mekka van oudsher in het religieuze en economische leven in de *Hidjâz* innam. Arabische filologen leiden het woord ook wel af van een wortel die 'mensen in gastvrijheid bijeenhalen'[598] betekent. Op één uitzondering na (*Q* 12:82) staat dit woord in het enkel- en meervoud steeds voor een stad of steden die wordt/worden verwoest door God vanwege het feite dat de inwoners de boodschappers van de profeet of zijn voorgangers hebben verworpen.[599]

De boodschap aan 'de stad' begint met een eedformule, een bezwering. Zo'n begin is karakteristiek voor de vroegste openbaringen die de profeet Mohammed heeft ontvangen. De boodschap is gericht aan elke inwoner van die plaats: 'Ik zweer bij deze woonplaats, dit oord Mekka, waarin jij mag wonen.'

594 Ambros, 224.
595 qart-hadasht.
596 Speyer, 313-314, 340-341.
597 umm al-qurâ.
598 qarâ.
599 *E.I.*, s.v. karya. Vgl. Jeffery, 236.

Het in het Arabisch gebruikte woord[600] kan met 'land', 'regio', 'territoir' of 'oord' worden vertaald (*Q* 2:120; 3:196; 7:55-56) en duidt hier op Mekka (*Q* 90:1). Maar tegelijkertijd kun je zeggen dat het niet uitdrukkelijk noemen van de naam ook inhoudt dat het *pars pro toto* geldt voor *alle* steden.
De naam heeft de betekenis van een 'plaats waar iemand woont'.[601]
Ook wordt er gezworen bij 'een ouder en wat hij verwekte'. Het gaat hier dus om de geslachten die komen en de geslachten die gaan.
De uitdrukking dat de mens onder benarde omstandigheden geschapen is, roept niet alleen associaties op met de 'tale Kanaäns',[602] maar laat ook zien hoe de boodschap van de Koran in stijl en inhoud zeer verwant is aan de Tenach (*Tawra*), en in het bijzonder aan het boek der Psalmen. Ook komen er parallellen met het Nieuwe Testament (*Indjîl*) in het vizier. Een aantal voorbeelden uit het Oude Testament: 'Zeventig jaar kan ons leven tellen, tachtig misschien als wij krachtig zijn; *het grootste deel is zorgen en verdriet*; de jaren vliegen voorbij en wij met hen' (Ps. 90:10). 'Immers, de HEER zei: "Mijn levensgeest zal niet altijd bij de mens blijven, want hij is maar een nietig wezen" (Gen. 6:3. Vgl. Pred. 12:1-7).
'Meent de mens dat niemand macht over hem heeft?' Dat is wel wat Jona (*Yûnus*) dacht. Hij wordt ook wel de visman genoemd en onttrok zich aanvankelijk aan Gods opdracht om de boodschap aan de stad Nineve te brengen. En dan wordt dezelfde uitdrukkingen gebruikt: 'Toen Jona toornig heenging en meende dat *Wij (God) geen macht over hem hadden*, werd hij door de vis opgeslokt en riep hij God aan in de duisternis' (*Q* 21:87. Vgl. Jona 1). Jona wordt de profeet Mohammed als voorbeeld voorgehouden. 'Wees geduldig in de verwachting van de beslissing van uw Heer en handel niet zoals de visman toen hij in de buik van de vis was en tot God riep' (*Q* 68:48).
'Waarom was er geen stad die na de aankondiging van het dreigende strafgericht gelovig werd en die haar geloof ten nutte maakte, behalve die lieden van Jona? Toen zij gelovig geworden waren, hieven Wij de straf van de schade in dit leven voor hen op en gaven hun het leven om ervan te genieten. En als U, Heer, het wilt, worden die op de aarde zijn álle gelovig' (*Q* 10:98-99). God zond Jona uit tot honderdduizend of nog meer (*Q* 37:147. Vgl. Jona 4:11). Toen werden zij gelovig, waarop zij voor een bepaalde tijd van het leven genoten (*Q* 37:148).

600 balad.
601 Jeffery, 83-83.
602 Vgl. het hoofdstuk over 'de tale Kanaäns'.

Als over het verkwisten van bezit gesproken wordt, heeft dat te maken met de 'ethiek' van de tijd van vóór het optreden van Mohammed, toen rijke Arabieren bekendstonden vanwege hun verkwisting. Zij waren bereid tot in het extreme toe geld en goed te spenderen ter wille van hun eer. De voor-islamitische dichters beschrijven hoe rijkaards een show konden weggeven door hun fortuin te verspillen, om daarmee zogenaamd hun edelmoedigheid te bewijzen, met de bedoeling om door de mensen gezien te worden.
De Koran keurt deze vormen van grootsprakerige, trotse extravagantie ten zeerste af: 'Geeft uw verwanten wat hun rechtens toekomt, evenzo de armen en de reizigers (zonen van de weg), maar wees niet uitgesproken *verkwistend*' (*Q* 17:26. Vgl. 4:36-42; 7:31; 25:67).[603] De Koran benadrukt daartegenover iets geheel anders: het publieke optreden moet beheerst worden door faire, gelijke verdeling van goederen. Zo bereik je de ideale stad zoals God die bedoeld heeft. De rechte omgang met het bezit wordt gecontrasteerd door de houding van een heroïsche verkwistende held.[604]

Hierna volgt vers 7, waarin wordt gevraagd of de mens werkelijk meent dat niemand hem ziet.
De mens kan God bidden om hem te behoeden voor de bedreigingen van de vijand, en hem te verbergen voor de misdadige bende, voor die meute van boosdoeners die hun tong scherpen als een mes, en een giftig woord richten als hun pijl, en uit verborgen hoeken schieten, onschuldig, onverhoeds, voor niemand bang: 'Ze wapenen zich met kwade woorden, overwegen een val te zetten, en zeggen: "Wie zou het zien?"' (Ps. 64:1-6). 'Hij die ons oren gaf, zou het niet horen? Die het oog heeft gevormd, zou het niet zien?' (Ps. 94:9).
In Spreuken 20:12 vraagt God: 'Hebben Wij de mensen niet twee ogen gegeven, een tong en twee lippen?' Als in het boek Spreuken gezegd wordt dat oog en oor beide door God gemaakt zijn, wil dat zeggen dat een mens het aan God te danken heeft dat hij opmerkzaam kan zijn, en dat hij daar dus gebruik van dient te maken.[605]
Toen Mohammed in Medina te maken kreeg met joden (mogelijk joodse rabbijnen) die zich verzetten tegen zijn boodschap, vernam hij de woorden: 'O gij (mijn) boodschapper! Diegenen die zich in ongeloof beijveren, behoeven u niet treurig te maken. Zij behoren tot degenen die met hun mond iets

603 *E.Q.*, s.v. Honor. Zie Paret (1971) op *Q* 4:36.
604 Vgl. Neuwirth (2011), 242.
605 *KBS* op Spr. 20:12.

zeggen: "Wij geloven", maar met hun hart niet geloven. Zij zeggen iets met hun tongen wat niet in hun harten is' (Q 5:41). De Koran veroordeelt deze mensen (Q3:167. Vgl. 48:11).[606]

Als over de twee wegen wordt gesproken, valt een echo te beluisteren van de laatste grote rede van Jezus in het Evangelie naar Matteüs (Mat. 25:31-46). In Matteüs staan vijf grote redevoeringen van Jezus, waarvan de eerste rede de Bergrede is (Mat. 5-7) en de vijfde de rede die over het laatste oordeel gaat (Mat. 25:31-46).
In de Bergrede sprak Jezus in een gelijkenis over de brede en smalle weg: 'Ga binnen door de nauwe poort. Want wijd is de poort en breed is de weg die naar het verderf leidt; er zijn vele mensen die daarlangs gaan. Hoe nauw is de poort en hoe smal de weg die naar het leven leidt; er zijn maar weinig mensen die hem vinden' (Mat. 7:13-14).
In de vijfde rede, de rede over het laatste oordeel, worden de schapen van de bokken gescheiden. Degenen die recht hebben gedaan worden ter rechterzijde geplaatst en die verkeerd hebben gedaan ter linkerzijde. Tegen degenen die aan de rechterkant staan, zegt de 'koning' die als rechter optreedt dat zij gezegend zijn en het koningschap zullen beërven, 'want Ik had honger en jullie hebben Me te eten gegeven, Ik had dorst en jullie hebben Me te drinken gegeven, Ik was vreemdeling en jullie hebben Me opgenomen. Ik was naakt en jullie hebben Me gekleed, Ik was ziek en jullie hebben naar Me omgezien, Ik zat in de gevangenis en jullie kwamen naar Me toe.' Dan zullen de rechtvaardigen Hem vragen: 'Heer, wanneer hebben we U hongerig gezien en U te eten gegeven, of dorstig en U te drinken gegeven? Wanneer hebben we U als vreemdeling gezien en U opgenomen, of naakt en hebben we U gekleed? Wanneer hebben we U ziek of in de gevangenis gezien en zijn we naar U toe gekomen?' En aan degenen die aan de linkerkant staan, zal Hij zeggen waarom zij aan die zijde zijn terechtgekomen: 'Want Ik had honger en jullie hebben Me niet te eten gegeven, Ik had dorst en jullie hebben Me niet te drinken gegeven, Ik was vreemdeling en jullie hebben Me niet opgenomen, Ik was naakt en jullie hebben Me niet gekleed, Ik was ziek en zat in de gevangenis en jullie hebben niet naar Me omgezien.' Dan zullen ook zij antwoorden: 'Heer, wanneer hebben we U hongerig gezien of dorstig of als vreemdeling of naakt of ziek of in de gevangenis en hebben we U niet geholpen?' Dan zal Hij tegen hen zeggen: 'Ik verzeker jullie, alles wat je niet voor één van deze minsten hebt gedaan, heb je ook niet voor mij gedaan'

606 Paret (1971) op Q 5:41.

(Mat. 25:35-45). Aan het slot blijkt dat degenen die niets hebben gedaan in feite hun eigen oordeel over zichzelf zullen uitspreken: 'Wij hebben U niet gediend.' Zij wilden geen 'dienaar' van God zijn ('ebed JHWH, 'Abd Allâh).

In één van de beschrijvingen van het laatste oordeel in de Koran wordt ook over de rechter- en linkerhand gesproken: 'Op die dag worden jullie aan de rechter voorgeleid en daarbij is niets van jullie voor Hem verborgen. Wanneer dan de schrift van mensen met de lijst van zijn daden in zijn *rechterhand* wordt gelegd (vgl. *Q* 17:71; 84:7) zegt hij: "Lees mijn schrift. Ik heb niets te vrezen. Ik heb van te voren ermee gerekend dat ik eens mijn afrekening zou beleven." Hij heeft dan een aangenaam leven in een hooggelegen tuin, met diep hangende vruchten (zodat men die gemakkelijk kan plukken). (En tot de ingezetenen van de tuin wordt gezegd): "Eet en drink en laat het u wel bekomen.[607] Jullie ontvangen dit alles als loon voor dat wat jullie vroeger, in de voorbije dagen (van jullie leven op aarde), gedaan hebben.
Maar diegene die zijn schrift (met de optekening van zijn daden) in de *linkerhand* gegeven wordt[608], zegt: "Werd mijn schrift me maar niet gegeven en wist ik nu maar niet hoe het met mijn afrekening staat. Ware het toch daarmee nu ik gestorven ben definief uit![609] Wat heb ik nu aan mijn vermogen? Ik heb nu definitief aan macht ingeboet"' (*Q* 69:18-29). 'Waarlijk, hij geloofde (tijdens zijn leven) niet in de machtige God, en hij spoorde niet aan tot het spijzigen van de armen, of het eten geven van de behoeftigen. Daarom heeft hij hier nu geen vriend' (*Q* 69:33-35).[610]
Na de opstanding uit de doden op de laatste dag worden mensen op grond van wat zij op aarde gedaan hebben in drie categorieën opgesteld. 'Dan zijn er de lieden ter rechterzijde[611] en die ter linkerzijde.[612] De derde zijn de "voortrekkers" die zich aan de spits bevinden' (*Q* 56:7-10). Hetzelfde

607 hani'n, een nog steeds gebruikte uitspraak in het Arabisch voor 'gezondheid' na het genieten van de maaltijd.
608 In *Q* 84:10 staat: 'Wie daarentegen zijn schrift achter zijn rug gegeven wordt…'
609 De 'ongelovige' tijdgenoten van Mohammed meenden dat het leven met de dood definitief geëindigd was en de mens geen (laatste) oordeel te wachten stond.
610 Vgl. vertaling van Paret (1962).
611 Vgl. *Q* 56:27, 9018; 74:39.
612 Vgl. *Q* 56:41.

woord[613] wordt op een ander plaats gebruikt voor de eerste voortrekkers, namelijk de emigranten uit Mekka en de helpers uit Medina (*Q* 9:100).[614] Ieder mens is aansprakelijk voor wat hij tijdens zijn leven op aarde gedaan heeft, voor wat op zijn strafconto staat, uitgezonderd de metgezellen van de rechterzijde. Zij zullen elkaar in de tuin vragen wat er van de zondaren terecht is gekomen. 'Wat heeft u in de hitte (van de hel) gebracht?' De anderen (de zondaren) zeggen: 'Wij hebben niet tot diegenen behoord die het gebed verrichtten. Wij hebben de arme niets te eten gegeven. Het met diegenen gehouden die maar wat kletsten en de dag van het oordeel voor leugen verklaren, totdat dat wat voor allen zeker is (de dood of de waarheid) kwam' (*Q* 74:38-47).[615]

De macrokosmos van de stad en de microkosmos van de mens

In *Q* 90 wordt een verhaal verteld over twee steden. De stad zoals God die wil staat tegenover de stad die de niet-gelovigen, de niet-dankbaren, de onrechtvaardigen graag willen, een stad zoals Kaïn die stichtte.

Wat opmerkelijk is, is de reflectie van de stedelijke structuur in het beeld van een mens: de macrokosmos van de stad en de microkosmos van de mens. De *topografische* trekken van de stad – de twee paden, de twee wegen, de steile weg – worden verbonden met de trekken van het menselijke lichaam. De lichamelijke structuur wordt gekenmerkt door de organen, waarvan sommige zelfs in tweevoud gevormd zijn: twee lippen, twee ogen, twee oren, om de mens in staat te stellen de juiste wegen voor verantwoord moreel gedrag te ontdekken. Zowel *stedelijke* als *lichamelijke* structuren zijn dus goddelijke *tekens* die vertaald worden in evenzovele ethische opdrachten. De *topografisch*e trekken van de moeilijke paden en de steile weg die de publieke ruimte van de stad structureren, moeten gelezen worden als evenzovele *morele* taken en opdrachten. Daarom moet de mens ook die steile weg ten gunste van anderen beklimmen.

613 sâbiqûn.

614 Vgl. Paret (1971), 467.

615 Vgl. 'Wat denkt gij wel van degene die het gericht voor leugen verklaart? Dat is degene die de wees verstoot en er niet toe aanspoort de arme (behoeftige) te eten te geven. Wee degenen die de salât verrichten, maar geen acht geven op het gebed. Die door de mensen gezien willen worden en de hulpverlening in de basisbehoeften weigert' (*Q* 107). 'Jullie zijn niet vrijgevig ten opzichte van de wezen en sporen elkaar niet wederzijds aan de armen te eten te geven. Jullie verteren veeleer de erfenis (van beschermelingen) volledig, en hebben de rijkdom lief boven alles' (*Q* 89:15b-20).

Het gaan van de weg die God wijst, kan moeizaam zijn. De stad heeft steile straatjes. Het betreden van steile wegen bestaat uit sociale prestaties. In de eerste plaats het bevrijden van slaven. De slavenstrik die om de nek van de slaven gebonden is, moet letterlijk en figuurlijk ontbonden worden.
De gedachte van het spijzigen van de arme en de hongerige reflecteert dit duidelijk: 'Is dít niet het vasten zoals Ik het verkies: boosaardige boeien losmaken, de banden van het juk losmaken, de onderdrukten hun vrijheid hergeven, en alle jukken doorbreken? Is vasten niet dit: uw brood delen met wie honger heeft; arme zwervers opnemen in uw huis; een naakte kleden die u ziet en u niet onttrekken aan de zorg voor uw broeder?' (Jes. 58: 6-7. Vgl. Mat. 25).[616] Bevrijding, spijziging en zorg voor de armen worden dus als drie belangrijke acties genoemd. Op het vrezen van God berust het maatschappelijke systeem van de ideale stad.[617]

Het samenleven binnen de éne gemeente

Toen zich in het oude Rome van rond 500 v.Chr. een sociale onrust voordeed door een meningsverschil tussen patriciërs en plebejers, werd Consul Menenius Agrippa – zo vertelt ons Livius, de beroemde geschiedschrijver uit de tijd van keizer Augustus – naar de strijdende partijen gestuurd als bemiddelaar. Hij vertelde het volgende verhaal:

> 'Eens kregen alle delen van het menselijk lichaam afkeer van de diensten die zij moesten verlenen aan de buik. De voeten en benen moesten de hele tijd maar die buik rondsjouwen. De handen hadden voor de buik voedsel te verzamelen. De mond at voor de buik, enzovoorts. De ledematen hadden er genoeg van alleen voor die buik te moeten zwoegen en gingen daarom in staking. Maar al spoedig voelden ze zichzelf verzwakken, en zelfs afsterven. Toen onderkenden ze hoezeer zij van elkaar afhankelijk waren, dat ze zouden vergaan zonder die ogenschijnlijk nutteloze buik.'[618]

Deze allegorie is een klassiek verhaal geworden en kan ook bij de goed klassiek opgeleide Paulus uit Tarsus bekend zijn geweest. Het is niet onwaarschijnlijk dat hij dit verhaal kende, en dan hoeft dat niet per se de versie van Livius te zijn geweest. Het beeld wordt ook door Xenophon gebruikt.[619] Paulus ge-

616 Neuwirth (2011), 244.
617 Neuwirth (2011), 245.
618 Ab Urbe condita, II, 16.32.33; vgl. Livius, 64-65.
619 Memorabilia (2.III.18) en Cicero, De Officiis (III.v 22).

bruikte het vervolgens voor de gemeente in Korinte. Ondanks de verscheidenheid van gaven (1 Kor. 12:13vv) waren zij allen leden van één lichaam. In zijn brief aan de gemeente in de stad Korinte geeft Paulus aan hoe de samenhang zou moeten zijn tussen de verschillende groepen binnen de gemeente. Hij spreekt over het lichaam van de Messias – masîh ('de gezalfde') – de verwachte rechtvaardige koning.[620]

> 'Ons lichaam met zijn vele delen vormt één geheel, en alle lichaamsdelen, hoe vele ook, zijn samen één lichaam (...). Een lichaam bestaat nu eenmaal niet uit één lichaamsdeel, maar uit vele. Veronderstel dat de voet zegt: "Omdat ik geen hand ben, hoor ik niet tot het lichaam", hoort hij dan niet tot het lichaam? En als het oor zou zeggen: "Omdat ik geen oog ben, hoor ik niet tot het lichaam", hoort het dan niet tot het lichaam? Als het hele lichaam oog was, waar bleef dan het gehoor? Als het helemaal gehoor was, waar bleef dan de reuk? God heeft nu eenmaal de lichaamsdelen elk afzonderlijk hun plaats in het lichaam toegewezen, zoals Hij het gewild heeft. Als zij allemaal samen één lichaamsdeel vormden, waar bleef dan het lichaam? In feite echter zijn er vele lichaamsdelen, maar is er slechts één lichaam. Het oog kan niet tegen de hand zeggen: "Ik heb je niet nodig", en evenmin het hoofd tegen de voeten: "Ik heb jullie niet nodig." Nog sterker, juist die lichaamsdelen die het zwakst schijnen te zijn, zijn onmisbaar. En die lichaamsdelen die wij beschouwen als minder eerbaar, eren wij des te meer. Onze minder edele delen worden daarom met grotere kiesheid behandeld; de andere delen hebben dat niet nodig. God heeft het lichaam zo samengesteld dat Hij aan het mindere meer eer gaf, opdat er in het lichaam geen verdeeldheid zou zijn en de lichaamsdelen eensgezind voor elkaar zouden zorgen. Wanneer één lichaamsdeel lijdt, delen alle andere in het lijden; wordt één lichaamsdeel geëerd, dan delen alle andere in die vreugde. Welnu, u bent het lichaam van de Messias, en ieder van u is van dit lichaam een onderdeel. Nu heeft God in de gemeente allerlei mensen aangesteld, allereerst apostelen, vervolgens profeten, en verder leraren; voorts is er de gave om wonderen te doen, te genezen, te helpen, te besturen en in talen te spreken. Niet iedereen kan apostel zijn, of profeet, of leraar. Kunt u allen wonderen doen? Hebt u allen de gave om te genezen, in talen te spreken en uitleg te geven? Streef naar de hoogste gaven! Maar eerst wijs ik u een buitengewoon voortreffelijke weg.'
> (1 Kor. 12:12-31)

620 Vgl. Meuzelaar.

VII. WOESTIJNREIS VAN DE MENSHEID

Bevrijdingstheologie is een tautologie
(Edward Schillebeeckx)

Crucial, at the end of the day, however, (...) what the movement ultimately drew its power from was the stark and awe-inspiring relationship between one man and his God, the solitary soul cut adrift amid the barren landscape of the desert, who then called his brethren to piety.[621]

Begin van de geschiedenis: Kaïn en Abel

De geschiedenis van de mensen begint met een broedermoord: Kaïn (Qâbîl) slaat zijn broer Abel (Hâbîl) dood (Gen. 4:8; *Q* 5:27-31). De landbouwer doodt de herder omdat hij niet zijn broeders 'herder', zijn broeders 'hoeder' wil zijn terwijl toch juist dat herder of hoeder zijn de bestemming van elk mens is.

In de Koran wordt het verhaal van de eerstgeboren mensenkinderen als volgt verteld, zonder dat hun namen genoemd worden: 'Vertel hun naar waarheid de boodschap van de twee zonen van Adam, toen zij een offer brachten. Het offer van de één werd aangenomen, dat van de ander niet. De laatstgenoemde zei: "Ik zal je zeker doden." De ander zei: "God neemt alleen iets van rechtvaardigen aan. Als jij je hand naar mij uitstrekt om mij te doden, zal ik mijn hand niet naar jou uitstrekken, om jou te doden. Ik vrees God, de Heer der Werelden"' (*Q* 5:27-28). 'Maar Kaïns kwade neiging dreef hem ertoe zijn broer Abel te doden, dus doodde hij hem. Toen zond God een raaf, die in de grond krabde. Hij zei: "Ware ik maar de raaf gelijk, zodat ik het lijk van mijn broeder kon verbergen." En toen kreeg hij berouw. Om die reden schreven Wij de kinderen Israëls voor, dat wie ook één mens doodt, behalve vanwege vergelding of het verderf zaaien op aarde, het ware alsof hij het gehele mensdom heeft gedood, en voor hem die één mens redt alsof hij het hele mensdom redt (*Q* 5:30-32). Vooral deze laatste opmerking stemt overeen met de joodse uitleg van dit verhaal.[622]

De geschiedenis van de mensheid is bloedig gebleven sinds Kaïn Abel doodde. In Matteüs 23:35 wordt dit benadrukt door te wijzen naar 'al het

621 Sarris, 267.

622 Mishnâ Sanhedrîn IV, 5. Vgl. Paret (1971), 120. *E.I.*, s.v. Hâbîl wa Kâbîl.

rechtvaardige bloed dat vergoten is vanaf het bloed van de rechtvaardige Abel tot het bloed van Zacharias, de zoon van Berechja' (vgl. 2 Kron. 24:20-22), die in het voorhof van de tempel werd omgebracht. Abel en Zacharias waren de eerste en de laatste 'rechtvaardige' over wie in het Oude Testament verteld wordt dat ze werden vermoord. Er is overigens ook nog een andere latere Zacharias († 67/68 n.Chr.) uit de eerste eeuw van onze jaartelling, die in de tempel door zeloten, om zo te zeggen de djihadisten van die tijd, werd vermoord.[623]
Het (voor)evangelie van Jakobus, een vroegchristelijk geschrift van na 150, beschrijft dat Zacharias, de vader van Johannes de Doper (Yahyâ) door koning Herodes werd vermoord in de voorhof van het heiligdom. Dit gebeurde omdat hij weigerde om aan de koning de verblijfplaats van zijn zoon Johannes te onthullen. Herodes was namelijk bevreesd dat Johannes koning wilde worden. Toornig zei Herodes: 'Zijn zoon zal zeker koning worden over Israël!' Zacharias reageerde daarop door te zeggen: 'Als je mijn bloed vergiet, ben ik een getuige van God. God zal mijn geest ontvangen als je onschuldig bloed vergiet in de voorhof van de tempel van de Heer.' Bij het eerste morgenlicht wordt Zacharias dan inderdaad vermoord.[624]
Toch beschermde God Kaïn voor bloedwraak. Hij werd niet gedood vanwege zijn moord op Abel, waar hij wel bang voor was. Hij ontving een 'teken' dat als 'het teken van Kaïn' bekendstaat. Dat was niet een soort 'Scarlet-letter', bekend uit Nathaniel Hawthorne's roman uit 1850, waardoor je op een afstand de schuldige zou herkennen, maar een teken van bescherming door de hand van God (Gen. 4:15).
Het is de nazaten van 'Kaïn' en 'Abel' de lange geschiedenis door niet anders vergaan. Kaïns nakomelingen gingen en gaan diezelfde weg van Kaïn (Judas 11. Vgl. Gen. 4:6). In datzelfde verband worden dan ook Bileam (Bal'am) en Korach (Qârûn) genoemd (Num. 16:22-24; *Q* 28:76-80). Bileam was een ziener uit Mesopotamië die door Balak, de koning van Moab, ingehuurd werd om de kinderen Israëls te vervloeken. En Korach ontketende een opstand tegen het leiderschap van Mozes tijdens de tocht door de woestijn: 'Wee hun! Ze zijn de weg van Kaïn opgegaan. Net als Bileam hebben zij zich voor geld overgegeven aan bedrog, en evenals Korach hebben zij zich door hun weerspannigheid in het verderf gestort' (Judas 11). De weg van Kaïn is dus de weg waarop de mens niet zijn broeders hoeder, zijn broeders herder wil zijn (Gen. 4:8). Mensen die die weg gaan, dwalen af van de rechte

623 *KBS* op Mat. 23:35.

624 Proto-evangelie van Jakobus 23:1-3; Oussoren & Dekker, 389.

weg en kiezen het pad van Bileam, 'die het loon voor de ongerechtigheid liefhad' (2 Petr. 2:15-16).
De Kaïnieten werden de heersers over de verweesde kinderen van Abel. Kaïn werd de stichter van de eerste stad, die hij niet naar zichzelf, maar naar zijn oudste zoon Henoch vernoemde (Gen. 4:17). Dat laatste deed Romulus niet. Evenals Kaïn doodde hij zijn broer, Remus. Maar aan de stad die hij stichtte, gaf hij zijn eigen naam mee, Rome, eeuwenlang de belangrijkste stad in de Europese geschiedenis.

Kaïnieten of Kenieten

De naam van de stam van de Kenieten, waartoe Jetro (Shu'ayb), de schoonvader van Mozes (Recht. 1:16) behoorde, is afgeleid van de naam Kaïn. Kaïn is dus de stamvader van de Kenieten. De Kenieten, een nomadenvolk, behoorden bij Midjan (Num. 10:29; 16:10. Vgl. 1 Sam. 15:4-6). In de orakelspreuk die Bileam uitsprak tegen de Kenieten noemde hij ze 'Kaïn' (Num. 24:22). De Kenieten waren een subgroep van de Midianieten en indirect verwant aan Israël (Num. 10:29; Recht. 4:11).[625]
De Kenieten behoorden tot de rondtrekkende herders uit het zuidelijke gedeelte van het bergland ten westen van de Jordaan en in de Negev-woestijn. Zij hadden zich pas aan het begin van de Israëlitische koningstijd afgescheiden van de Amalekieten, die geen vaste woonplaats hadden. Koning Saul (Tâlût) had tegen de Kenieten gezegd: 'Ga weg, trek u terug, en verwijder u van de Amalekieten; anders zou ik u samen met hen vernietigen, terwijl u Israël toch trouw was toen het vertrok uit Egypte.' Toen trokken de Kenieten zich uit Amalek terug (1 Sam. 15:6). Zij sloten zich aan bij de stam Juda en gingen over op de landbouw. Er zijn echter ook groepen Kenieten gebleven die buiten het cultuurgebied hun nomadenbestaan als tentbewoners voortzetten (Recht. 4:17; 5:24). De uitleg van de naam Kaïn als 'smid'[626] doet vermoeden dat de Kenieten als rondtrekkende smeden hebben gewerkt (Gen. 4:22). Zij waren vereerders van de HEER (JHWH) (Recht. 4:11) en golden als verwant aan Mozes.[627]
Zoals Kaïn door God werd beschermd, werd ook Mozes, die toch ook een moordenaar was (Ex. 2:12), door de HEER beschermd. Nadat hij iemand had doodgeslagen, vluchtte Mozes weg uit Egypte naar Midjan, waar hij onder de Kenieten ging wonen.

625 Olson, 150.
626 Een Arabisch woord.
627 *B.W.*, s.v. Kenieten; Bijbelse Encyclopaedie, s.v. Kenieten.

De aanbidding van God als HEER (JHWH) wordt wel herleid tot de Kenieten en de Midianieten. Beide volken waren nomadische volken die op het Sinai-schiereiland leefden, in de Negev, en op het Arabische Schiereiland ten zuidoosten van de Golf van Aqaba. Jetro was een priester in Midjan (Madyan) (Ex. 3:1; 18:1). Hij wordt soms een Midianiet (Num. 10:29) en soms een Keniet (Recht. 1:16) genoemd. Jetro zou Mozes in dit geloof in JHWH hebben geïntroduceerd. Nadat de kinderen Israëls bevrijd waren uit Egypte verheugde Jetro zich met Mozes over die bevrijding. Hij beleed toen dat God (JHWH) groter was dan alle goden en hij bracht Hem brand- en slachtoffers. En Aäron en al de oudsten van Israël kwamen met de schoonvader van Mozes de offermaaltijd voor God houden (Ex. 18:10-12). 'In zijn persoon treedt de eersteling van de "heidenen", namelijk deze "heiden" die de levende God zoekt, de godsdienstige gemeenschap met het volk van God binnen'[628] Hij bereidde een groot feestmaal voor God. De deelname van Aäron en de oudsten als vertegenwoordigers van het volk aan deze maaltijd voor God, het eten en het drinken, is als een voorspel te zien van de verbondsmaaltijd op de berg Sinai (Ex. 24: 9-11).[629]
Op hun reis naar het beloofde land sloten de Kenieten zich bij de kinderen Israëls aan en vestigden zich aldaar (Recht. 1:16; 1 Sam. 15:6). Ze bleven goede relaties met hen onderhouden (1 Sam. 15:6).[630]
Mozes verbleef onder het volk Midjan (*Q* 20:40; 28:22-29), tot wie Shu'ayb als profeet was gezonden (*Q* 7:85-93; 11:84-95; 29:36-37)[631], maar zij verklaarden hun profeet voor leugenaar (*Q* 22:44; 29:37).
Het 'volk van het struikgewas' (*Q* 26:76-191) wordt wel als identiek beschouwd aan dat van Midjan.[632] Het volk van Midjan werd namelijk beschuldigd van struikroverij.
De verhalen van Shu'ayb worden in de Koran gegroepeerd met die van de vier andere profeten: Noach, Hûd, Sâlîh en Lot. Shu'aybs profeetschap staat

628 Aldus C.F. Keil aangehaald in Fischer & Markl, 202.

629 Fischer & Markl, 202.

630 Lundbom, 920. Later worden nog anderen genoemd, zoals Heber de Keniet (Recht. 4:11-22), Jonadab, de zoon van Rechab (1 Kon. 10:15-24) en de Rechabieten die leefden in de tijd van de profeet Jeremia (Jer. 35), allemaal afstammelingen van nomadische volken.

631 Wansbrough, 21-25 analyseert drie versies van het verhaal in de Koran. *E.I.*, s.v. Shu'ayb.

632 Noegel & Wheeler, s.v. Shu'ayb, 303.

vermeld aan het einde van deze lijst, juist vóór Job, Dhu al-Kifl[633], en Jona. Shu'ayb droeg de mantel van het profeetschap over aan Mozes, gesymboliseerd door zijn staf, die vanaf Adam via alle vroegere profeten aan hem was doorgegeven.

Er wordt gezegd dat het volk van Midjan afstamde van de zoon van Abraham en Ketura (Gen. 25:4; 1 Kron. 1:32). Wahb ibn Munabbih, één van de joodse zegslieden van Mohammed, zegt dat Shu'ayb uit het volk van Babylon kwam en in Abraham geloofde. In de beschrijvingen van het land Midjan staat dat het was gelegen aan de rand van Syrië, aan de grens van de Hidjâz, dicht bij het meer van het volk van Lot (de Dode Zee).[634]

Alle profeten stammen volgens moslimuitleggers van Abraham af: de profeet Mohammed via Ismaël, de Israëlitische profeten via Isaak en de profeet Shu'ayb via Midjan, de zoon van Abraham en diens (bij)vrouw Ketura.[635]

De naam van God, JHWH, die aan Mozes werd bekendgemaakt (Ex. 3:12) is volgens sommige uitleggers verbonden met de geschiedenis van Kaïn. 'Een oersage van alle JHWH-ervaring waarin de in Midjan levende Kainieten hun geloof, hun cultus en hun lot op Kaïn hebben teruggevoerd.'[636] 'Vogelvrije nomaden weten zich, evenals Kaïn, door JHWH beschermd. (...) Aan hun geloof, cultus en rechtspraak ontleent Mozes (...) zijn diepste godservaring: JHWH is een God die de wraak beteugelt, omdat God alleen beschikt over leven en dood, over goed en kwaad.'[637]

Mozes in de woestijn

'Toen Mozes was opgegroeid (volgens Hand. 7:23 was hij toen veertig jaar), ging hij op een dag zijn broeders in Egypte bezoeken en werd getuige van hun dwangarbeid. Hij zag hoe een Egyptenaar een Hebreeër neersloeg, een van zijn broeders. Hij keek eerst naar alle kanten en toen hij zag dat er niemand in de buurt was, sloeg hij de Egyptenaar neer en verborg hem onder het zand. De dag daarop ging hij er weer op uit en zag twee Hebreeuwse mannen met elkaar vechten. Hij vroeg aan degene die ongelijk had: "Waarom sla jij je kameraad?" De man antwoordde: "Wie heeft jou

633 Door moslimexegeten wel als de zoon van Job én net als Job zelf als een profeet gezien.

634 Noegel & Wheeler, s.v. Shu'ayb.

635 Noeger & Wheeler, s.v. Keturah.

636 Heyde, 33

637 Houtepen, 140, aan wie ik ook de hierboven aangegeven verwijzing naar Heyde dank.

tot leider en rechter over ons aangesteld? Wil jij mij soms ook doden, net als die Egyptenaar?" Daarop werd Mozes bang en dacht: "Het is dus toch bekend geworden." Ook de farao hoorde van het voorval en wilde Mozes doden, maar Mozes wist aan de farao te ontkomen, vluchtte naar Midjan (een streek ten zuiden van Edom en ten oosten van de Golf van Eilat) en ging bij een bron zitten (Ex. 2:11-15). Mozes kwam terecht bij een priester van Midjan en werd uitgenodigd om bij hem te blijven eten. Uiteindelijk besloot hij om daar te blijven wonen. Hij trouwde met de dochter van deze priester, Zippora. Zij werd de moeder van Gerson (Ex. 18:2-3). Deze naam wordt in verband gebracht met *ger*, dat 'vreemdeling' betekent, iemand die gedurende langere tijd bij een andere stam of in een ander land verblijft en daar bepaalde rechten geniet.[638] Later zouden zijn zuster Mirjam en zijn broer Aäron zich keren tegen het feit dat Mozes leiding gaf tijdens de woestijnreis, omdat hij een vreemde vrouw, een Kusitische, had getrouwd: 'Heeft de HEER alleen door jou gesproken en ook niet door ons? (Num. 12:1-2), gooiden ze hem voor de voeten.

De woestijnreis als levensreis

Het boek Numeri – 'in de woestijn', zoals de Hebreeuwse titel van het boek luidt – behandelt het verhaal over de reis van de kinderen Israëls door de woestijn, veertig jaar lang (vgl. ook Deut. 2:7; 8:2, 4; 29:4-5; Joz. 5:6; Neh. 9:21; Ps. 95:10). Dat verhaal staat symbool voor de levensreis of pelgrimsreis van de mensheid, een mensenleven lang. De thematiek van de 'pelgrimage' is de eeuwen door talloze malen in de Bijbel opgenomen.

De woestijnreis begint met de uittocht, de exodus uit Egypte. Er zijn belangrijke plaatsen die de reisroute markeren: de berg Gods, de Sinaï; de oase Kades en de steppegebieden van Sur (Ex. 15:2); Sin (Ex. 16:1; 17:1; Num. 33:11-12) en Paran.

Tijdens die woestijnreis doen zich crises in de relatie tussen God en zijn volk voor: moeilijkheden onderweg die de weg zwaar maken. Het dieptepunt is de verering van het 'gouden kalf' (Ex. 32. Vgl. *Q* 7:150-151; 20:92-94). Op deze momenten speelt voor Mozes en/of Aäron steeds weer de vraag: hoe kan aan Israël rust worden geschonken, ondanks het verzet en gemor, het gemurmureer van het volk (Ex. 15:24; 16:2; 17:3; Num. 14:2, 36; 16:41)? Het laatste en grootste gevaar waarin het volk terechtkomt, doet zich vlak voor de verovering van het land voor: Bileam probeert op instigatie van koning Balak, de koning van Moab, het volk te verjagen (Num. 22-24) en het volk

638 *KBS* op Ex. 2:21.

pleegt ontucht met Moabitische vrouwen tijdens 'de afgoderij met Baäl-Peor' (Num. 25).[639]
In het Nieuwe Testament geeft Paulus in één van zijn brieven een typologische exegese van deze reis door de woestijn. Alles wat tijdens deze reis geschiedde is voor ons een les om niet, net als 'onze vaderen, naar het kwade te verlangen. Wat de kinderen Israëls overkwam werd te boek gesteld als een les, een waarschuwing (1 Kor. 10:6, 11).[640]
Het gaat dus steeds om de reis die de kinderen Israëls ondernamen nadat zij bevrijd waren uit de onderdrukkende imperialistische macht van de farao van Egypte. Het gaat om hun weg naar de beloofde stad, het land, de stad of de aarde waar gerechtigheid zal wonen. Die reis is wel als volgt gekarakteriseerd: 'Ten eerste is er het land waar ze nu zijn, waarschijnlijk Egypte. Ten tweede is er een betere plaats, een meer aantrekkelijke wereld, een beloofd land. En ten derde is er de weg die naar dit land loopt door de wildernis. Er is geen weg van hier naar daar mogelijk dan door samen op weg te gaan en te marcheren.'[641]

De drie maskers van Kaïn
In de tijd die voorafging aan de Iraanse Revolutie van 1979 was er een bekende Iraanse denker, de socioloog 'Ali Sharî'atî(1933-1977), die wel als de geestelijke vader van die Perzische 'lente' wordt gezien. Hij studeerde in de stad Meshed en kreeg een beurs om aan de Sorbonne in Parijs te promoveren. Hij keerde in 1964 naar Iran terug, waar hij gearresteerd werd op verdenking van politieke activiteiten tegen de Sjah. Hij overleed kort vóór het uitbreken van de Iraanse Revolutie. De Iraanse geheime dienst, de Savak, wordt door velen verantwoordelijk gehouden voor zijn vroegtijdige dood in Engeland.[642] De Iraanse Revolutie heeft 'Ali Sharî'atî voor zich geclaimd. Dit geheel ten onrechte omdat Sharî'atî in feite iets heel anders voorstond dan de oprichting van de Iraanse republiek, het doel van de revolutie onder

639 Vgl. Hos. 2:13; *B.W.*, s.v. 'woestijnreis'.
640 De boodschap die de profeet Mohammed (en de andere profeten) brengt, wordt vaak gepresenteerd in de tweeslag van 'waarschuwing' (bashîr) en 'blijde boodschap' (bashîr).
641 Michael Walzer aangehaald door Brueggemann (2010), 169 noot 17.
642 Hij werd in Damascus begraven door de (Libanese sjiitische) imam Musa Sadr. Deze laatste 'verdween' zelf in augustus 1978 op een reis naar Rome via Libië. Khadafi, de Libische leider, zou verantwoordelijk zijn geweest voor zijn 'verdwijning'. Het is typisch sjiitisch om niet over de dood van een imam te spreken, maar over zijn 'verdwijning'.

leiding van ayatollah Khomeini. Sharî'atî kan gekarakteriseerd worden als een islamitische 'bevrijdingstheoloog'.[643]
In een toespraak, uitgegeven als boek, geeft hij uitleg over de pelgrimsreis van de mensheid en verwijst daarbij naar de pelgrimage (*hadjdj*) die elk moslim eenmaal in zijn of haar leven (indien mogelijk) naar Mekka moet maken. In deze toespraak staat hij stil bij het verhaal van Kaïn en Abel. Daarbij stelt hij dat de nazaten van Kaïn zich in de geschiedenis der mensheid met drie verschillende maskers presenteren ten opzichte van de nakomelingen van Abel. Het masker van de farao (fir'awn), dat van Korach (Qârûn) en dat van Bileam (Bal'am).

Het masker van de farao: de arrogantie aan de macht
De titel van de oude regeerder van Egypte, farao, betekent letterlijk 'het grote huis', een deel van het paleizencomplex[644] in Memphis. Dat werd de aanduiding voor de koning van Egypte zelf, zoals de 'porte' drie millennia later verwees naar de Ottomaanse sultan. De term komt 74 maal voor in de Koran, maar opvallend genoeg niet in al-sûrat Yûsuf, waar de vorst van Egypte als 'koning' wordt aangeduid (*Q* 12:43, 50, 54). De farao komt herhaaldelijk voor, met verwijzing naar Mozes en Aäron.[645] De Arabische vorm van zijn naam, fir'awn (vgl. *Q* 2:46-49), wordt uitgelegd als een permanente titel van de Amelekitische koningen, naar analogie van Kisrâ, de titel van de soeverein van Perzië, en Qaysar (Caesar) voor de keizers van Byzantium/Rome (Rûm).[646] Een farao was volgens de Koran een wrede, arrogante en alle grenzen overschrijdende vorst (*Q* 20:24, 43).
Naar analogie van de titel farao (fir'awn) als de typische aanduiding voor de trotse tiran werd van dit woord ook een werkwoord (*tafar'ana*) afgeleid, dat de betekenis kreeg van 'zich als een verhard tiran gedragen'.
De farao die in Koran en Bijbel wordt genoemd, is eigenlijk steeds de farao van de exodus en het verhaal van de onderdrukking van de kinderen Israëls (Banû Isra'îl), zoals verhaald wordt in het boek Exodus (Ex. 1-14). De Hebreeërs waren vreemdelingen die zich sinds lang hadden geïnstalleerd in Egypte, maar door een goddelijke belofte verzekerd werden dat zij zouden terugkeren naar het land van hun voorouders.

643 Voorbeelden in de soennitische wereld zijn Mahmud Taha (Soedan), Abdallahi al Na'im (Soedan) en Farid Eschak (Zuid-Afrika).
644 Kemp, hoofdstuk 4: 'The Apartments of Pharoah'.
645 *E.Q.*, s.v. Pharaoh.
646 Het dertigste hoofdstuk van de Koran draagt als titel Rûm.

Deze geschiedenis van de kinderen Israëls in Egypte wordt in de Koran kort in herinnering geroepen (*Q* 2:49-50; 14:6; 17:101-103) en soms iets verder uitgewerkt: 'Dit is het verhaal (hadith) van Mozes' (*Q* 20:9-99), 'het ware verhaal van Mozes en farao' (*Q* 28:2-50), 'Dit is de geschiedenis van een ongelovige stad onder vele andere', zo luidt het begin van het verhaal (*Q* 7:101-102) dat verdergaat met 'Mozes en de kinderen Israëls' (*Q* 7:103-157) en 'Mozes en Aäron' (*Q* 10:75-92).
De farao is in de Koran omringd door twee raadgevers, die in de Bijbel in het boek Exodus ontbreken: Korach en Haman (*Q* 29:39; 40:24). De Korach die na de exodus een revolte tegen Mozes pleegt (Num. 16) wordt in de *midrash* echter 'een rijke partizaan van de farao' genoemd. Haman komt pas in een andere tijd en op een andere plaats voor als een minister van de Perzische koning Ahesveros, die de liquidatie van de Joden in het rijk voorstaat (zie het Bijbelboek Ester). Haman krijgt de opdracht van farao om een toren (van Babel) te bouwen, zodat de farao God kan begluren (*Q* 28:38; 40:36).[647] Dat laatste wijst op farao's goddelijke aspiratie: 'Ik ken geen andere God dan ikzelf' (*Q* 28:38), 'Ik ben uw hoogste Heer' (*Q* 79:24), wat ook in de *haggada* voorkomt.
Vaak is gesuggereerd dat de Koran verschillende Bijbelverhalen met elkaar verwart: het verhaal van de torenbouw van Babel (Gen. 11) en de figuur Haman, die pas in een veel later stadium, in de geschiedenis van Ester in Perzië, een belangrijke rol speelt.[648] Maar de Koran legt juist 'theologische' verbindingen die aangeven hoe er een intrinsieke band is tussen alle trotse heersers, of die nu van Babel, Perzië of Egypte zijn.
Op vele momenten in dit verhaal zijn opvallende parallellen met het verhaal van de missie van de profeet Mohammed te trekken: bijvoorbeeld de verwerping van de boodschap door de ongelovigen die uiteindelijk gestraft zullen worden, terwijl de gelovigen zullen worden gered.[649] De les voor Mohammeds tijdgenoten is dat zij – net zoals het volk van de farao en het volk van 'Âd of Thamûd, Noach, Lot, Midjan en anderen – verwoest zullen worden door God als zij blijven weigeren in de profeet te geloven.[650]
Een gelovige man in de huishouding van de farao die zijn geloof voor zijn eigen landgenoten verborgen had gehouden, vroeg eens aan de farao: 'Wilt u werkelijk een man doden omdat hij zegt: "Mijn Heer is God", terwijl hij

647 *Dictionnaire*, s.v. Pharaon, 670.
648 *E.I.*, s.v. Fir'awn.
649 *E.I.*, s.v. Fir'awn.
650 *E.Q.*, s.v. Pharaoh.

toch met duidelijke bewijzen van uw Heer tot u gekomen is? Als hij een leugenaar is, dan is dat tot zijn eigen nadeel. Maar als hij de waarheid spreekt, dan zal u iets van datgene treffen waarmee hij u bedreigt. Wie leugenachtig is en geen maat houdt, die leidt God zeker niet' (*Q* 40:28).
Haman is de enige adviseur van de farao die bij name genoemd wordt (*Q* 28:8, 38). Mozes komt tot farao, Korach en Haman met goddelijke tekenen en bewijzen, maar alle drie verhovaardigen zij zich (*Q* 29:39; 40:23, 24).[651]
'De farao van iedere profeet is de koning van zijn tijdperk.' Deze definitie van *Lisân al 'Arab* (een woordenboek uit de dertiende eeuw) toont aan dat het in de farao die in de Koran in meer dan 25 hoofdstukken aan de orde komt 'niet gaat om een historische persoon, maar een rol die gespeeld wordt in een permanent theologisch drama'.[652]

De arrogantie van de mens

Als je als mens denkt dat je groot en superieur bent, denk je aanspraak te kunnen maken op één van de eigenschappen van God, terwijl Hij alleen groot is. Daarom is arrogantie een ernstige zonde. Je schaamteloos en arrogant gedragen betekent dus dat je aanspraak wilt maken op Gods positie (*Q* 59:23).[653]
Satan was de eerste die een arrogante daad beging, tegen Gods bevel inging en het weigerde om zich voor Adam neer te buigen. Om die reden werd hij tot een ongelovige verklaard (*Q* 7:13; 38:74-75). Farao werd het menselijke spiegelbeeld van satan toen hij de boodschap verwierp die God aan Mozes had geopenbaard (*Q* 28:39), en zijn volk misleidde door arrogant te handelen (*Q* 10:75; 23:46; 29:39). Overigens beweerden de farao en zijn volk het omgekeerde, namelijk dat het Mozes en Aäron waren die het volk van farao wilden afleiden van hun tradities zodat zij zelf grootheid in het land Egypte zouden verwerven (*Q* 10:78). Mozes bad daarentegen dat God hem en zijn volk zou beschermen tegen iedere hovaardige (*Q* 40:27).
Er worden vele gemeenschappen, groepen en individuen opgesomd die arrogant het woord van God verwierpen. Telkens als God hen opriep om de rechte weg te gaan, zodat hun vergiffenis geschonken zou worden, stopte het volk van Noach hun vingers in de oren (*Q* 71:7) en het volk van 'Âd reageerde met: 'Wie is geweldiger dan wij in kracht?' (*Q* 41:15). Het volk van Thamûd zei: 'Wij geloven niet in datgene waarin gij gelooft' (*Q* 7:75-76) en

651 *E.Q.*, s.v. Pharaoh.
652 *Dictionnaire*, s.v. Pharaon.
653 Hij is de 'trotse' (mutakabbir).

het volk van Midjan: 'Wij zullen u, o Shu'ayb, en ook hen die met u geloven, verdrijven uit onze stad tenzij u zult terugkeren tot onze lering' (*Q* 7:88).
Tegenover de arroganten staan de nederigen, die onvoorwaardelijk aan God gehoorzaam zijn en bereidwillig zijn openbaring aanvaarden. De christenen[654] worden genoemd als degene die het dichtst bij de gelovige 'moslims' staan in de liefde. Als verklaring daarvoor wordt gegeven dat onder hen priesters en monniken zijn en zij zich niet verhovaardigen (*Q* 5:82). Zij achten het namelijk niet beneden hun waardigheid om Gods dienaren te zijn. Dit geldt behalve voor de volgelingen van Jezus ook voor de engelen en de hele schepping: de 'zich neerbuigende' bomen, de dieren (*Q* 16:48[655]-49; 21:19) en degenen die steeds in Gods 'tekenen' geloven zonder zich te verhovaardigen (*Q* 32:15).
In tegenstelling tot de arrogante ongehoorzaamheid van satan en de farao, wordt Jezus beschreven als een dienaar van God die hooghartig noch slecht is (*Q* 19:30-32). Jezus achtte het nimmer beneden zichzelf, voelde zich nooit te min om louter dienaar van God te zijn (*Q* 4:172. Vgl. Fil. 2:6-7).
Het ideale gedrag dat van 'moslims' mag worden verwacht, is waardige dienaren van de Meest Barmhartige genoemd te worden, zodat zij onder andere op aarde wandelen in nederigheid (*Q* 25:63. Vgl. 17:37; 31:18; 40:75; 57:23). Het advies van de wijze Lukqmân luidt dat men op aarde niet met een verwaand gezicht moet rondlopen, want God houdt niet van zelfingenomen pochers of opscheppers (*Q* 31:18).[656]

Het masker van Korach (Qârûn): 'Geld regeert de wereld'
Een van de tegenstellingen die er bestaan tussen een echte profeet en een 'ziener' of 'waarzegger'[657] is dat een profeet voor zijn boodschap geen loon vraagt (*Q* 10:72; 12:104; 25:57; 26:109, 27, 145, 164, 180; 34:47; 38:86; 6:90; 11:1; 42:23; 52:40; 68:46; 11:29). Dat laatste wordt als een bewijs gezien van het ware priesterschap (*Q* 36:21). Over de waarzeggers uit de tijd vóór de komst van de islam wordt verteld dat zij wél betaald werden voor de inlichtingen die zijn verstrekten. Zij spraken recht in ruil voor geschenken.
Zo verweet de profeet Micha de priesters van Jeruzalem dat zij loon vroegen voor hun lessen en dat de profeten hun orakels gaven voor geld (Micha 3:11). 'Uw leiders zijn rebellen, handlangers van dieven. Iedereen is

654 *nasâra.*
655 Vgl. de noot die Kramers maakt bij *Q* 16:48.
656 Nasr Abu Zayd in: *E.Q.*, s.v. Arrogance.
657 *kâhin.*

op steekpenningen uit en aast op geschenken. Wezen verschaffen zij geen recht en de zaak van weduwen krijgt bij hen geen gehoor' (Jes. 1:23).[658]
De ware profeten gaven ten antwoord dat zij voor hun verkondiging geen loon ontvingen, om zich niet in naam van de godheid te verrijken. Integendeel: het was God die hun loon en levensonderhoud gaf. Dat wordt onder anderen gezegd door Noach (*Q* 10:72; 26:109; 11:29), Hûd (*Q* 26:127; 11:51), Sâlih (*Q* 26:145), Shu'ayb (*Q* 26:180), Lot (*Q* 26:164) en Mohammed (*Q* 12:104; 25:57; 34:47; 20:132; 51:57; 23:72; 38:86; 6:90; 42:23; 52:40; 68:46), ja, door alle gezanten (*Q* 36:21).
Hét criterium voor de echtheid van profeten was dat zij bescheiden leefden en niets voor zichzelf verlangden.[659]

Tijdens de reis van de kinderen Israëls door de woestijn verzette Korach, een neef van Mozes, zich tegen het leiderschap van Mozes en Aäron. Samen met Datan en Abiram ging hij naar Mozes en Aäron toe en zei: 'U wilt teveel! Alle leden van de gemeenschap zijn heilig en de HEER is in hun midden. Waarom verheft u zich dan boven de gemeente van de HEER?' (Num. 16:3). Van het begin af aan wilde hij het leiderschap van Mozes tijdens de woestijnreis saboteren (Num. 16:32).
Volgens een joodse legende was Korach de schatbewaarder, de minister van financiën van de farao. Kennelijk was zijn bij elkaar gestolen kapitaal zo enorm dat er driehonderd witte muilezels aan te pas moesten komen om alleen al de sleutels van die schatkamers te kunnen dragen.[660]
In de Koran wordt Korach Qârûn genoemd (*Q* 28:76-82; 29:38; 40:24). Terwijl de nadruk in het Bijbelverhaal op de rebellie van Korach, Datan en Abiram tegen het profetische en priesterlijke gezag van Mozes en Aäron wordt gelegd, draait het in de Koran om zijn rijkdom.[661] Hij is een soort Croesus-figuur, bekend uit de uitdrukking: 'Zo rijk zijn als Croesus.' De enorme rijkdom van deze Lydische koning uit de zesde eeuw v.Chr. gaf stof tot legenden. Als Solon – Atheens zakenman, dichter en staatsman – hem ontmoet (wat overigens historisch onmogelijk is), toont die zich niet geïmponeerd door zijn fortuin. Solon verklaart: 'Houd tot iemands dood toe het woord "gelukkig" in petto; tot op dat moment moet men hem niet gelukkig noemen, maar slechts fortuinlijk.'[662]

658 Radscheit, 41.
659 Radscheit, 73, 74. Dods, aangehaald door hem.
660 Ginzberg, 718.
661 *Dictionnaire*, s.v. Qârûn.
662 https://nl.wikipedia.org/wiki/Croesus.

Qârûn wordt in één adem met Haman, de minister van de farao genoemd. Beiden zijn voorbeelden van buitengewone trots en hoogmoed. Alle drie gedragen zij zich trots ten opzichte van Mozes en stigmatiseren hem als een magiër en bedrieger.
Qârûn handelt op een aanmatigende manier vanwege de immense rijkdommen die aan hem gegeven zijn vanwege de kennis die hij bezit. Hij geeft een hele vertoning van zijn rijkdom en wordt door de aarde opgeslokt met zijn paleis en al. Zo is hij een voorbeeld voor degenen die de voorkeur geven aan de voorbijgaande rijkdom van deze wereld boven de beloning van God in de toekomende wereld, en voor hen die geloven en goede werken doen.[663]
In de islamitische 'profetenverhalen'[664], gedeeltelijk ontleend aan de rabbijnse literatuur, worden nog meer bijzonderheden genoemd. God zei tegen Mozes: 'O Mozes, Ik beveel u de ark van de Thora met goud te versieren. Leer Korach de kunst van de alchemie.' Zo gaf Mozes hem al het goud dat hij nodig had om de ark waarin de Thora werd bewaard te bedekken. Mozes' zuster was de vrouw van Korach en zij had van haar broer de kunst van de alchemie geleerd. Korach leerde het van haar en bracht het in de praktijk. Toen zijn rijkdom toenam, bouwde hij een paleis met wanden van goud en zilver. Iedere sabbat was hij gewoon uit rijden te gaan met kleren zo prachtig als nog niemand tevoren had gehad.
Korach probeerde Mozes in diskrediet te brengen en zei: 'Mozes, in welk opzicht ben jij beter dan ik? Ik lees de Thora even goed als jij en ik ben net als jij een afstammeling van Levi.' 'Het is zoals jij zegt,' antwoordde Mozes, behalve dat ik Gods gezant ben.' Korach probeerde Mozes in opspraak te brengen door een goddeloze vrouw te sturen tegen wie hij zei: 'Als jij een taak voor mij verricht, zal ik je rijk maken: wanneer de kinderen Israëls verzameld zijn, zal ik daar zijn. Jij beweegt je onder de mensen en roept dan: "Mozes gebood mij en deed me een oneervol voorstel, maar ik wilde mij niet aan hem onderwerpen."'
De volgende dag echter wierp God berouw in haar hart, waardoor zij aan Korachs poort ging staan en zei: 'O kinderen van Israël, Korach ontbood mij gisteren en zei zus-en-zo.' Toen Mozes dit hoorde, werd hij woedend en zei: 'De Heer geve mij de overwinning over Korach.'
Mozes kwam bij Korach en zei: 'Vijand van God, jij verleidde de vrouw om mij in opspraak te brengen bij het volk, maar God voorkwam het.' Toen zei hij: 'O aarde, grijp hem!' Korachs paleis zonk een el in de aarde, en slokte

663 *E.I.*, s.v. Kârûn.
664 *Qisâs al-anbiyâ*

hem op tot zijn knieën. 'Mozes,' schreeuwde Korach: 'Doe dat niet!' 'O aarde,' zei Mozes', 'neem hem.' De aarde slokte hem op tot de navel, en hij was niet in staat te spreken. Als hij Gods hulp gezocht had, zou Hij hem hebben bevrijd. Toen zonk zijn paleis en alles daarin in de aarde – met hem erin – zoals God gezegd had: 'En Wij zorgden ervoor dat de grond spleet en hem en zijn paleis opslokte' (*Q* 28:81).[665]
In de exegetische tradities wordt wel gezegd dat hij van Mozes' leiding wilde afkomen toen die de plicht tot het geven van aalmoezen invoerde.[666] Deze verplichting tot het geven van aalmoezen, de zakât (die tot een van de vijf zuilen van de islam zou worden), werd tijdens het optreden van de profeet Mohammed in Medina conflictstof met de joden in de stad. Het verhaal over Qârûn functioneert als een waarschuwing.[667]
Dus Korach staat hier voor het masker van rijkdom en geld.

Het masker van Bileam: de spindokter

Het verhaal van Bileam is te vinden in het Bijbelboek Numeri (Hebr.: 'In de woestijn') (Num. 22-25). Als je dit verhaal goed wilt begrijpen, moet je – net als overigens bij alle andere verhalen uit de Koran en de Bijbel – goed beseffen dat het hierbij niet om historische verslagen gaat. Het is niet alsof je aan de hand van deze verhalen een plattegrondje kunt tekenen waarop je precies kunt aangeven waar de kinderen Israëls zijn geweest in de woestijn: een vijand hier, honger en dorst daar, een berg hier, een oase daar. Het gaat niet om wat er duizenden jaren geleden daar op dat Sinai-schiereiland is geschied. Deze verhalen zijn verteld en opgeschreven om te laten horen en zien wat er steeds weer gebeurt, ook vandaag. De lezers van deze tekst, of misschien moet je zeggen de 'kijkers' aan wie dit verhaal voor ogen wordt geschilderd, krijgen hierdoor meer inzicht. Er wordt aan hen onthuld hoe ze hun eigen tijd moeten verstaan, en hoe ze een weg kunnen vinden door de woestijn van hun eigen tijd en wereld.
Balak is de koning van de Moabieten, een vijandig volk, hoewel het afstamt van Lot, de broer of neef van Abraham. Deze koning stuurt gezanten naar een waarzegger met de naam Bileam, die in Peor woont, aan de rivier de Eufraat in het noorden van Mesopotamië. Hij wil hem ertoe aanzetten het volk van Israël te vervloeken. Balak voelt zich bedreigd door deze voorbijtrekkende stammen. De naam 'Balak' betekent 'verwoester', een erg toepas-

665 Al-Kisâ'i, 245-246.
666 *E.Q.*, s.v. Korah.
667 *Dictionnaire*, s.v. Qârûn.

selijke naam voor een koning die Israël wil vervloeken.[668]
In het jodendom wordt Bileam het voorbeeld van iemand die Israël in het verderf wil storten, een gedachte die ook in het Nieuwe Testament wordt overgenomen. Hij zou in opdracht van een heidense machthebber het volk tot afgodendienst hebben willen overhalen, wat zijn navolgers ook nu nog doen (2 Petr. 2:15; Judas 11; Op. 2:14).[669]
De oudsten van Moab en de oudsten van Midjan bezoeken Bileam en hebben het loon al bij zich. Zij komen bij hem aan en brengen hem het verzoek van koning Balak over. Bileam zegt dat zij eerst bij hem moeten blijven overnachten en dat hij hun dan zal laten weten wat de HEER hem zal zeggen (Num. 22:8).[670] En God komt ook tot Bileam en spreekt tot hem (Num. 22:9-14). Hetzelfde procédé herhaalt zich nog eens. Weer moeten de gezanten blijven overnachten om te vernemen wat God verder te zeggen heeft (Num. 22:19). Bileam krijgt het bevel van God om met de gezanten mee te gaan, maar alleen die woorden te spreken die Hij hem zal ingeven (Num. 22:20).

Politieke satire

Een gedeelte van de drie lange hoofdstukken die aan deze geschiedenis worden gewijd, kan een vlijmscherpe politieke satire genoemd worden.

> 'In die nacht kwam God naar Bileam en zei tegen hem: "Nu deze mannen (van koning Balak) u zijn komen oproepen (om die vervloekingen te gaan uitspreken) kunt u met hen meegaan, maar u mag alleen doen wat Ik u zeg." De volgende ochtend zadelde Bileam zijn ezelin en ging met de aanzienlijke mannen van Moab mee. Toen hij vertrok, ontstak God in toorn. De engel van de HEER ging op de weg staan om hem tegen te houden. Terwijl hij op zijn ezelin verder reed met zijn twee knechten, zag de ezelin de engel van de HEER, met getrokken zwaard in de hand, op de weg staan. Toen ging zij van de weg af, het veld in. Bileam sloeg de ezelin weer de weg op. Nu ging de engel van de HEER in een holle weg staan, die tussen de wijngaarden lag, met aan weerszijden een muur. Toen de ezelin de engel van de HEER zag, drukte zij zich tegen de muur en daarbij raakte de voet van Bileam bekneld. Hij sloeg haar opnieuw. Nogmaals ging de engel van de HEER een eind verder en hield stil op een plek die zo nauw was, dat

668 *B.W.*, s.v. Balak.
669 *B.W.*, s.v. Bileam; Peor.
670 *B.W.*, s.v. Bileam.

men rechts noch links kon. Toen de ezelin de engel van de HEER zag, ging zij met Bileam in het zadel op de grond liggen. Bileam werd woedend en sloeg de ezelin met een stok. Nu liet de HEER de ezelin spreken. Zij zei tegen Bileam: "Waaraan heb ik het verdiend dat je mij nu al driemaal geslagen hebt?" Bileam antwoordde de ezelin: "Omdat je mij belachelijk maakt. Het is maar goed dat ik geen zwaard in mijn hand heb, anders had ik je gedood!" Daarop zei de ezelin tegen Bileam: "Ben ik niet de ezelin op wie je heel je leven tot op de dag van vandaag gereden hebt? Heb ik jou ooit zo behandeld?" Hij antwoordde: "Nee." Toen opende de HEER de ogen van Bileam en deze zag de engel met een getrokken zwaard in de hand op de weg staan. Toen knielde Bileam neer en wierp zich ter aarde. De engel van de HEER zei tegen hem: "Waarom hebt u die ezelin van u tot driemaal toe geslagen? Ik ben gekomen om u tegen te houden, want ik zie dat deze onderneming verkeerd afloopt. Die zag mij en ging driemaal voor mij uit de weg. Als ze dat niet had gedaan, dan had ik u gedood en haar in leven gelaten." Bileam zei tegen de engel van de HEER: "Ik heb gezondigd, omdat ik niet wist dat U tegenover mij op de weg stond. Als u vindt dat ik hier verkeerd aan doe, dan ga ik terug." Maar de engel van de HEER zei tegen Bileam: "Ga met die mannen mee, maar zeg alleen wat ik u zeggen zal." Zo ging Bileam met de boden van Balak mee.'
(Num. 22:20-35)

Het is veelzeggend dat nota bene de ogen van een 'ziener' moeten worden geopend.

Twee sprekende dieren: de slang en de ezelin

Er zijn maar twee dieren die in de Bijbel het woord krijgen of voeren. De slang in de tuin van Eden (Gen. 3:1vv.; 2 Kor. 11:3) én deze ezelin.
De religieuze, mythische betekenis van de slang is 'een listig dier': 'Geen dier was zo sluw als de slang. Zij is de belichaming van kwaadaardige verleiding' (Gen. 3:1). Eva werd door de sluwe slang bedrogen (2 Kor. 11:3). Dit dier staat dus symbool voor de macht van het kwaad die de mens belaagt.[671] Haar gif en haar tong staan symbool voor de listigheid van de goddeloze (Ps. 58:50). Het spreken van vijanden is dodelijk als het vergif van slangen met uitschietende tongen (Ps. 140:4).[672] In de gelijkenissen van Jezus komt de slang op analoge wijze voor als symbool van listigheid (Mat. 10:16),

671 *KBS* op Gen. 3:1.
672 Hossfeld & Zenger (2011), 551.

huichelarij (Mat. 23:33) en boosaardigheid (vgl. 'adderengebroed' in Mat. 12:34). Aan zijn discipelen belooft Jezus immuniteit: 'Als ze dodelijk gif drinken, zal dat hun niet deren' (Marc. 16:18; Luc. 10:19).[673]
Waar in Genesis over de slang gesproken wordt, wordt hij in de Koran satan genoemd, die de mens misstappen doet begaan (*Q* 3:36). Hij fluisterde hem boze gedachten in (*Q* 7:20. Vgl. 20:120). En het is Mozes die voor het aangezicht van farao en zijn ministers zijn staf op een wonderbaarlijke manier in een slang kan laten veranderen (*Q* 7:107, 117; 20:7-21; 20:69; 26:32; 27:10; 28:31).
Als eigenschappen van de slang worden haar listigheid, wijsheid en sluwheid genoemd (Job 5:12; 15:5). De sluwheid van de slang is spreekwoordelijk (Mat. 10:16), en wordt betrokken op haar vermogen gif te produceren en/of te vervellen: ze kan haar huid afstropen, waardoor het leven kan vernieuwen. Ook in sprookjes en fabels wordt die verbinding tussen een dier en een bijzondere eigenschap gelegd.[674]
De manier waarop de slang zich voortbeweegt door op haar buik te kronkelen, wordt als een gevaar voor de mens gezien. Datzelfde geldt voor de gedachte dat de slang stof eet (Micha 7:17; Jes. 65:25). Deze eigenschappen worden toegeschreven aan het feit dat God de slang heeft vervloekt (Gen. 3:14-15). In het geheimzinnige en griezelige van de slang – haar binding met de aarde en het verschijnsel van het vervellen – zag men een veelbetekenende relatie tussen de dood en het leven. Daardoor ging men de slang zien als een numen met ambivalente macht.

In het verhaal van de sprekende *ezelin* gaat het natuurlijk niet om de kwestie of dieren al dan niet kunnen spreken, maar wel om *wat* deze 'sprekende' verhalen te zeggen hebben. Wat wordt er in dit geval bij monde van zo'n 'stomme' ezel bekendgemaakt. De blindheid van deze zogenoemde ziener wordt hier aan de kaak gesteld. 'De waanzin van die valse profeet moest worden gestuit door een stom lastdier dat begon te spreken als een mens!' (2 Petr. 2:15-16).
Het verhaal over Bileam laat zich lezen als een humoristisch satire, waarbij zowel maatschappelijke als godsdienstige kritiek wordt geleverd. Satires zijn zo scherp omdat ze opzettelijk willen provoceren en tot actie aanzetten. En dat wordt door de humorloze machthebbers aller tijden als bijzonder irritant ondervonden. Daarom werden de satirici door de tijden heen

673 *B.W.*, s.v. slang.
674 Westermann (1976), 325-326.

door overheden vervolgd. Bileam misdraagt zich ten opzichte van zijn trouwe ezelin door haar driemaal te slaan en zelfs met het zwaard te dreigen. De ezelin op haar beurt maakt haar berijder belachelijk. Haar waardige gedrag maakt Bileam tot een schertsfiguur. Het is natuurlijk letterlijk een afgang om op een ezel te zitten die er ten slotte zelf bij gaat zitten, onder haar berijder neerploft.[675] Maar als zij zich vervolgens dan ook nog omdraait, haar bek opendoet en haar berijder in menselijke taal berispt, begint de klucht, de grove humor pas echt.

Het spreken van de ezel diende voor Bileam als een waarschuwing: hij moest oppassen voor *wat* hij zou zeggen en hij mocht Israël niet vervloeken. Hij mocht alleen de woorden spreken die God hem in de mond zou leggen. De ezelin moest hem door haar spreken het besef bijbrengen dat de mond en de tong in Gods hand zijn: 'U kunt mij niet doden met uw *hand*, hoe zult u dan een hele natie vernietigen met uw *mond*?'[676] Het is treffend als je bedenkt dat hij die ingehuurd was vanwege zijn 'mond', door een sprekende ezel op zijn nummer werd gezet.

Dit verhaal is dus niet opgeschreven als een verslaglegging van het *verleden*, maar wil inzicht geven in het *heden*, in de tijd dat het werd opgeschreven – mogelijk de vierde eeuw v.Chr. De vraag is dan wie met 'Balak', 'Bileam' en de 'ezelin' worden bedoeld.

Moet bij de koning aan Nebukadnessar gedacht worden, de machthebber die in 568 v.Chr. de tempel liet verwoesten? Of is misschien de Perzische koning een betere kandidaat? Of staat Balak voor allebei? Als dit verhaal gelezen moet worden vanuit het perspectief dat het steeds weer betekenis heeft voor de tijd waarin het gelezen wordt, dan moet er gelet worden op de vraag om wat voor soort koning het hier draait: een die verderf brengt op aarde.

En wie staat dan model voor '*die van ver kwam*', Bileam? Zijn naam kan worden weergegeven als 'meester van het volk'. Mogelijk was hij de gouverneur van Juda, die de lange weg had afgelegd van het koninklijke hof van Perzië – dé machthebber uit die tijd – om naar Palestina te gaan, dat onder

675 Er zijn afbeeldingen van een scène waarin een ezel neerknielt voor de geconsacreerde hostie waarmee de Heilige Antonius van Padua aankomt, en die zodoende de ezelin van Bileam, die voor de heiligheid buigt, in gedachten brengt. Biedermann, 123.

676 Douglas, 216-221. Ginzberg, 766.

gezag stond van datzelfde Perzië. In het boek Numeri gaat het niet alleen maar over een verhaal uit de dertiende eeuw vóór onze jaartelling, de reis door de Sinai-woestijn. Het verhaal slaat ook op wat er gebeurde in de vierde eeuw voor Christus, ten tijde van de vreemde Perzische heerschappij en de repercussie die dit had voor Palestina in die tijd.

En wie is ten slotte *het vrouwelijke dier* dat zonder te klagen deze schertsfiguur op haar rug meesjouwt, zich laat slaan en zich met het zwaard laat bedreigen? Zou dat niet juist het geduldige, uitgebuite en onderdrukte volk van Israël zijn? Dat lijkt waarschijnlijk als je bedenkt welke profetische woorden God in Bileams mond legt.[677]

Bileam in de tijd van de Romeinse keizer

In het laatste Bijbelboek, Openbaring, staan brieven die Johannes schreef aan zeven gemeenten die lagen in de Romeinse provincie Asia (Klein-Azië, het huidige Turkije). Een is gericht aan de gemeente (*ecclesia*) in Pergamum, waar een wereldberoemde bibliotheek stond die meer dan 200.000 perkamentrollen bevatte. Ons woord 'perkament' is aan de naam van deze boekenstad ontleend. Talloze mensen bezochten de stad om daar hulp en vooral genezing te zoeken in de tempels van Zeus-Soter ('Zeus de Heiland') en vooral die van Asclepios-Soter, de god van de geneeskunde. Artsen gebruiken nog steeds de van die naam afgeleide 'esculaap' – een *slang* die rond een staf cirkelt – als symbool. Er was ook een geneeskrachtige bron die jaarlijks vele pelgrims naar Pergamum lokte, een soort Lourdes uit de oudheid dus.[678]

De 'ziener' Johannes geeft onthullingen, ontsluieringen over wat er in zijn tijd gebeurde, wat er nog staat te gebeuren en steeds weer gebeurt. Hij onthult (*apocalypsis*, 'het wegnemen van het deksel') wat er in het Romeinse imperium onder de keizers gebeurt: het geweld tegen de kleine, zwakke mens. De economische uitbuiting van de buitengewesten van het grote Romeinse Rijk, zoals Palestina en Klein-Azië, wordt ontmaskerd als diefstal. Hij stelt de leugenachtige propaganda van het rijk aan de kaak.

Maar je zou je kunnen afvragen waarom er geen concretere taal wordt gesproken in die brief van Johannes aan de gemeente van Pergamum. Waarom worden niet duidelijk man en paard genoemd? Waarom spreekt Johannes alleen over 'de troon van satan'? En waarom schrijft hij 'Babylon' terwijl

677 Aldus Douglas, 221.

678 *B.W.*, s.v. Pergamum.

Rome bedoeld wordt? Om daar een goed antwoord op te kunnen geven, moet je goed begrijpen dat een boek als Openbaring verzetsliteratuur is, gericht aan een verzetsgemeente. In zulke literatuur moet de briefschrijver erg op zijn woorden passen. Zo'n brief kan onderschept worden, in verkeerde handen vallen. Daarom wordt bewust in bedekte termen gesproken. Het is geen toeval dat nergens in het boek Openbaring de naam van Rome of de keizer valt. Betekent dit dat het dan dus niet over Rome en de keizers gaat? Nee, juist wel! Zo wordt Rome aangeduid als de 'hoer van Babylon' (Op. 17). De vrouw is gezeten op de zeven koppen, de zeven heuvels waarop Rome gebouwd is. En dan wordt gesproken over de zeven koningen van Rome, van wie vijf reeds zijn gevallen en één, de laatste, nog niet is gekomen (Op. 17:9-10). De vijf zouden slaan op de reeds gestorven keizers – Caligula (†41), Claudius (†54), Nero (†68), Vespasianus (†79) en Titus (†81). De zesde is dan de op dat moment regerende Domitianus (keizer van 81-96).[679] Het boek Openbaring is waarschijnlijk tijdens zijn bewind geschreven.
Als over de 'hoer van Babylon' wordt gesproken, is dat niet per se meteen een verwijzing naar de rosse buurt in de stad. Hiertoe moet 'de tale Kanaäns' verstaan worden. Er wordt in bedekte, symbolische taal gesproken, bestemd voor de goede verstaander: 'Wie oren heeft om te horen die hore!' Ja, inderdaad: 'horen'. Vergeet niet dat deze brief veelal hardop werd voorgelezen! Voor de gemeente van Pergamum in Asia was er echt geen woord Frans bij.
'Hoer' symboliseert ontrouw. De profeet Hosea moet het huwelijksleven tussen God en zijn volk verbeelden. Hij moet een hoerige vrouw trouwen en hoerenkinderen bij haar verwekken – letterlijk of figuurlijk, wie zal het zeggen? De hoer symboliseert het ontrouwe Israël dat de afgoden naloopt, wat de afval van God verzinnebeeldt (Hos. 1:2-3; 2:7; 3:3; 4:12-15; 9:1. Vgl. Jer. 2:2; Ezech. 16, 23).[680] Zo wordt in de brief aan Pergamum Rome als als 'de grote hoer' veroordeeld. Dat soort oordelen werden eerder uitgesproken over de stad Nineve, vanwege de ontucht die door die hoer was opgestapeld (Nah. 3:4). Het 'wee u' werd uitgesproken over deze 'bloedstad', die zich vergreep aan de uitbuiting van de sociaal weerlozen in de stad (Nah. 3:1. Vgl. Jer. 2:34; Micha 3:9-11; Hab. 2:12).[681] En Tyrus zal het vergaan als de hoer uit het liedje: 'Neem je citer en loop door de stad, vergeten hoer; blijf spelen en zingen zo goed als je kunt; misschien wordt er nog eens aan je

679 *KBS* op Op. 17: 10-11.

680 *B.W.*, s.v. hoer. *KBS* op Jes. 1:21.

681 *KBS*.

gedacht' (Jes. 23:16). Dit orakel van Jesaja gebruikt het beeld van een oude en vergeten hoer, een beeld dat verwijst naar het economische systeem in de wereld waarin men bereid is alles te doen voor geld, net als een prostituee. Maar als ze ouder wordt, wordt zij vergeten, verwaarloosd en is ze niet meer nuttig, merkt de profeet sarcastisch op.[682]

Maar zelfs Jeruzalem ontkomt niet aan dit verdict. Jeruzalem bood haar bekoorlijkheid aan iedere voorbijganger die maar wilde te koop aan (Ezech. 16:15), gooide haar schoonheid te grabbel en spreidde haar benen voor elke voorbijganger. Haar geilheid was onverzadigbaar. Zij pleegde ontucht met de Egyptenaren, haar buren met hun grote lid; keer op keer pleegde zij ontucht om God te tergen (Ezech. 16:25-26).

In die 'traditie' wordt Rome een hoer genoemd: de 'hoer van Babylon', 'Babylon, de grote stad', of zelfs 'de moeder van de hoeren' (Op. 17:1, 5).[683] Hiermee karakteriseert de ziener Rome als brandpunt van afgoderij en ontucht. Daarbij moet – net zoals bij de tempelprostitutie in Peor ten tijde van Bileam – niet in de eerste plaats aan seks gedacht worden (al speelt die ook een rol), maar aan het feit dat Rome door haar politieke en economische macht als een publieke vrouw de koningen en de bewoners van de aarde – de met haar verbonden vorsten en haar onderworpen volken – verleidt om met haar mee te hoereren door mee te doen aan haar afgoderij: de keizercultus en al wat dat aan onrecht inhoudt.[684] Dus dat beeld van de hoer slaat op de prostitutie in Babel of Rome in de zin van het misbruik van macht en geld, wat leidt tot 'verderf en bloedvergieten'. Het gaat dus om een aanklacht tegen het politieke en economische beleid van de regering van de keizer in de stad en het rijk, om de vreselijke manier waarop volkeren worden onderworpen, onderdrukt, uitgebuit en leeggezogen. Die verkrachting van recht kan er inderdaad ook toe leiden dat jonge meisjes de prostitutie in gedreven worden, om zo te kunnen overleven en te zorgen voor verwanten.

682 Brueggemann, Isaiah 1-39, 186.

683 Dit soort uitdrukkingen worden ook in het Arabisch gebruikt. Dat werd indertijd bekend toen Saddam Husayn tijdens de Golfoorlog sprak van 'de moeder van alle veldslagen'. De Koran spreekt over 'de moeder van het boek' (zeg maar: de essentie van het boek),'waarop de heilige boeken' teruggaan (*Q* 13:39; 43:4).

684 *KBS* op Op. 17:1-2.

In de brief aan de gemeente in Pergamum komt Bileam ter sprake:

> 'Zo spreekt Hij die het scherpe en tweesnijdende zwaard hanteert: Ik weet waar u woont: daar waar de troon van satan staat. Toch houdt u mijn naam hoog, u hebt het geloof in mij niet verloochend, ook niet in de dagen van Antipas, mijn trouwe getuige, die gedood werd, daar waar de satan woont. Maar Ik heb enkele dingen tegen u: onder u zijn er die vasthouden aan de leer van Bileam, die Balak leerde hoe hij de Israëlieten ten val kon brengen: hij moest hen ertoe aanzetten aan afgoden gewijd vlees te eten en ontucht te bedrijven. Zo zijn er ook onder u die vasthouden aan de leer van de Nikolaïeten. Bekeer u toch! Zo niet, dan kom Ik spoedig bij u om tegen hen te strijden met het *zwaard van mijn mond*. Wie oren heeft, moet horen wat de Geest tot de gemeenten zegt: Wie overwint, zal Ik van het verborgen manna geven; en Ik zal hem een wit steentje geven en op dat steentje staat een nieuwe naam geschreven, die niemand kent dan hij die hem ontvangt.'
> (Op. 2:12-17)

In deze brief krijg je nu een goed voorbeeld van een nieuwe toepassing van dit verhaal. Het slaat nu niet meer op de Babylonische Nebukadnessar of de vorst van Perzië, maar op de keizer van Rome, wiens grijpgrage tentakels zich tot in de provincie Asia toe uitstrekten. Tijdens de regering van keizer Augustus werd Jezus geboren en tijdens diens opvolger vond zijn publieke optreden plaats. Tijdens de regering van Nero beriep Paulus zich op de keizer, Romeins staatsburger als hij was (Hand. 25:11) en Nero zou hem met het zwaard laten ombrengen. Omdat Paulus Romein was, werd hij niet gekruisigd, zoals Petrus. Hij werd volgens de legende omgekeerd gekruisigd. De verwoesting van Jeruzalem werd in het jaar 70 voltrokken door Titus, die daarna keizer zou worden. Het boek Openbaring zou dus ontstaan zijn tijdens de regering van keizer Domitianus (81-96).
'Babylon' is dus een pseudoniem voor Rome en werd zowel onder de joden als onder volgelingen van Jezus zo aangeduid (1 Petr. 5:13). Een groot deel van wereld werd aangestoken door haar ontucht – haar afgoderij – in de vorm van de keizercultus (Op. 14:8).[685] Het historische Babylon had onder Nebukadnessar Jeruzalem verwoest en het volk in ballingschap weggevoerd. Zo kon Babylon model worden voor de politieke macht als vijand van God én zijn volk.[686]

685 *KBS*.
686 *KBS* op Op 17:5.

In Pergamum huisde de ambtszetel van de stadhouder van de keizer, zoals Pilatus stadhouder in Jeruzalem was ten tijde van Jezus. Op een driehonderd meter hoge heuvel torende het prachtige, grote altaar van de oppergod Zeus boven de stad uit. Dat was ook het centrum van de goddelijke verering van de godin Roma, de verpersoonlijking van de stad Rome, 'moedertje Rome'. In die stad werd de eerste tempel voor keizer Augustus, 'de Verhevene' gebouwd. Vrijwel direct met het aan de macht komen van Augustus begint de cultus van de keizer in alle ernst. Nauwelijks vier jaar na de overwinning van Octavianus (de latere Augustus) vroeg de lokale elite van de stad de keizer nederig om toestemming om hem op deze wijze te mogen eren.
De keizerlijke cultus was de 'religie' die de bewoners van de stad en de steden van het rijk met elkaar verbond: paleis, cultus, tempel en goden. Alle sociale activiteiten waren in dat systeem ingebed. Van alle inwoners van de stad werd verwacht dat zij aan die keizercultus meededen om daarmee hun 'geloof' in het heersende keizerlijke systeem te demonstreren. Tempels speelden ook een grote economische rol. Grootschalige handelstransacties waren zonder die tempels als bankinstellingen niet mogelijk. Ze waren de sleutel tot het economische leven van stad en rijk. Het leven van alle onderdanen werd van de wieg tot het (meestal te vroege) graf door de totalitaire staatsmacht beheerst. Die keizercultus was dus geen onschuldig tijdverdrijf.
De Messias als de verheerlijkte mens, de Mensenzoon (Vgl. Dan. 7:13) 'die het scherpe, tweesnijdend zwaard hanteert' (Op. 2:12), richt zich in deze brief tot de goddeloze stad. Het zwaard is het teken van het oordeel, het gericht (Jes. 17:1; 34:5; Hebr. 4:12; Op. 1:16; 19:15). De brief roept de gemeente op om haar leven om te keren en afgoderij af te zweren. Zo niet, dan zal de Mensenzoon niet aarzelen het tweesnijdend zwaard uit zijn mond te nemen en tegen haar te gebruiken: zoals Jesaja voorheen had voorzegd: 'Hij kastijdt de verdrukkers met de roede van zijn mond en de slechte mensen doodt hij met de adem van zijn lippen' (Jes. 11:4. Vgl. Op. 11:15; 2 Tes. 2:8). De mensenzoon zelf gaat die polemiek in de gemeente van Pergamum voeren. Met het zwaard van zijn mond, zijn tong dus.

De dienst aan het beest

In de brief wordt keiharde taal gebruikt: 'Ik weet waar u woont: daar waar de troon van satan staat.' De troon van de keizer staat voor het handels- en machtscentrum, de economische en militaire macht van het Romeinse imperium. Het is het centrum van de verderf brengende vernietigingsmacht én de financiële uitbuitingsmacht. De Bijbelse termen daarvoor zijn respectievelijk 'Moloch' en 'Mammon'.

'Moloch' is een verbastering van het woord Hebreeuwse woord voor 'koning' en de naam van de afgod aan wie kinderoffers werden gewijd. Die gewoonte kwam in Kanaän voor onder de volkeren die daar vóór de Israelieten woonden. Het was nota bene de grote vredeskoning Salomo die als eerste een altaar voor de Moloch in Jeruzalem had geplaatst, waarom hij ook veroordeeld werd (1 Kon. 11:7-13). Op een stookplaats in het Ben-Hinnomdal bij Jeruzalem liet men ter ere van de Moloch kinderen door het vuur gaan (Lev. 18:21). Ben-Hinnom in het Hebreeuws gehinnom, in het Bijbelse Grieks vertaald met gehenna, werd de uitdrukking voor hel. De Arabische verlating luidt djahannam (*Q* 2:206; 3:12 e.a.).
Verschillende koningen van Juda maakten zich schuldig aan de verering van de Moloch, onder anderen Achaz (735-727 v.Chr.) (2 Kon. 16:3; 2 Kron. 28:3) en Manasse (2 Kon. 21:6; 2 Kron. 33:6). Koning Josia maakte daar een einde aan door deze vuuroven te ontwijden, zodat niemand meer zijn zoon of dochter voor de Moloch door het vuur kon laten gaan (2 Kon. 23: 10). Dit gruwelijke gebruik werd in de Thora verboden (Lev. 18:21. Vgl. 20:2-5) evenals door de profeten (Jer. 32:34-35. Vgl. Jer. 19:5; Ezech. 16:20). In de Psalmen wordt er met afschuw aan herinnerd: 'Zij offerden hun zonen en dochters, als een offer voor die idolen. Onschuldig bloed vergoten zij, het bloed van hun zonen en dochters, als offer aan de goden van Kanaän, zodat hun land door dit bloed werd ontwijd. Zo werden zij zelf onrein: door die riten pleegden zij ontucht. Toen ontstak de HEER in woede tegen hen, Hij moest van zijn eigen volk gruwen. Daarom leverde Hij hen aan de vreemden uit: hun vijanden werden hun meesters' (Ps. 106:37-41).[687]
'Mammon' is het woord dat de geldzucht verpersoonlijkt (Mat. 6:24; Luc. 16:9, 11, 13). Het 'World Trade Centre' van Rome zoog het rijk leeg en onder de gevolgen daarvan gingen provincies als Israël/Palestina en Asia gebukt.

Ook de Koran wijst op de gevaren van rijkdom en bezit. Het vergaren van vermogen wordt herhaaldelijk als nutteloos beschreven (*Q* 15:84). Het zal niet baten bij het laatste oordeel (*Q* 69:28. Vgl. 92:11; 111:2). Het volk van de profeet Shu'ayb vroeg aan hem of hij wilde dat zij hetgeen hun vaderen hadden aanbeden, zouden opgeven en zouden stoppen om met hun bezit te doen wat zij zelf wilden (*Q* 11:87). De Koran zegt ook dat God de farao en zijn voornaamste ministers veel luxe en vermogen had geschonken om hun medemensen van God af te brengen (*Q* 10:88). En dat werd ook gedaan door de ongelovigen in Mohammeds eigen tijd (*Q* 8:36).

687 Lundbom, 439-440.

Oppotten, hebzucht en arrogantie gaan samen (*Q* 57: 23-24; 4:36-38). Een 'wee u' wordt uitgesproken tegen degene die bezit vergaat en waant dat zijn bezit hem de eeuwigheid zal geven (*Q* 104:1-3. Vgl. 3:157; 10:58; 43:32; 28:78; 70:18). Bij het laatste oordeel zal blijken dat wat aan geld en goed werd samengebracht van geen nut is geweest, en hetzelfde geldt voor hoogmoed (*Q* 7:48. Vgl. 15:84; 39:50; 40:82; 45:10; 111:2; 69:28; 92:11; 3:10, 116; 58:17; 2:264). Het grondprobleem van hebzucht is dan ook de aanspraak op zelfgenoegzaamheid (*Q* 92:8). Die hebzucht gaat ten koste van zichzelf: 'Wie gierig is, is gierig tegen zichzelf. God is degene die rijk is, jullie zijn de armen' (*Q* 47:38). Zij die gevrijwaard zijn van zelfzuchtige gierigheid, zal het goed gaan (*Q* 64:16).[688]

De eerste lezers en hoorders van de brief van Johannes in de gemeente van Pergamum begrepen heel goed wat bedoeld werd met de troon van satan, waar die troon stond en wie erop zat. Zij wisten waar het altaar van de keizer was. 'De troon van satan' staat voor de door de duivel geïnspireerde aanbidding van 'het beest'.

Het beest is het symbool van het Romeinse Rijk, dat door zijn keizercultus een voor de gelovigen onaanvaardbaar type staatsmacht vertegenwoordigt.[689]

Door de ziener wordt over twee beesten gesproken (Op. 13), geïnspireerd door het droomgezicht van de vier dieren (Dan. 7). Het eerste rijst op *uit de zee*, de verblijfplaats van de mythologische monsters, en lijkt op de draak, de satan (Op. 12:3), van wie het ook de heerschappij over de wereld ontvangt (Op. 13:2). Het tweede beest rijst op *uit de aarde* en spreekt als een draak (Op. 13:11). Deze apocalyptische verschijning van de draak sluit aan op de scheppingsmythe (Ps. 74:13). Daar stelt het mythologische zeemonster de oude slang of satan voor, de tegenstander van God (Op. 12:3, 9).[690]

Dit beest wordt ook een *valse profeet* genoemd (Op. 16:13; 19:20; 20:10). Het ene beest rijst dus op uit de zee en staat voor het Romeinse imperium. Het andere treedt op in Klein-Azië (de provincie Asia, waar Pergamum ligt) en is de valse profeet, de propagandist van de keizercultus. Het tweede beest staat in dienst van de eerste en propageert de aanbidding van de keizer. Samen belichamen de twee beesten de politieke en religieuze macht van het

688 *E.Q.*, s.v. Wealth.

689 *KBS* op Op. 13:1.

690 *KBS. B.W.*, s.v. draak .

Romeinse Rijk.[691] Als getal van het beest wordt 666 genoemd (Op. 13:18). De waarschijnlijkste suggestie is dat het getal de cijferwaarde van de naam van keizer Nero weergeeft.[692]
De *ecclesia*, de gemeente in Pergamum, die het probeert vol te houden in die stad met zijn cultus van het 'beest', wordt opgeroepen weerstand te bieden tegen de *beestachtige* praktijken van het Romeinse imperium. De gelovigen moeten hun vertrouwen niet stellen op de 'Verhevene' (Augustus), die de heiland, de verlosser[693] van de wereld wordt genoemd.
Tegenover de troon van de keizer staat namelijk *de troon van God*. 'Gerechtigheid en recht zijn het fundament van zijn troon' (Ps. 97:2). Gerechtigheid is het fundament, het podium waarop de troon van de goddelijke of aardse koning staat (Ps. 2 en 96). De gemeente wordt opgeroepen te geloven in de Messiaanse koning, te vertrouwen dat recht en gerechtigheid ondanks alles zullen zegevieren.
Maar één van de leden van de gemeente, Antipas, een getrouwe getuige van Gods gerechtigheid en recht, werd waarschijnlijk gelyncht. Hij werd een bloedgetuige, daar waar de handlangers van het beest, van de satan wonen. Toch heeft de bloedige vervolging waaraan een van hun eigen gemeenteleden ten slachtoffer viel, niet de gehele gemeente ertoe gebracht die hoop en dat geloof te verloochenen of op te geven.
Maar toch. Er zijn ook andere geluiden in de gemeente te vernemen: 'Onder hen zijn er die vasthouden aan de leer (in onze taal zou je beter kunnen zeggen: de 'ideologie') van Bileam, die Balak leerde hoe hij de Israëlieten ten val kon brengen' (Op. 2:14). 'Dat heb ik tegen u,' schrijft Johannes. Binnen de gemeente worden mensen geduld die compromissen willen sluiten met de idolen, de afgoden van de beestachtige macht, de rijkdom en de propaganda van het andere beest: de valse profeet die die eerste twee afgoden propageert.
Bileam adviseerde koning Balak hoe hij zijn tegenstanders zou kunnen meetronen door afgodische gebruiken: een beetje ongedwongen feestvreugde, een beetje bedwelming van de drank en wat seks, dan komt alles vanzelf wel goed. Zoals eens in de tijd van de woestijntocht ontucht werd gepleegd met Moabitische vrouwen, zo maakten sommige gemeenteleden in Pergamum zich ook schuldig aan ontucht. Nu gaat het er hier opnieuw niet om dat een aantal gemeenteleden de rosse buurt van Pergamum fre-

691 *KBS* op Op. 13:11.
692 *KBS* op Op. 13:18.
693 soter.

quenteerden. Nee, hier gaat het nog steeds om de symbolische taal van de Schrift. Het gaat niet om het veelvuldig bezoek aan het Oude Kerkplein, maar om wat zich afspeelt op het 'Damrak', daar waar de beurs staat. Het is geen ontucht in de seksuele betekenis van het woord, maar zoals in de hele Schrift 'de verkrachting van gerechtigheid en liefde'. De verhouding tussen God en zijn volk was er immers een van huwelijkstrouw: 'Ik neem u als mijn bruid, voor altijd, als mijn bruid, in recht en gerechtigheid, in vriendschap en mededogen' (Hos. 2:21-22).[694]
Ook de Koran kent de apocalyptische taal die verwant is aan het laatste Bijbelboek. Dat geldt met name voor de plaatsen waar over 'het beest' gesproken wordt: 'Toen zag ik een ander beest. Die oprees uit de aarde. Het had twee hoorns als een lam, maar het sprak als een draak' (Op. 13:11). 'Uit het duivelse wezen in het boek Openbaring is nu een bode van God voortgekomen!'[695]
'Een wanneer het woord hen treft, zullen Wij een beest[696] uit de aarde tevoorschijn laten komen dat als een bode tot hen spreekt omdat zij in hun aardse leven niet overtuigd waren van Onze tekenen of openbaringen. En ten dage dat Wij uit de gemeenschap[697] een schare mensen verzamelen die Ons teken voor leugen verklaart, zullen zij in groepen worden bijeengehouden. Wanneer zij dan ten slotte komen, zal Hij zeggen: "U hebt mijn tekenen voor leugen verklaart zonder daar iets van begrepen te hebben. Of wat hebt u anders gedaan?" En het oordeel wordt over hen uitgesproken omdat zij onrecht pleegden. En zij hebben niets ter rechtvaardiging in te brengen (*Q* 27:82-85. Vgl. Mat. 25:31-48).[698]

Teerkost voor onderweg

'Wie oren heeft, moet horen wat de Geest tot de gemeenten zegt: Wie overwint, zal Ik van het verborgen manna geven', staat in Openbaring 2:17. 'Manna' is het brood dat God uit de hemel liet regenen en dat de Israëlieten tijdens de woestijnreis aten (Ex. 16:6-9. Vgl. Ps. 78:25, 105-140). God zorgde voor de kinderen Israëls tijdens deze tocht: 'God heeft u gedragen zoals iemand zijn zoon draagt' (Deut. 1:31).[699]

694 Nieuwenhuis, 707-710. Vgl. Naastepad, 16-23.
695 Paret (1971) op *Q* 27:82.
696 *dâbba.*
697 *umma.*
698 Vgl. Cook, 120-122, paragraaf 1.
699 *KBS* op Deut. 1:31.

Manna is de teerkost voor onderweg. Datgene wat je nodig hebt voor je dagelijkse behoefte, niet minder, maar ook niet meer. Zoals de pelgrims in de woestijn er dagelijks op uitgingen om de hoeveelheid voor één dag te verzamelen (Ex. 16:17-18). De een verzamelde meer, de ander minder. Hij die veel had verzameld, had nooit te veel en hij die weinig had verzameld, kwam toch niet tekort. Iedereen had precies zo veel verzameld als hij nodig had. Ze teerden niet op gehamsterde voorraden. Ze leefden van dag tot dag. Alleen voor de sabbat verzamelden ze een dubbele hoeveelheid, voor twee dagen. Ze verzamelden niet in schuren. Niet voor morgen, de hele week, voor de hele toekomst. De bede uit het Onzevader zegt dat heel treffend: 'Geef ons heden ons dagelijks brood': het eten voor de dag van vandaag, het rantsoen voor onderweg.[700]
God wilde de kinderen Israëls door het manna laten beseffen dat de mens niet leeft van brood alleen, maar van alles wat uit de mond van de HEER komt (Deut. 8:3-4). Dagelijks voedsel is slechts één van de gaven die God geeft om het leven in stand te houden. Alles wat van God uitgaat, onderhoudt het leven. Wat Mozes in zijn grote rede aan de vooravond van de intocht in het beloofde land Israël vertelt, is dat de Israëlieten de geboden die tot het leven leiden moeten onderhouden: 'Luister nu, Israël, naar de voorschriften en bepalingen die ik u leer, en handel daarnaar. Dan zult u leven in, en bezit gaan nemen van, het land dat de HEER, de God van uw vaderen, u schenkt' (Deut. 4:1).[701] Het horen en doen zijn de steeds terugkerende thema's in het boek Deuteronomium ('de tweede wet'!), de grondslag van de Tenach, het Nieuwe Testament en ook de Koran! Voor al de woorden 'niet bij brood alleen'. Ja, alles wat van God uitgaat, steunt en schraagt het leven. Het doen van de geboden leidt tot het leven.
Als Jezus in de woestijn door satan is verzocht, haalt Hij ook deze woorden aan (Mat. 4:4; Luc. 4:4). Satan wilde dat Hij stenen in broden zou veranderen. Dit was een zware verzoeking, omdat Jezus al veertig dagen had gevast. De rabbijnen leggen op basis van Deuteronomium 8:3-4 een verband tussen brood en de Thora.[702] 'In de woestijn ontvangen de kinderen Israëls de Thora als het brood dat een mens doet leven. De Thora leert: als mensen delen met elkaar, is er brood genoeg voor iedereen en hoeft niemand gebrek

700 'Wie hongerig is naar woekerwinst vernielt zijn eigen huis, maar wie geschenken haat zal leven' (Spr. 15:27).

701 Lundbom, 234.

702 Lundbom, 349-350.

te lijden.'[703] Er is genoeg voor elke dag. Genoeg voor ieders behoefte (*need*), niet voor ieders hebzucht (*greed*), zou Mahatma Gandhi later zeggen.

De beloofde stad, het beloofde land, de beloofde aarde

Het gaat in de Bijbel en de Koran dus niet om het verhalen van de geschiedenis in de historische zin van het woord, om wat er precies gebeurd is. Dat houdt bijvoorbeeld in dat de eerstgeborenen van Egypte niet gedood werden en de benden van Korach ook niet door de aardbodem werden verslonden, al wordt dat wel in christelijke en islamitische kunst uitgebeeld. Ook hebben de Israëlieten die als 'eerste generatie' met Mozes uit Egypte waren vertrokken geen goddelijk strafgericht ondergaan. Dat is alles verhaalstof, die je ook als zodanig moet lezen/aanhoren, en die met en in die boodschap in verhaalvorm gehoord moet worden. Wat moet je dan uit deze verhalen opmaken? Wat moet erin 'gehoord' worden? Dat God volledig staat aan de kant van de zwakken en degenen die lijden. Tezelfdertijd wil Hij de mensen ervoor blijven waarschuwen en behoeden dat zij onder elkaar leven naar het voorbeeld van farao en het masker van de farao, Korach en/of Bileam dragen. Dat laatste gebeurde bijvoorbeeld onder koning Salomo, die zich gedroeg als een farao en daarom werd veroordeeld, waarbij woorden klonken die doen denken aan een nieuwe exodus (1 Kon. 11).

Het was Stefan Heym die met zijn Der König David Bericht voor het eerst mij de ogen opende voor een dergelijke lezing van de geschiedenis van David en Salomo. Meteen bij de eerste lezing van dat boek, dacht ik: ja, zo staat het ook in de boeken Samuel en Koningen. Op de achtergrond van deze verhalen staat de voorstelling van een door God bepaalde en door Hem gewilde ordening van het leven waaraan Hij zich verbindt als de God van recht en gerechtigheid. Hij verplicht zich in het bijzonder aan het beschermen van diegenen aan wie de mensenrechten worden ontzegd. Daartoe zet Hij zijn 'macht' (potestas)[704] in, geen geweld (violentia)! Er is geen sprake van een irrationele wraak die wil vernietigen, maar van het doorzetten en het herstellen van de fundamentele levensordening door middel van 'legitiem geweld', waar ook vandaag in het bereik van de staat niet van kan worden afgezien. Deze Bijbelse vertellingen spreken van Gods optreden 'met opgeheven hand', waarmee Hij zijn vijanden en die van de 'zijnen' bestrijdt. Wat hier gezegd wordt, geldt evenzeer voor de God die in de Koran aan het

703 Oosterhuis &Van Heusden, 44.

704 Het woord *potestas* kan worden geïnterpreteerd als *sacra potestas* ('heilig geweld'), een sanctie in naam van God, aldus terecht Houtepen, 143.

woord is. Dan denk ik aan een tekst die in onze tijd door extremisten vaak wordt aangehaald en misbruikt en waar geschreven staat dat je Gods vijanden en je eigen vijanden 'schrik aan moet jagen' (*Q* 8:60). Die uitdrukking wordt dan wel met 'terreur' vertaald, om zo een legitimatie te geven voor 'terrorisme' en terroristisch geweld.[705] Overigens verzuimen de 'terroristen' het direct aansluitende vers te lezen, waar staat dat je moet afzien van die strijd als de vijanden geneigd zijn tot vrede (*Q* 8:61).[706]
Dat geldt ook van andere stemmen in de Bijbel, die eveneens gehoord moeten worden, zoals die van Jona. Nineve *kan* zich bekeren. Uit het twistgesprek tussen Jona en God blijkt dat de profeet wilde wegvluchten omdat hij wist dat God een goede en barmhartige God is, die alle schuld vergeeft. Hij bad tot de HEER: 'Ach HEER, heb ik het niet gezegd, toen ik nog in mijn land was! Daarom heb ik het willen voorkomen door naar Tarsis te vluchten! Ik wist immers, dat U een genadige en barmhartige God bent, toegevend en rijk aan liefde, U hebt altijd berouw over onheil' (Jona 4:2). Maar God geeft de profeet te verstaan: 'Zou Ik dan niet begaan zijn met Nineve, de grote stad, waar zoveel mensen wonen, meer dan twaalf tienduizendtallen mensen, die het verschil tussen hun rechterhand en hun linkerhand niet weten, en ook nog zoveel dieren?' (Jona 4:11). Dat is de boodschap aan de volkerenwereld die bemiddeld wil worden.[707]
God heeft zichzelf barmhartigheid voorgeschreven verkondigt de Koran (*Q* 6:12, 54).

Het verhaal van de woestijnreis, een leidraad voor alle mensen onderweg, behoudt zijn blijvende relevantie voor vandaag: het prototype voor de pelgrimstocht der mensheid: symbool voor de levenslange reis van de mens naar het beloofde land, de beloofde stad en de beloofde wereld waar recht en gerechtigheid wonen.

705 Zenger, *Das erste Testament*, 66-67.
706 Dat gold trouwens ook van de film *Submission*. Vgl. Wessels (2011), 186
707 Zenger, *Das erste Testament*, 66-67.

LIJST VAN AFKORTINGEN

Afkortingen van de naslagwerken die in de bibliografie worden genoemd en in de noten worden afgekort

Bijbelse Encyclopaedie	Grosheide (1950).
B.W.	Reicke & Rost (1970).
Dictionnaire	*Dictionnaire du Coran* (2007).
E.I.	*The Encyclopaedia of Islam* (1960).
E.Q.	Mc Auliffe (ed.) (2001-2006).
KBS.	*Bijbel. Willibrordvertaling* (1995).
RGG	Von Campenhausen & Dinkler (1957).
Th.W.	Kittel (Hg.) (1990).
Q	*Qur'an*, Koran.

Afkortingen van Bijbelboeken

Amos	
Bar	Baruch
Dan	Daniël
Deut	Deuteronomium
Ef	Efeziërs
Est	Ester
Ex	Exodus
Ezech	Ezechiël
Ezr	Ezra
Fil	Filippenzen
Gal	Galaten
Gen	Genesis
Hab	Habakuk
Hag	Haggaï
Hebr	Hebreeën
Hen	Henoch
Hl	Hooglied
Hand	Handelingen
Hos	Hosea

Jak	Jakobus
Jer	Jeremia
Jes	Jesaja
Job	
Joh	Johannes
Jl	Jöel
Jon	Jona
Joz	Jozua
Judas	
Klaag	Klaagliederen
Kol	Kolossenzen
1 Kon	1 Koningen
2 Kon	2 Koningen
1 Kor	1 Korintiërs
2 Kor	2 Korintiërs
1 Kron	1 Kronieken
2 Kron	2 Kronieken
Lev	Leviticus
Luc	Lucas
1 Makk	1 Makkabeeën
2 Makk	2 Makkabeeën
Mal	Maleachi
Marc	Marcus
Mat	Matteüs
Mi	Micha
Nah	Nahum
Neh	Nehemia
nC	na Christus
Num	Numeri
Ob	Obadja
Op	Openbaring
Ps	Psalmen
1 Petr	1 Petrus
2 Petr	2 Petrus
Pr	Prediker
Recht	Rechters of Richters
Rom	Romeinen
Ruth	
1 Sam	1 Samuël
2 Sam	2 Samuël

Sef	Sefanja
Sir	Wijsheid van Jezus Sirach
Spr	Spreuken
1 Tes	1 Tessalonicenzen
2 Tes	2 Tessalonicenzen
1 Tim	1 Timoteüs
Tob	Tobias
vC	vóór Christus
Wijsheid	Wijsheid van Salomo
Zach	Zacharia

BIBLIOGRAFIE

Agten, J., Herrebosch, E., Verduyn, K. & Vervoort, L., *Bibliodrama begeleiden. Wegwijzers voor de praktijk* (Antwerpen: Garant, 2007).

Akveld, L.M., & Jacobs, Els M. (red.), *Nationaal Jubileumboek VOC 1602-2002. De kleurrijke wereld van de VOC* (Bussum: Thoth, 2002).

Alexander-Knotter, Mirjam, Hilligers, Jasper & Voolen, Edward van, *De 'Joodse' Rembrandt. De mythe ontrafeld* (Amsterdam: Uitgeverij Waanders/ Zwolle: Joods Historisch Museum, 2007).

Ambros, Arne A., *A Concise Dictionary of Koranic Arabic* (Wiesbaden: Reichert Verlag, 2004).

Armstrong, Karen, *The Bible. The Biography* (London: Atlantic Books, 2007).

Assmann, Jan, *Thomas Mann und Ägypten. Mythos und Monotheismus in den Josephsromanen* (München: Verlag C.H. Beck, 2006).

Attema, D.S., *Het Oudste Christendom in Zuid-Arabië* (Amsterdam: Noord-Hollandse Uitgeverij Maatschappij, 1949).

Attema, D.S., *Arabië en de Bijbel* (Den Haag: Uitgeverij van Keulen N.V., 1961).

Attridge, Harold W., *The Epistle to the Hebrews. A Commentary the Epistle to the Hebrews* (Minneapolis: Fortress Press, 1989).

Ayoub, Mahmoud M., *The Qur'an and Its Interpreters.* Volume I (Albany: State University of New York Press, 1984).

Barakat, Ahmad, *Muhammad and the Jews* (New Delhi: Vikas Publishing House, 1979).

Barnard, Willem, *Een winter met Leviticus* (Zoetermeer: Meinema, 2006).

Bauer, Walter, *Wörterbuch zum Neuen Testament* (Berlin: Verlag Alfred Töpelmann, 1958).

Bauschke, Martin, *Der Spiegel des Propheten. Abraham im Koran und im Islam* (Frankfurt: Lembeck, 2008).

Becker, Adam H. & Koshiko Reed, Annette (eds.), *The Ways that Never Parted. Jews and Christians in Late Antiquity* (Minneapolis: Fortress Press, 2007).

Bell, Richard & Watt, W.M., *Introduction to the Quran* (Edinburgh: Edinburgh University Press, 1970).

Beuken, W.A.M., *Jesaja deel II A* (Nijkerk: Callenbach, 1986).

Biedermann, Hans, *Prisma van de symbolen* (Utrecht: Het Spectrum,

1993[4]).
Bijbel met werken van Marc Chagall (Haarlem: Nederlands Bijbelgenootschap/Beernem: Vlaams Bijbelgenootschap, 2000).
Bijbel. Willibrord vertaling. ('s-Hertogenbosch: Katholieke Bijbelstichting, 1995).
Bikker, Jonathan & Weber, Gregor J.M., *Late Rembrandt* (Brussel: Mercatorfonds, 2014).
Blachère, Régis, *Le Coran. Traduction selon un essai de reclassement des sourates* (Paris: Editions G.P. Maisonneuve, 1951).
Boyarin, Daniel, *Border Lines. The Partition of Judaeo-Christianity* (Philadelphia: University of Pennsylvania Press, 2007) (Paperback Edition).
Brannon, Wheeler, *Prophets in the Quran. An Introduction to the Quran and Muslim Exegesis* (London/New York: Continuum International Publications, 2002).
Braverman, Mark, *Fatal Embrace. Christians, Jews, and the Search for Peace in the Holy Land* (Austin: Synergy Books, 2010).
Brinner, William M., *The History of al-Tabarî.* Volume II: *Prophets and Patriarchs* (Albany: State University of New York Press, 1987).
Brosse, Jacques, *Mythologie der Bäume* (Olten/Freiburg im Breisgau: Walter Verlag, 1989).
Brueggemann, Walter, *1 & 2 Kings* (Georgia: Smith & Helwys Macon, 2000).
Brueggemann, Walter, *Genesis. Interpretation. A Bible Commentary for Teaching and Preaching* (Atlanta, Georgia: John Knox Press, 1983).
Brueggemann, Walter, *Isaiah 1-39* (Louisville, Kentucky: WJK, 1998).
Brueggemann, Walter, *Isaiah 40-66* (Louisville, Kentucky: WJK, 1998),
Brueggemann, Walter, *A Commentary on Jeremiah. Exile and Homecoming* (Grand Rapids: Eerdmans, 1998).
Brueggemann, Walter, *The Prophetic Imagination* (Minneapolis: Fortress Press, 2001[2]).
Brueggemann, Walter, *Like Fire in the Bones. Listening for the Prophetic Word in Jeremiah* (Minneapolis: Fortress Press, 2006).
Brueggemann, Walter, *The Word Militant. Preaching a Decentering Word* (Minneapolis: Fortress Press, 2007).
Brueggemann, Walter, *Out of Babylon* (Nashville: Abingdon Press, 2010).
Brueggemann, Walter, *Biblical Perspectives on Evangelism. Living in a Three-Storied Universe* (Nashville: Abingdon Press, 1993).
Brueggemann, Walter, *Sabbath as Resistance. Saying No to the Culture of Now* (Louisville, Kentucky: WJK, 2014).
Brueggemann, Walter, *The Collected Sermons of Walter Brueggemann*

(Louisville, Kentucky: Westminster John Knox Press, 2011).
Buhl, Frants, *Das Leben Muhammeds* (Darmstadt: Wissenschaftliche Buchgesellschaft, 1961).
Burgmer, Christoph, *Streit um den Koran. Die Luxenberg-Debatte: Standpunkte und Hintergründe* (Berlin: Verlag Hans Schiler, 2007[3]).

Callaway, Mary, *Sing, O Barren One. A Study in Comparative Midrash* (Atlanta, Georgia: Scholars Press, 1986).
Cameron, Averil & Conrad, Lawrence I., *The Byzantine and Early Islamic Near East* (Princeton, New Jersey: The Darwin Press Inc., 1992).
Campenhausen, Hans FrHr. von & Dinkler Erich, *Die Religion in Geschichte und Gegenwart* (Tübingen: J.B.C. Mohr, 1957).
Charles, R.H.H. (ed.), *The Apocrypha and Pseudepigrapha of the Old Testament.* Volume Two: *Pseudepigrapha* (Berkeley: Apocryphile Press, 2004).
Cicero, *On Obligations* (Walsh, P.G., [ed.]) (Oxford, Oxford University Press, 2010).
Collins, John. J. & Harlow, Daniel C., *The Eerdmans Dictionary of Early Judaism* (Grand Rapids/Cambridge: Eerdmans, 2010).
Cook, David, *Studies in Muslim Apocalyptic* (Princeton, New Jersey: The Darwin Press, 2002).
Cuypers, Michel, *The Banquet. A Reading of the Fifth Sura of the Qur'an,* Series Rhetorica Semitica (Miami, Florida: Convivium Press, 2009).

Van Dale Groot woordenboek der Nederlandse Taal ('s-Gravenhage: Martinus Nijhoff, 1961[8]).
Davies, Philip R., *Scribes and Schools: The Canonization of the Hebrew Scriptures* (Louisville: Westminster John Knox Press, 1998).
Behm, Johannes, *Die Offenbarung des Johannes* (Göttingen: Verlag von den Hoeck & Ruprecht, 1949).
Dickens, Charles, (eds. Wall, Stephan & Small, Helen), *Litte Dorrit*, (London: Penguin Books, 2003).
Dickens, Charles, *Kleine Dorrit* (Zutphen: Brilliant Books, 2005) (Vertaling: G.J. Weremeus Bunning-Ensink).
Dictionnaire du Coran. Sous la direction de Mohammad Ali Amir-Moezzi (Paris: Robert Laffont, 2007).
Douglas, Mary, *The Doctrine of Defilement in the Book of Numbers* (Oxford: Oxford University Press, 1993).
Drewermann, Eugen, *Das Markus Evangelium.* Zweiter Teil: *Bilder von Erlösung* (Olten/Freiburg im Breisgau: Walter Verlag, 1988).
Drijvers, H.J.W., 'The Gospel of the Twelve Apostles. A Syria Apocalypse

from the Early Islamic Period', in: Cameron & Conrad, 189-213.
Dungan, David L., *Constantine's Bible. Politics and the Making of the New Testament* (Minneapolis: Fortress Press, 2007).

Eisenbaum, Pamela, 'Paul as The New Abraham', in: Horsley (2000), 130-145.
Eliade, Mircea (ed.), *The Encyclopedia of Religion* (New York/London: Macmillan Publishing Company, 1987).
Elliot, Neil, *Liberating Paul. The Justice of God and the Politics of the Apostle* (Minneapolis: Fortress Press, 2006).
Elliott, Neil, *The Arrogance of Nations. Reading Romans in the Shadow of Empire* (Minneapolis: Fortress Press, 2010).
Eschack, Farid, *Qur'an, Liberation and Pluralism* (Oxford: One Word, 1988).

Firestone, Reuven, *Journeys in Holy Lands. The Evolution of the Abraham-Ishmael Legend in Islamic Exegesis* (New York: State University of New York Press, 1990).
Fischer, Georg & Markl, Dominik, *Das Buch Exodus,* Neuer Stuttgarter Kommentar Altes Testament (Stuttgart: Verlag Katholisches Bibelwerk, 2009).

Gairdner, W.H.T., *al-Ghazzalî's Miskat al-anwar* (London: The Royal Asiatic Society, 1924).
Geiger, Abraham, *Judaism and Islam. A Prize Essay* (Madras: M.D.C.S.P.C.K Press, 1898).
Gelder, Geert Jan van, *Een Arabische tuin. Klassieke Arabische poëzie* (Amsterdam: Bulaaq/Leuven: Uitgeverij Halewyck, 2000).
Gilet, Lev, *Communion in the Messiah. Studies in Relationship between Judaism and Christianity* (London: Lutterworth Press, 1942).
Gerstenberger, Erhard S., *Psalms Part 1 with an Introduction to Cultic Poetry* (Grand Rapids/Cambridge: Eerdmans, 1991) (Reprint).
Ginzberg, Louis, *Legends of the Jews. Bible Times and Characters, From the Creation to Moses in the Wilderness.* Volume One (Philadelphia: The Jewish Publication Society, 2003).
Glassé, Cyril, *The Concise Encyclopaedia of Islam* (London: Stavey International, 2001) (Revised Edition).
Goedegebuure, Jaap, *Nederlandse schrijvers en religie 1960-2010* ('s-Gravenhage: Vantilt, 2010).
Goldman, Shalom, *The Wiles of Women. The Wiles of Men. Joseph and Po-*

tifar's Wife in Ancient Near Eastern Jewish and Islamic Folklore (New York: State University of New York Press, 1995).
Grosheide, F.W. (red.), *Bijbelse Encyclopaedie* (Kampen: J.H. Kok N.V., 1950).
Grosz, Markus & Ohlig, Karl–Heinz (Hg.), *Vom Koran zum Islam* (Berlin: Verlag Hans Schiler, 2009).
Grosz, Markus & Ohlig, Karl-Heinz (Hg.), *Schlaglichter. Die beiden ersten islamischen Jahrhunderte* (Berlin: Verlag Hans Schiler, 2008).
Guillaume. A., *The Life of Muhammad. A Translation of Ishâq's Sîrat Rasûl Allâh* (Lahore/Karachi/Dacca: Oxford University Press, 1955/1967) (Reprint).

Haenchen, Ernst, *Die Apostelgeschichte* (Göttingen: Vandenhoeck & Ruprecht, 1965).
Hamblin, William J. & Seely, David Rolph, *De tempel van Salomo. Mythe en geschiedenis* (Haarlem: Altamira Becht, 2007).
Hammarskjöld, Dag, *Markings* (London: Faber & Faber, 1997).
Hartwig, Dirk, Homolka, Walter, Marx, Michael J. & Neuwirth, Angelika, *"Im vollen Licht der Geschichte." Die Wissenschaft des Judentums und die Anfänge der kritischen Koranforschung* (Würzburg: Ergon Verlag, 2008).
Hayek, Michel, *Le Mystère d'Ismaël* (Paris: Mame, 1964).
Hekster, Oliver & Jansen, Corjo (ed.), *Constantijn de Grote. Traditie en verandering* (Nijmegen: Uitgeverij Vantilt, 2012).
Herodotus, *Het verslag van mijn onderzoek* (Nijmegen: SUN, 1995).
Heyde, H, *Kain, der erste Jahwe-Verehrer. Die ursprüngliche Bedeutung der Sage vom Kain und ihre Auswirkung* (Stuttgart: Calwer, 1965).
Heym, Stephan, *Der König David Bericht* (Frankfurt am Main: Fischer Taschenbuch Verlag, 1974) (Origineel: *King David Report*).
Homerus Odyssee, *De terugkeer van Odysseus.* Ingeleid en vertaald in Nederlandse Hexameters door H.J. de Roy van Zuydewijn (Amsterdam: De Arbeiderspers, 1992).
Horsley, Richard A., Paul and Politics. Ekklesia, Israel, Imperium, Interpretation (Harrisburg, Pennsylvania: Trinity Press International, 2000).
Horsley, Richard A., Jesus and Empire, The Kingdom of God and the New World Disorder (Minneapolis: Fortress Press, 2003).
Hossfeld, F.L. & Zenger, E., Die Psalmen. Psalm 1-50, Die Neue Echter Bibel, Kommentar zum Alten Testament (Würzburg: Echter Verlag, 1993).
Hossfeld, Frank-Lothar & Zenger, Erich, Psalmen 51-100, Herders Theologischer Kommentar zum Alten Testament (Freiburg/Basel/Wien: Herder, 2007).

Hossfeld, F.L. & Zenger, E., Psalms 3. A Commentary on Psalms 101-150 (Minneapolis: Fortress Press, 2011).
Houtepen, Anton, Geloven in gerechtigheid. Bijdragen tot een oecumenische sociale ethiek (Zoetermeer: Meinema, 2005).
Howard-Brook, Wes, *"Come Out, My People!" God's Call out of Empire in the Bible and Beyond* (Maryknoll, New York: Orbis Book, 2010).
Howard-Brook, Wes & Gwyther, Anthony, *Unveiling Empire. Reading Revelation Then and Now* (Maryknoll, New York: Orbis Books, 1999).
Hutgren, Arland J., *Paul's Letter to the Romans. A Commentary* (Grand Rapids/Cambridge: Eerdmans, 2011).

Ibn Hazm, *De ring van de duif. Een Moorse verhandeling over minnaars en liefde* (Ingeleid en vertaald door Remke Kruk en Jan Just Witkam) (Amsterdam: Uitgeverij Bulaaq, 2008).
Ibn Warraq (ed.), *The Origins of the Koran. Classic Essays on Islam's Holy Book* (Amherst, New York: Prometheus Books, 1998).
Isaac, Jules, *L'enseignement du mépris* (Paris: Fasquelle, 1962).
Izutsu, Toshihiko, *God and Man in the Koran. Semantics of the Koranic Weltanschauung* (Tokyo: The Keio Institute of Cultural and Linguistic Studies, 1964).
Izutsu, Toshikiko, *Ethico-Religious Concepts in the Qur'ân* (Montreal: McGill University Press, 1966).

Jeffery, Arthur, *The Foreign Vocabulary of the Quran* (Baroda: Oriental Insitute, 1938).
Jenni, Ernst & Westermann, Claus, *Theologisches Handwörterbuch zum Alten Testament* (Twee delen) (München: Chr. Kaiser Verlag/Zürich: Theologischer Verlag, 1984).
Jestice, Phyllis G., *Encyclopedia of Irish Spirituality* (Santa Barbara, California/Denver, Colorado/Oxford: ABC-Clio, 2000).
Jewett, Robert, *Romans. A Commentary* (Minneapolis: Fortress Press, 2007).
Johns, Anthony H., 'Joseph in the Qurân. Dramatic Dialogue, Human Emotion and Prophetics Wisdom', in: *Islamo Christiana* 7 (1981), 22-55.
Josephus, Flavius, *De oude geschiedenis van de joden (Antiquitates Judaicae)* (Amsterdam: Ambo, 2008[5]).

Keilson, Hans, *Liever Holland dan heimwee. Gedachten en herinneringen* (Amsterdam: Van Gennep, 2012).
Kemp, Barry, *The City of Ekhnaten and Nefertiti. Amnarna and Its People*

(London: Thames & Hudson, 2012).
Ketterij, C. van de, *De weg in woorden. Een systematische beschrijving van piëtistisch woordgebruik na 1900* (Assen: Van Gorcum, 1972) (Dissertatie VU).
Kittel, G. (Hg.), *Theologisches Wörterbuch zum Neuen Testament* (In Verbindung mit zahlreichen Fachgenossen hrsg. und forgesetzt von Gerh. Friedrich) (Stuttgart/Berlin/Köln: Kohlhammer, 1990).
Khalidi, Tarif, *The Qur'an. A New Translation* (London: Penguin Classics, 2008).
Al-Kisâ'î, Muhammad ibn 'Abd Allâh, *Tales of the Prophets* (*Qisâs al-anbiyâ'*) (Chicago: Kazi Publications, 1997).
Koenen, Mieke, *Dwars tegen de keer. Leven en werk van Ida Gerhardt* (Amsterdam: Athenaeum-Polak & Van Gennep, 2014).
Koningsveld, Sjoerd van, *Revisionisme en Moderne islamitische Theologie* (Leiden: Universiteit van Leiden, 2009).
Kraemer, Joel L., *Maimonides. The Life and World of One of Civilization's Greatest Minds.* (New York etc.: Doubleday, 2008).
Kramers, J.H., *De taal van den Koran* (Leiden: Brill, 1940).
Krantz, Reinhard G. & Spieckermann, Herman, *Zeit und Ewigkeit als Raum göttlichen Handelns. Religionsgeschichtliche, theologische und philosophische Perspektiven* (Berlin/New York: De Gruyter, 2009).

Leaman, Oliver, (ed.), *The Quran. An Encyplopedia* (London/New York: Routledge, 2006).
Leene, Henk, *Newness in Old Testament Prophecy. An Intertextual Study* (Leiden: Brill, 2014).
Levenson, Jon D., *Sinai & Zion. An Entry Into the Jewish Bible* (San Francisco, California: Harper Collings Publishers, 1985)
Liedboek, Zingen en bidden in huis en kerk (Zoetermeer: BV Liedboek, 2013).
Livius, *Sinds de stichting van de stad* (Amsterdam: Athenaeum-Polak & van Gennep, 2005).
Lüling, Günter, *Über den Urkoran, Ansätze zur Rekonstruktion der vorislamisch-christlichen Strophenlieder im Koran* (Erlangen: Lüling 2004[3]).
Lundbom, Jack R., *Deuteronomium. A Commentary* (Grand Rapids, Michigan/Cambridge: Eerdmans, 2013).
Luxenberg, Christoph, *Die Syro-Aramäische Lesart des Koran. Ein Beitrag zur Entschlüselung der Koransprache* (Berlin: Verlag Hans Schiler, 2004[2]).

Maimonides, Moses, *The Guide of the Perplexed* (New York: Dover Publi-

cations, 1956).
Massignon, Louis, *L'hospitalité Sacrée*. Textes inédit présentés par Jacques Keryell. Préface de René Voillaume (Paris: Nouvelle cité, 1987).
Mann, Thomas, *Jozef en zijn broers* (Amsterdam: Uitgeverij Wereldbibliotheek BV, 2014) (Vertaling: Thijs Pollman)
Mayer, Klaus, *De Gott der Väter. Die Chagalll- Fenster zu St. Stephan in Mainz*. Band I (Würzburg: Echter Verlag Würzburg, 1999).
Mawdûdî, Abul A'lâ, *Towards Understanding the Qur'ân. Abridged version of Tafhîm al-Qurân*. Translated and Edited by Zafar Ishaq Ansari (Leicester: The Islamic Foundations, 2007).
McAuliffe, Jane Dammen, *The Cambridge Companion to the Qur'ân* (Cambridge: Cambridge University Press, 2006).
Mc Auliffe, Jane Dammen (ed.), *Encyclopaedia of the Qur'ân* (Leiden/Boston/Köln: Brill, 2001-2006).
Meuzelaar, J.J., *Der Leib des Messias. Einer Exegetischer Studie über den Gedanken vom Leib Christi in den Paulusbriefen* (Kampen: Kok, 1979) (fotografische herdruk van de editie van 1961).
Miskotte, K.H., *Bijbels ABC* (Baarn: Ten Have, 1992).
Moormann, Eric M. & Uitterhoeve, Wifried, *Van Achilles tot Zeus. Thema's uit de klassieke literatuur, muziek, beeldende kunst en theater* (Nijmegen: SUN, 1987).
Mulder, Eildert & Milo, Thomas, *De omstreden bronnen van de Islam* (Zoetermeer: Meinema, 2009).

Naastepad, Th.J.M., *Geen vrede met het bestaande. Uitleg van het boek Openbaring* (Baarn: Ten Have, 1999).
Nagel, Tilman, *Der Koran und sein religiöses und kulturelles Umfeld* (München: Oldenbourg, 2010).
Neuwirth, Angelika, 'The Spiritual Meaning of Jerusalem in Islam', in: Nitza Rosovsky (ed.), *City of the Great King. Jerusalem from David to the Present* (Cambridge/London: Havard University Press, 1996), 93-116.
Neuwirth, Angelika, 'Structural, Linguistic and Literary Features', in: Jane Dammen McAuliffe (ed.), 97-113.
Neuwirth, Angelika, *Der Koran als Text der Spätantike. Ein europäischer Zugang* (Berlin: Verlag der Weltreligionen im Insel Verlag, 2010).
Neuwirth, Angelika, *De Koran*. Band I: *Frühmekkanische Suren* (Berlin: Verlag der Weltreligionen, 2011).
Neuwirth, Angelika, Sinai, Nicolai & Marx, Michael, *The Qurân in Context. Historical and Literary Investigations into the Qurânic Milieu* (Leiden/Boston: Brill, 2010).

Neuwirth, Angelika, *Scripture, Poetry and the Making of a Community. Reading the Qur'an as a Literary Text* (London/New York: Oxford University Press, 2014).
Newby, Gordon Darnell, *Making of the Last Prophet. A Reconstruction of the Earliest Biography of Muhammad* (Columbia: University of South Carolina Press, 1989).
Newby, Gordon Darnell, *A History of the Jews of Arabia. From Ancient Times to Their Eclipse under Islam* (South Carolina: South Carolina Press, 2009) (Paperback).
Nieuwenhuis, Jan, *Johannes de ziener. Het Evangelie, de brieven en de openbaring* (Kampen: Kok, 2004).
Noegel, Scott B. & Wheeler, Brannon M., *The A to Z of Prophets in Islam and Judaism* (Lanham/Toronto/Plymouth [UK]: The Scarecrow Press, 2010).

Ohlig, Karl-Heinz & Puin, Gerd-R, (Hg.), *Die dunklen Anfänge. Neue Forschungen zur Enstehung und frühen Geschichte des Islam* (Berlin: Verlag Hans Schiler, 2005).
Olson, Dennis T. *Numbers* (Louisville, Kentucky: University of Chicago Press, 1996).
Oosterhuis, Huub & Heusden, Alex van, *Het evangelie van Lukas. Vertaald en van aantekeningen voorzien* (Vught: Skandalon, 2007).
Oosterhuis, Huub, *In het voorbijgaan* (Bilthoven: Amboboeken, 1968).
Ovidius, *Metamorphosen* (Amsterdam: Athenaeum-Polak & Van Gennep, 1998) (Vertaling: M.d'Hane-Scheltema).
Oussoren, Pieter & Dekker, Renate, *Buiten de vesting. Een woord-voorwoord vertaling van alle deuterocanonieke en vele apocriefe Bijbelboeken* (Vught: Skandalon & Plantin, 2009[2]).

Paret, Rudi, *Mohammed und der Koran* (Stuttgart: Kohlhammer, 1957).
Paret, Rudi, *Der Koran. Kommentar und Konkordanz* (Stuttgart: Kohlhammer, 1971).
Paret, Rudi, *Der Koran. Übersetzung* (Stuttgart/Berlin/Köln/Mainz: W. Kohlhammer Verlag, 1962).
Pascal, Blaise, *Gedachten* (Amsterdam: Boom, 1997).
Paumgartner, Bernard, *Mozart* (Utrecht/Antwerpen: Spectrum [z.j.])
Pietersma, Albert & Wright, Benjamin G. (eds.), *A New English Translation of the Septuaginta,* (New York/Oxford: Oxford University Press, 2007).

Radscheit, Matthias, *Die koranische Herausforderung. Die tahaddî-Verse im Rahmen der Polemikpassagen des Korans* (Berlin: Klaus Verlag, 1996).

Reicke, Bo & Rost, Leonhard, *Bijbels historisch woordenboek* (Utrecht/Antwerpen: Uitgeverij Het Spectrum N.V, 1970) (Zes delen).
Reinink, G.J., 'Ps. – Methodius. A Concept of History in Response to the Rise of Islam', in: Cameron & Conrad (eds.), 149-187.
Rippin, Andrew (ed.), *The Blackwell Companion to the Qur'ân* (Oxford: Blackwell Publishing, 2006).
Romein, Jan & Annie, *Erflaters van onze beschaving. Nederlandse gestalten uit zes eeuwen* (Den Haag/Antwerpen: Querido's Uitgeverij, 1971[9]), 336.

Sacks, Jonathan, *Covenant & Conversation. A Weekly Reading of the Jewish Bible* (Jerusalem: Maggid Book & The Orthodox Union, 2010).
Sarris, Peter, *Empires of Faith. 1* (Oxford/New York: Oxford University Press, 2011).
Schama, Simon, *De ogen van Rembrandt* (Amsterdam/Antwerpen: Uitgeverij Contact, 1999).
Schama, Simon, *The Story of the Jews. Finding the Words 1000 BCE - 1492* (London: The Bodley Head, 2013).
Schleiermacher, Friedrich, *Over de religie. Betogen voor de ontwikkelden onder haar verachters* (Amsterdam: Boom, 2007).
Schmitz, Bertram, *Der Koran: Sure 2 'Die Kuh'. Ein religionshistorischer Kommentar* (Stuttgart: Kohlhammer, 2009).
Schumann, N.A., *Gelijk om gelijk. Verslag en balans van een discussie over goddelijke vergelding in het Oude Testament* (Amsterdam: VU Uitgeverij, 1993).
Serafin, Steven R. (ed.) *The Continuum Encyclopedia of American Literature* (New York/London: Continuum, 2003).
Shapiro, Israel, *Die haggadischen Elemente im erzählenden Teil des Korans* (Berlin: Gesellschaft zur Förderung der Wissenschaft des Judentums, 1907).
Speyer, Heinrich, *Die biblischen Erzählungen im Qoran* (Darmstadt: WBG, 1962).
Spijkerboer, A.M., *Rembrandts engel* (Vught: Skandalon, 2006).
Stählin, Gustav, *Die Apostelgeschichte* (Göttingen: Van den Hoeck & Ruprecht, 1968).
Stanley, Ed & Christopher D., The Colonized Apostle. Paul Through Postcolonial Eyes (Minneapolis: Fortress Press, 2011).
Steiner, George, *Het verbroken contract* (Amsterdam: Meulenhoff Codex, 1997).
Steiner, George, *Real Presences* (London/Boston: Faber & Faber, 1989).
Sterman Sabbath, Roberta (ed.), *Sacred Tropes. Tanakh, New Testament*

and Qur'an as Literature and Culture (Leiden/Boston: Brill, 2009).
Stillman, Norman, *The Jews of Arab lands. A History and Source Book* (Philadelphia: The Jewish Publication Society of America, 1979).
Stroumsa, Sarah, *Maimonides in His World. Portrait of a Mediterranean Thinker* (Princeton, Oxford: Princeton University Press, 2009).
Sweeney, Marvin A., *Berit Olam. Studies in Hebrew Narrative & Poetry.* David W. Coter, (ed.) *The Twelve Prophets.* (Collegeville, Minnesota: The Liturgical Press, 2000).

Tümpel, Christian, e.a., *Rembrandt en de Bijbel. Alle etsen* (Zwolle: Waanders Uitgevers/Amsterdam: Bijbels Museum, 2006).
The Encyclopaedia of Islam. New Edition (Leiden: Brill/ London: Luzac & Co, vanaf 1960).

Visser 't Hooft, W.A., *Rembrandts weg tot het Evangelie* (Amsterdam: W. ten Have, 1956).
Voolen, Edward, Alexander-Knotter, Mirjam, e.a., *De 'Joodse' Rembrandt. De mythe ontrafeld* (Zwolle: Uitgeverij Waanders, 2007, i.s.m. Amsterdam: Joods Historisch Museum).

Wansbrough, J., *Quranic Studies. Sources and Methods of Scriptural Interpretation* (Oxford: Oxford University Press, 1977).
Watt, W. Montgomery, *Muhammad at Medina* (Oxford: Clarendon Press, 1953).
Watt, W. Montgomery, *Companion to the Qur'ân* (London: George Allen & Unwin LTD, 1967).
Wehr, Hans, *A Dictionary of Modern Written Arabic* (Wiesbaden: Otto Harrassowitz, 1961).
Weitzman, Solomo, *The Lure of Wisdom* (New Haven/London: Yale University Press, 2011).
Welch, Alford T., 'Formulaic Features of the Punishment Stories', in: Issa Boullata (ed.), *Literary Structures of Religious Meaning in the Qur'an* (Richmond, Surrey: Curzon, 2000), 77-116.
Wessels, Anton, De moslimse naaste (Kampen: Kok, 1978).
Wessels, Anton, Islam verhalenderwijs (Amsterdam: Uitgeverij Nieuwezijds, 2002[2]).
Wessels, Anton, *Thora, Evangelie en Koran. 3 boeken, 2 steden, 1 verhaal* (Kampen: Kok, 2010/2011[3]).
Westermann, Claus, *Gottes Engel brauchen keine Flügel* (München, Hamburg: Siebenstern, 1957).

Westermann, Claus, *Genesis 1-11* (Neukirchen-Vluyn: Neukirchener Verlag Der Erziehungsvereins, 1976[2]).
Westermann, Claus, *Genesis 12-36. A Continental Commentary* (Minneapolis: Fortress Press, 1995).
Westermann, Claus, *Genesis 3. Teilband* (Genesis 37-50) (Neukirchen-Vluyn: Neukirchener Verlag, 1982).
Wheeler, Brannon M., *Prophets in the Quran. An Introduction to the Quran and Muslim Exegesis* (London/New York: Continuum, 2002).
Wheeler, Brannon M., *Moses in the Quran and Islamic Exegesis* (London/New York: Routledge, 2002).
Wheeler, Brannon M., *Mecca and Eden. Ritual, Relic, and Territory in Islam* (Chicago/London: The University of Chicago Press, 2006).
Wimmer, Stefan Jakob & Leimgruber, Stephan, *Von Adam bis Muhammad. Bibel und Koran im Vergleich* (Stuttgart: Verlag Katholisches Bibelwerk, 2007[2]).
Wright, N.T., *Jesus and the Victory of God* (London: SPCK, 1996).
Wullschlager, Jackie, *Chagall. A Biography* (New York: Alfred A. Knop, 2008).

Xenophon, *Memorabilia* (translated by Amy Bonnette, introduction by Christopher Bruell) (Ithaca: Cornell University Press, The Agora Editions, 1994).

Zakovitch, Yair, *"And You shall tell your son..." The Concept of the Exodus in the Bible* (Jerusalem: The Magnes Press/The Hebrew University, 1991).
Zenger, Erich, *Psalmen. Auslegung in zwei Bänden.* Band I: *Mit meinem Gott überspringe ich Mauern*/Band II: *Ich will die Morgenröte wecken* (Freiburg/Basel/Wien: Herder, 2011).
Zenger, Erich, *Das Erste Testament. Die jüdische Bibel und die Christen* (Kevelaer: Topos Taschenbücher, 2011).
Zenger, Erich, *Stuttgarter Psalter. Mit Einleitungen und Kurzkommentaren* (Stuttgart: Verlag Katholisches Bibelwerk, 1980).
Zuurmond, Rochus, *God noch gebod. Bijbels-theologische notities over de brief van Paulus aan de Galaten* (Baarn: Ten Have, 1990).
Zuurmond, Rochus, *Niet te geloven. Apostolische geloofsbelijdenis en Bijbel* (Vught: Skandalon, 2010).

INDEX

Nijl, 102, 202.